中世武士選書 45

足利義輝と三好一族

崩壊間際の室町幕府

木下昌規 著

戎光祥出版

はしがき

室町幕府《むろまちばくふ》第十三代将軍足利義輝《あしかがよしてる》は永禄八年（一五六五）五月十九日に殺害された。いわゆる「永禄の変（政変とも）」である。一般的にはあまり知られていない事件だが、この事件がその後の日本の歴史に与えた影響は極めて大きい。この事件がなければ、その後の織田信長《おだのぶなが》の上洛や、豊臣秀吉《とよとみひでよし》の天下統一、徳川家康《とくがわいえやす》の江戸幕府創設もなかったであろう。

義輝は、戦国時代の将軍のなかでは比較的知名度がある人物ではないだろうか。近年では大河ドラマでも義輝が登場する機会があったが、あくまでもドラマであり、そこで描かれた姿は本来の義輝の人物像そのものではない。しかし、義輝の側近である三淵藤英《みつぶちふじひで》や摂津晴門《せっつはれかど》などかなりマニアックな人物まで登場したことを、覚えている読者もいるだろう。戦国期の将軍家に対して比較的興味を向けられる機会も増え、それに関連する書籍なども増えた。

筆者は同じ中世武士選書『足利義晴と畿内動乱』（以下、前書）で、義輝の父義晴《よしはる》の生涯をみてきた。本書の主役はその子義輝で前書の続編となる。本書は前書同様に、拙編著の論集『シリーズ室町幕府の研究４　足利義輝』を土台として、その後の新しい知見、新しい研究成果などを取り入れながら、専門家のみならず、歴史に関心を持つ一般読者、学生などにむけて執筆した。なお、本書の前半は前書の後半部分とも話が重複する部分もあるが、前書を読まれていない方もいるだろうから、本書の理解のためにも取り入れてあるので、前書をお読みの方はあらかじめご了承いただきたい。できれば、二部作として前書も一緒にお読みいただきたい。

さて、父義晴の時代は畿内情勢が目まぐるしく変化した時代であった。続く義輝の時代はさらに畿内情勢が変動し、義晴の時代にはかろうじて維持されてきた将軍権力がもっとも動揺した時代であった。義輝の時代については、いくつか論点がある。公武関係や大名との関係、伊勢貞孝《いせさだたか》など将軍直臣や外戚近衛《がいせきこのえ》一門との関係、そして三好《みよし》氏との関係である。このうちもっとも大きなものは、三好氏との関係をどのように理解するかということであろう。義輝が三好氏の襲撃により死去したことは事実である。しかし、義輝と三好氏との関係をその結果から判断することは危険である。

さらに、義輝についてはこの数年のうちに、山田康弘氏の『足利義輝・義昭』(ミネルヴァ書房、二〇一九年)、黒嶋敏氏の『天下人と二人の将軍―信長と足利義輝・義昭』(平凡社、二〇二〇年)などが刊行された。二〇二〇年には「列島の戦国史」シリーズで天野忠幸氏が『室町幕府分裂と畿内近国の胎動』(吉川弘文館)のなかで、義輝を含めた戦国期の将軍を評価している。義輝と密接に関わる六角《ろっかく》氏についても村井祐樹氏の『六角定頼』(ミネルヴァ書房、二〇一九年)が、三好氏や松永氏についてはこれまでも天野氏による『三好長慶』(ミネルヴァ書房、二〇一四年)と『松永久秀と下克上』(平凡社、二〇一八年)などが刊行されてきた。これらの刊行物は義輝のみならず、戦国期の将軍権力を理解するうえで、大変貴重な成果である。最近では谷口雄太氏による『〈武家の王〉足利氏』(吉川弘文館、二〇二一年）も刊行された。本書を読むうえで、ぜひ参考としていただきたい。

では、このように義輝やその周辺に関する成果が続くなかで、本書が刊行される意義が改めて求められるだろう。筆者はこれまで戦国期の将軍権力を検討するなかで、その側近に注目してきた。権力は権力者個人で完結するわけではない。手足となる側近の動向の理解が不可欠であるからである。さらに永禄の変もこの側近が一つの要因であった。義輝の時代の将軍・幕府をみるうえで、先代の義晴時代以上に彼ら側近の存在を看過することはできないだろう。そのため、本書ではあえて重箱の隅をつつくように、義輝の生涯のみならず義輝の周囲の人々（伊勢貞孝、大館《おおだち》晴光《はるみつ》、上野《うえの》信孝《のぶたか》など）や、幕府内部の構造にも注目し、義輝時代の幕府についての内実なども述べていきたい。義輝だけでなく、彼らにより注目が集まることを期待したい。

また、義輝の時代は、父義晴の時代と異なり、幕府内部の史料が希薄であるため、経済面についてはほぼ知ることができない。そのため、本書では当時幕府の経済面については、ほとんど述べられなかった（御料所経営やその収入もほとんどわからない）。その点はあらかじめご了承願いたい。

二〇二一年九月

木下昌規

目次

第Ⅱ部　義輝の帰洛と永禄の変

【凡例】

本書で引用する主な史料については、初出箇所以外は左記のように省略して表記する。

『群書類従』合戦部所収「細川両家記」→「両家記」、『改定史籍集覧』所収「足利季世記」→「季世記」、『群書類従』雑部所収「万松院殿穴太記」→「穴太記」、『郡書類従』武家部所収「光源院殿御元服記」→「御元服記」、『続群書類従』雑部所収「厳助往年記」→「厳助」、国書刊行会編纂『言継卿記』→『言継』、『増補続史料大成 大舘常興日記』→『常興』、『増補続史料大成 蜷川親俊日記』→『親俊』、『続群書類従』補遺「お湯殿の上の日記」→「お湯殿」、真宗史料刊行会編『天文日記』→『天文』、辻善之助校訂『鹿苑日録』→『鹿苑』、『続々群書類従』記録部「惟房公記」→「惟房」、『大友家文書録』→『大友』、『大日本古文書家わけ 蜷川家文書』→『蜷川』、『大日本古文書家わけ 上杉家文書』→『上杉』、『大日本古文書家わけ 毛利家文書』→『毛利』、『増補国史大系 公卿補任』→『公卿』、松田毅一、川崎桃太訳『完訳フロイス日本史1』(中公文庫)→『日本史』、天野忠幸編『戦国遺文 三好氏編』一～三(東京堂出版)→『三好』、今谷明・高橋康夫編『室町幕府文書集成 奉行人奉書編』上下(思文閣出版)→『奉書』

また、拙編著『足利義輝』所収の義晴発給文書一覧に対応するものは『義輝』○○と表記する。

第Ⅰ部　足利義輝の誕生と畿内の動乱

足利義輝画像　国立歴史民俗博物館蔵

第一章　義輝の生まれた時代

戦国時代の将軍家

本書の主人公である室町幕府《むろまちばくふ》第十三代将軍足利義輝《あしかがよしてる》をみていくうえで、その前提ともいうべき彼が生まれた時代と将軍家について、まず簡単にみていきたい。

将軍家は十五世紀後半、応仁《おうにん》・文明《ぶんめい》の乱（一四六七〜一四七七）、さらに明応《めいおう》の政変（一四九三）という大きな事件により動揺していた。特に第十代将軍足利義稙《よしたね》（はじめ義材《よしき》、次いで義尹《よしただ》）の廃立が行われた明応の政変は、将軍権力の動揺を加速化させた。義稙は特定の側近を重用した政治を行ったうえ、親征《しんせい》を連続したこともあり、大名らの反発を招いた。将軍としての器量に不信をもたれことで、細川京兆家《ほそかわけいちょうけ》（細川氏惣領《そうりょう》。管領《かんれい》家、丹波・摂津・讃岐・土佐守護）の当主細川政元《まさもと》を中心とした将軍廃立が行われたのである。しかし、第八代将軍足利義政《よしまさ》の御台所《みだいどころ》日野富子《ひのとみこ》や、重臣伊勢貞宗《いせさだむね》もそれに加担した。富子は将軍御台所、将軍生母という二重の立場であり、将軍家を代表する存在であった。そのため、多くの将軍直臣は政変を支持したのである。

義稙はその後、幽閉先を出奔して、将軍復帰を目指して活動することとなる。義稙に代わって新将軍となったのは堀越公方《ほりごえくぼう》足利政知《まさとも》の子足利義澄《よしずみ》（はじめ清晃《せいこう》、次いで義遐《よしとお》、義高《よしたか》）であったが、これ以降、将軍家は「義稙系〈義稙―義維《よしつな》―義栄《よしひで》〉」と「義澄系〈義澄―義晴《よしはる》―義輝―義昭《よしあき》〉」に分裂し、その対立が幕府の末期まで影響することとなる。義澄の将軍在世期間は、義稙とその支持勢力との対立が続いた。

また、この時期には在京する大名家が激減した。それまで室町幕府は三職（三管領、斯波《しば》・畠山《はたけやま》・細川）・四職家（赤松《あかまつ》・一色《いっしき》・京極《きょうごく》・山名《やまな》）などをはじめとする在京する大名が中心となり、幕府の諸制度を補完する形で支えてきた。多くの大名家が在国することとなったのに対して、京兆家は領国が京都に近いこともあって在京を継続することができたため、明応の政変以降、継続して幕府を支えたほとんど唯一の大名となっていた。そのため、かつては将軍が京兆家によって事実上の傀儡《かいらい》となったとして今谷明氏により「京兆専制」が主張されたこともあった。その後の研究ではこれは否定されたが、「専制」ではないにしても、戦国時代の将軍家にとって、京兆家は幕府を支えるもっとも重要な大名家であることに変わりはない。将軍家は京兆家の動向と無関係でいることはできなくなっていたのである。

義輝の父義晴はこのような時代に誕生した。

そもそも「室町幕府」といっても、広義と狭義の幕府の二つ意味で使用される（山田：二〇一一）。「広義の幕府」とは次の「狭義の幕府」のみならず、将軍（将軍家の家長「室町殿《むろまちどの》」）を頂点とし、将軍によって補任される守護や大名など、列島全体の秩序を含めた武家政権の意味で使われている。「狭義の幕府」とは、主に京都近郊の各種紛争を解決する行政・司法組織（御前沙汰《ごぜんざた》、政所《まんどころ》、侍所《さむらいどころ》など）としての「幕府」である。戦国時代とはいっても将軍と大名との関係は継続していたし、公家衆や寺院などの権門、京都の人々から各種相論の申請を受け付けていたことや、洛中での治安維持活動など、行政・司法組織の意味での幕府は大乱や政変後もなお継続していたのである。これらがあってはじめて、将軍を頂点とする武家権力としての本当の「幕府」であるといえるだろう。

父足利義晴の登場

義晴は、先の義澄を父に、下級身分の侍女である御末者《おすえもの》の阿与《あよ》を母に永正《えいしょう》八年（一五一一）に近江にて誕生した。幼名は亀王丸《かめおうまる》とされる（『系図纂要《けいずさんよう》』など）。義澄は義晴が誕生した年に死去したため、義晴には父の記憶はない。義澄は永正五年に前将軍義稙が大内義興《おおうちよしおき》らに擁されて上洛したことで京都を没落し、近江に逃れた。義晴はこの亡命先にて誕生したのである。義晴は生後すぐに播磨の赤松氏に預けられ、義澄の側近を中心とする近臣が随った。

この時代の義晴については史料にほとんど現れないため、詳細はわからない。しかし、永正十年に将軍に復帰していた義稙と義晴との和睦が成立したことで、義晴は子供のいない義稙の後継者候補ともなった。

永正十八年三月、義稙が細川高国《たかくに》との確執のため出奔した。そこで、高国は義稙との関係改善を図るのではなく、新たに義澄の子である義晴を新将軍として擁立することにしたのである。義晴はこの年、播磨より上洛し、細川氏ゆかりの岩栖院《がんすいん》に入った。次いで大永《たいえい》元年（一五二一、永正十八年より改元）十二月に元服して第十二代将軍に就任した。

初期の義晴政権は、在京大名である高国が主導し、まだ少年である義晴の乳人とされる佐子局《さこのつぼね》、乳人宮内卿局《くないきょうのつぼね》をはじめ、幕臣の長老格の大館常興《おおだちじょうこう》（尚氏《ひさうじ》）などが後見、父義澄の側近の流れ汲む飯川国弘《いがわくにひろ》、海老名高助《えびなたかすけ》らが支える体制であった。その後、義晴は将軍として次第に自律しはじめるなかで、大永五年には新たな将軍御所として「柳《やなぎ》の御所」を造営し、これまでの仮御所であった岩栖院より移徙《いし》した。なお、この将軍御所は国立歴史民俗博物館が所蔵する歴博甲本洛中洛外図屏風《れきはくこうほんらくちゅうらくがいずびょうぶ》にも描かれている。

畿内の動乱と朽木谷での生活

大永六年（一五二六）七月、京兆家の被官香西元盛《こうざいもともり》が細川高国によって殺害されたことをきっかけに、同年末より家中に内紛が発生した。これをきっかけとして畿内は騒乱に突入する。高国に反旗を翻したのは元盛の兄弟、柳本賢治《やなぎもとかたはる》と波多野元清《はたのもときよ》らであった。彼らは高国と敵対していたかつての京兆家当主・細川澄元《すみもと》の子晴元《はるもと》（当初は六郎）と、義晴の兄弟で足利義稙の後継者とされていた足利義維と結び、義晴・高国と対立したのである。

義維・晴元はともに和泉国堺に拠点を置いたため、義維を「堺公方」、その政権を「堺政権」「堺公

足利義晴画像　京都市立芸術大学芸術資料館蔵

方府」などと呼称する。義維には畠山維広《つなひろ》（安枕斎《あんちんさい》）、荒川維国《あらかわつなくに》、奉行人の斎藤基速《さいとうもとはや》など、義稙の側近の流れを汲むものたちが近侍していたほか、政権を支える大名として河内の畠山義堯《よしたか》や阿波の細川持隆《もちたか》（晴元の弟とされる）がいた。

大永七年二月、京都南郊の桂川《かつらがわ》での合戦において、幕府軍である義晴・高国・若狭武田連合軍が大敗したため、義晴は近江の坂本《さかもと》（大津市）に避難した。しかし、義晴は同年十月に越前朝倉《あさくら》氏（軍勢を率いたのは朝倉教景《のりかげ》）や近江の六角《ろっかく》氏の援軍を得て帰洛し、再び堺勢と対峙する。義晴は堺勢を圧倒する兵力を背景に堺方の三好元長《みよしもとなが》を中心に和睦交渉を進めた。交渉は順調に進むかにみえたが、晴元方内部の権力抗争もあり、和睦交渉は成立することはなかった。そのため、義晴は京都より近江に逃れ、六角定頼《さだより》の庇護のもと、同年九月に朽木谷《くつきだに》（滋賀県高島市）に御座を移したのである。

この移座の前に義晴は朝廷に改元を執奏《しっそう》した。それにより「大永」より「享禄《きょうろく》」に改元したが、これは義維に対抗して将軍としての正統性を朝廷に主張したものであり、朝廷もそれを認めていたことを示している。改元を執奏するのは将軍（室町殿）のみの権限であったからである。

前書でも述べたように、朽木谷は山中ではあるが、京都より若狭へ通じる若狭街道沿いに位置しており、京都との連絡往復には好立地であった。義晴はこの地にありながら、京都や地方の大名勢力との音信を継続した。朽木谷には義晴のみが避難したわけではなく、奉公衆や奉行衆をはじめとした多くの将軍直臣、公家衆が随っていた。そのため、幕府そのものの移動ともいえるものであった。しかし、京都の実行支配は堺方が行っていた。京都近郊の寺社や公家衆はトラブルが発生した際は両陣営と交渉をして、現実的な問題解決を目指していたのである。

高国が諸国に援軍を求めるため、義晴のもとを離れている間、享禄二年（一五二九）から三年にかけて義晴は朽木谷にあって堺方と再び和睦交渉を進めることとなった。交渉相手の中心は反高国派の中心人物であった柳本賢治と松井《まつい》宗信《むねのぶ》らであった。交渉は順調に進み、朽木谷の義晴と堺の晴元陣営との一時的な協調体制が成立した。ところが、この和睦交渉に対して今度は三好元長が義維を支持して反対したこともあり、最終的に交渉は決裂してしまった。

一方の高国は、自らのこれまでの人脈を頼り、伊勢国司の北畠《きたばたけ》家（当主晴具《はるとも》は高国の婿）や越前の朝倉氏などを訪問し援助を求めたが実際に援助は得られず、最終的に播磨の赤松政村《まさむら》（のち晴政《はるまさ》）とその重臣であった浦上村宗《うらがみむらむね》の支援をうけることができた。

高国は一時堺勢に対して優位に立ったものの、次第に劣勢となったあげく、享禄四年六月、摂津で大敗し（大物《だいもつ》崩れ）、尼崎《あまがさき》（兵庫県尼崎市）にて自害して果てたのである。

帰洛と近衛家との婚姻

義晴は細川高国を失ったことで、堺勢と対峙する主たる軍事力を失ってしまった。そのため、六角定頼のみが頼りとなる。定頼は義晴を庇護したうえで、享禄四年（一五三一）後半に朽木谷より居城観音寺《かんのんじ》城の山麓にある桑実寺《くわのみでら》（滋賀県近江八幡市）に迎え入れた。やはり、将軍直臣もこれに随っている。義晴は桑実寺の正覚院《しょうがくいん》に滞在するなかで、翌年にかけて京都の公家衆との音信を継続し、「桑実寺縁起絵巻《くわのみでらえんぎえまき》」の制作も進めた。これは朝廷と義晴との共同作業ともいうべきもので、堺になお義維がいるなかで、朝廷は義晴との関係を継続していたのである。

一方、このころ堺では堺政権の内部抗争が深刻化した。もともと河内畠山氏（義就《よしひろ》系）の被官であった木沢長政《きざわながまさ》や三好氏一族の三好政長《まさなが》と元長が派閥抗争をしており、晴元は長政や政長を支持して元長を討伐することとした。

享禄五年七月、元長は晴元を支援した本願寺《ほんがんじ》による一向衆《いっこうしゅう》の攻撃を受けて、堺の顕本寺《けんぽんじ》（堺市堺区）にて自害した。元長が支持した義維はこのとき一緒に自害しようとしたが、晴元に止められ、その後阿波に下国することとなる。

義晴は堺政権の内部分裂もあって、その危機を逃れることができた。さらにこのタイミングで義晴は正統な将軍として改元を執奏し、朝廷もそれを承認して「天文《てんぶん》」に改元した。基本的には朝廷は義晴を正統な将軍として承認し続けていたのである。

次いで、晴元との和睦交渉も成立し、その帰洛が本格的に進むようになった。義晴は定頼と晴元との同意のうえで、天文三年（一五三四）九月三日になって数年ぶりに京都に帰洛した。

義晴は帰洛する直前の六月、避難先であった桑実寺にて前関白太政大臣近衛尚通《このえひさみち》の娘（のちの慶寿《けいじゅ》院《いん》）を正室に迎え入れた。この婚姻はまったくの異例であった。なぜなら、将軍家は第三代将軍足利義満《よしみつ》以来、公家衆の日野《ひの》家より正室を迎え入れてきたからである。その日野家は中流実務貴族である「名家《めいけ》」の家格であったが、近衛家は藤原道長《ふじわらのみちなが》の直系であり、平安末期の藤原忠通《ただみち》の四男藤原基実《もとざね》を祖し、中世以降は天皇家との親疎に関係なく摂政・関白となる摂関家《せっかんけ》（五摂家《ごせっけ》とも）の家柄であった。近衛家は公家社会の頂点に位置しており、日野家とは比較にならないほどの家柄である。

この婚姻は義晴一代に関わるものではなく、次代にも継続するものであり、将軍家と近衛家が相互に体制を支える「足利―近衛体制」となっていく（黒嶋：二〇一二）。なおこの後、菊幢丸《きくどうまる》（のちの義輝）を支えることとなる近衛一門として近衛稙家《たねいえ》、大覚寺《だいかくじ》義俊《ぎしゅん》、聖《しょう》護院《ごいん》道増《どうぞう》、久我晴通《こがはれみち》（愚庵宗入《ぐあんそうにゅう》）兄弟がいる。

菊幢丸の誕生

天文三年（一五三四）の帰洛後、義晴は南禅《なんぜん》寺《じ》聴松院《ちょうしょういん》（京都市左京区）に仮寓した。これは大永五

南禅寺聴松院　京都市左京区

年（一五二五）に造営した柳の御所が、義晴が数年に及んで近江に逃れていたこともあって、このとき荒廃していたことによる。

翌四年には早速、将軍家に慶事があった。御台所の懐妊が判明したのである。この年、朝廷では後奈良《ごなら》天皇の即位式挙行の準備が本格化したものの、即位式自体は天皇の生母東洞院殿《ひがしとういんどの》（豊楽門院《ぶらくもんいん》、勧《か》修寺藤子《じゅうじふじこ》）が薨去《こうきょ》したため、翌五年に延期になっていた（『後奈良天皇宸記《しんき》』天文四年正月十八日条）。一方、幕府では着々と出産の準備が進められた。出産についての記録として「御産所日記《ごさんじょにっき》」がある。それに基づいてみてみよう。

十一月一日に御産所《ごさんじょ》の惣奉行《そうぶぎょう》が二階堂有泰《にかいどうありやす》に定められた。もともと二階堂氏は御産所惣奉行をつとめる先例があり、これに準じて任命されたのである（第七代将軍義勝《よしかつ》や第九代将軍義尚《よしひさ》の誕生の際など）。この他の役者は御祈祷《ごきとう》奉行が千秋晴季《せんしゅうはるすえ》、御襁褓《おむつ》役が小林国《おばやしくに》家《いえ》、右筆《ゆうひつ》が松田晴秀《まつだはるひで》、医師は安芸貞家《あきさだいえ》、御祝方《おいわいかた》（調理）は大草光友《おおぐさみつとも》、陰陽師《おんみょうじ》は土御門有春《つちみかどありはる》であった。また、御産所の造営は六角定頼が担当し、造営奉行は結城国縁《ゆうきくにより》がつとめた。

同十七日（甲戌《こうじゅつ》）には御着帯《ごちゃくたい》祝いが行われた。これは戌《いぬ》の日に安産を祈願するため妊婦に腹帯を巻く儀式である。このとき、帯は御台所より乳母《うば》（乳人《めのと》）へ渡され、御台所の兄弟である聖護院道増

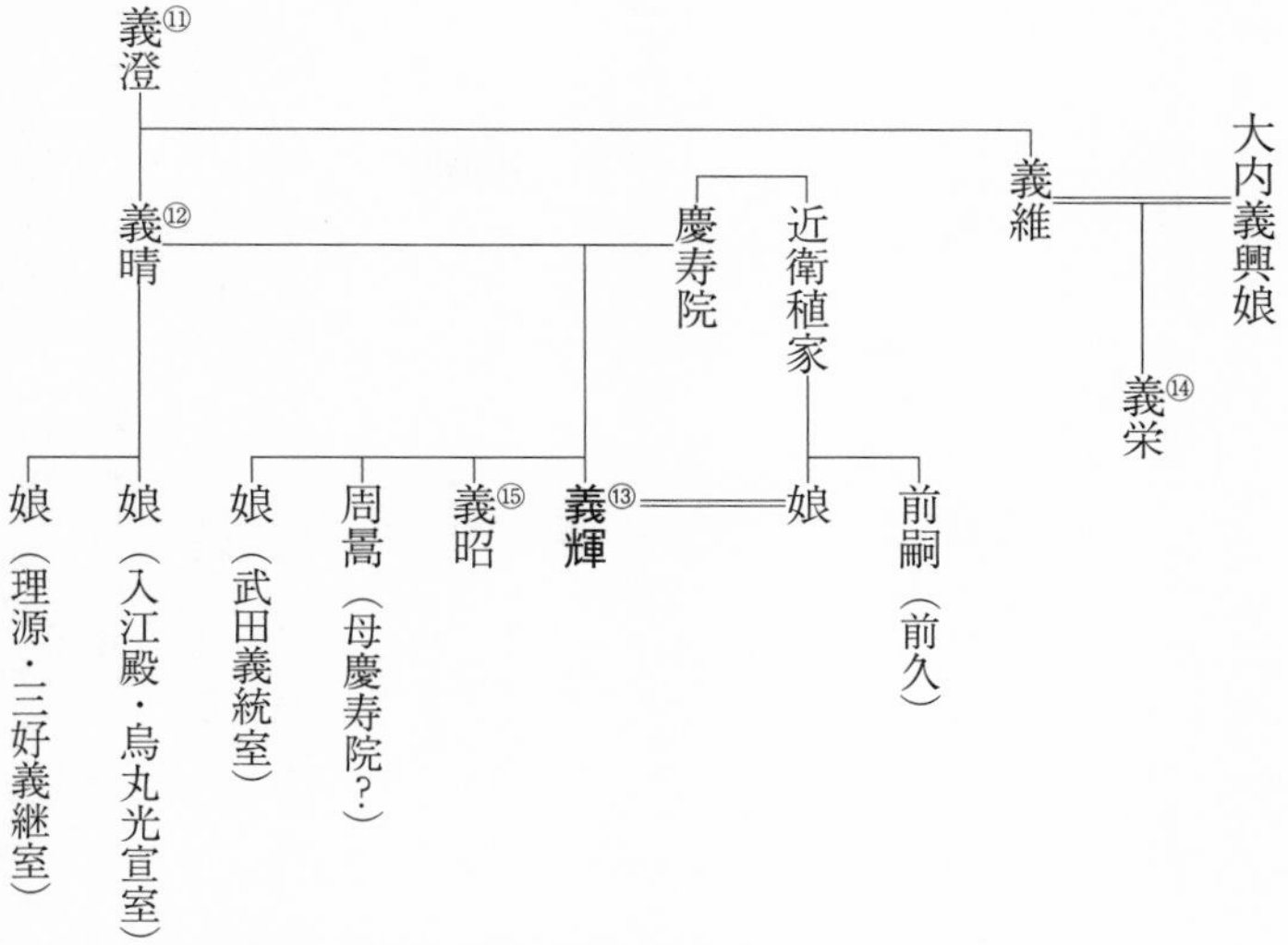

系図1　足利将軍家略系図（丸囲み数字は将軍の代数）

が祈祷を行った。このときには乳母が定められていたようである（後述）。御産所御祝方については細川晴元のほか、河内・能登・若狭・越前などに対して、担当奉行らによって国役《くにやく》（一国全体への臨時の税負担）が賦課された。そして御台所は翌五年三月九日になって産気づき、翌十日の戌の刻、若公が誕生した。これが本書の主人公である義輝、幼名菊幢丸である。

この出産御祝いの申沙汰《もうしざた》（主催）担当は初日は細川晴元、三夜が能登守護畠山義総《よしふさ》であり（両名は祝宴の費用を献上）、しばらく祝宴が続いた。義晴は早速寺社に対して菊幢丸の健康のために太刀・馬を寄進し、それぞれに祈祷を命じている（二階堂有泰奉納状《ほうのうじょう》「多田院《ただいん》文書」ほか）。

菊幢丸の誕生は、足利氏の歴史のなかでも特別な意味を持つ。まず、現職将軍の嫡男誕生は、第八代将軍足利義政の嫡男義尚が誕生した寛正《かんしょう》六年（一四六五）以来であり、約七十年ぶりであったこと、そして、これまでの将軍嫡男のなかで、もっとも高貴な血を持った存在であったことである。つまり、菊幢丸は現将軍の嫡男であり、祖父義澄は第十一代将軍、同じく母方の祖父は前関白太政大臣であった。これまでの歴代足利氏のなかでこれ以上の血を引いた貴公子はいなかったのである。

一方、朝廷では二月二十六日に後奈良天皇の即位式が挙行された。義晴は費用負担は行わなかったものの、幕府として掃除役や警固役を引き受けた（掃除役は伊勢貞孝《いせさだたか》、警固役は木沢長政）。このように公武の慶事が続いたが、京都の町は天文法華《てんぶんほっけ》の乱の勃発により、大きな被害を受けており、菊幢丸の将来を暗示するかのような年でもあった。

菊幢丸を養育した乳母たち

将軍家の嫡男は、誕生後は将軍家の家宰《かさい》というべき伊勢氏（伊勢氏の惣領伊勢守家）の邸宅に預けられ、その当主により養育されるのを通例としていた。第七代将軍義勝や第九代将軍義尚などが誕生後、伊勢氏によって養育されたことが知られる。ただ、義尚の誕生以来、現職の将軍の後継者が誕生したこと自体が約七十年間なかったため、実際の養育は中絶していた。

菊幢丸の養育については、実母である御台所が関与していたことが指摘されている（小谷：二〇一七）。なお、義晴の御座所はこの後、南禅寺より当時の当主伊勢貞孝邸に移ったため、菊幢丸も一緒に移っている。菊幢丸の養育に御台所が関与したとはいえ、当時の通例として乳母が置かれた。菊幢丸の乳母としては、義晴の幼年時の後見役でもあった佐子局（清光院《せいこういん》、以下清光院）と乳人局《めのとのつぼね》（のち左衛門督局《さえもんのかみのつぼね》、春日局《かすがのつぼね》、以下春日局）がいる。

春日局の実家は不明だが、彼女は内談衆《ないだんしゅう》摂津《つ》元造《もとなり》の養女であり、昵近公家衆日野晴光《はれみつ》の室であった。女房衆としての臈次《ろうじ》（序列）は中臈《ちゅうろう》である（清光院は小上臈《こじょうろう》）。日野家は本来は将軍家の正室を輩出する家柄であったが、義澄時代を最後に将軍家外戚《がいせき》という地位を失っていた（義澄の正室は日野富子の姪）。だが、当時の日野家は晴光の実祖父が徳大寺実淳《とくだいじさねあつ》であったため、実淳を介して近衛家と繋がっており、「足利―近衛体制」の一端を担っていたのである（義晴御台所の父近衛尚通の室が実淳の娘。ただし御台所の生母ではない）。

春日局には、晴光との子である晴資《はれすけ》が菊幢丸と同じ天文五年（一五三六）に誕生している。このことも乳母登用の一因になったであろう（晴資は誕生月日は不詳だが、菊幢丸より先に誕生か）。一方で清光院は当時はすでに四十歳ほどとみられるから、清光院の役割は幼児に乳を与えるものではなく、後見的に教育などを担当するものであったのであろう。

将軍乳母は第八代将軍義政期の今参局《いままいりのつぼね》に代表されるように、将軍個人との親近関係により、政治的に影響力を及ぼすものもいた。この当時、義晴の乳母として宮内卿局がいたが、彼女は義晴を支える側近として殿中にあった。特に上意の伝達や側近との取り次ぎ、または外部よりの取り次ぎなど

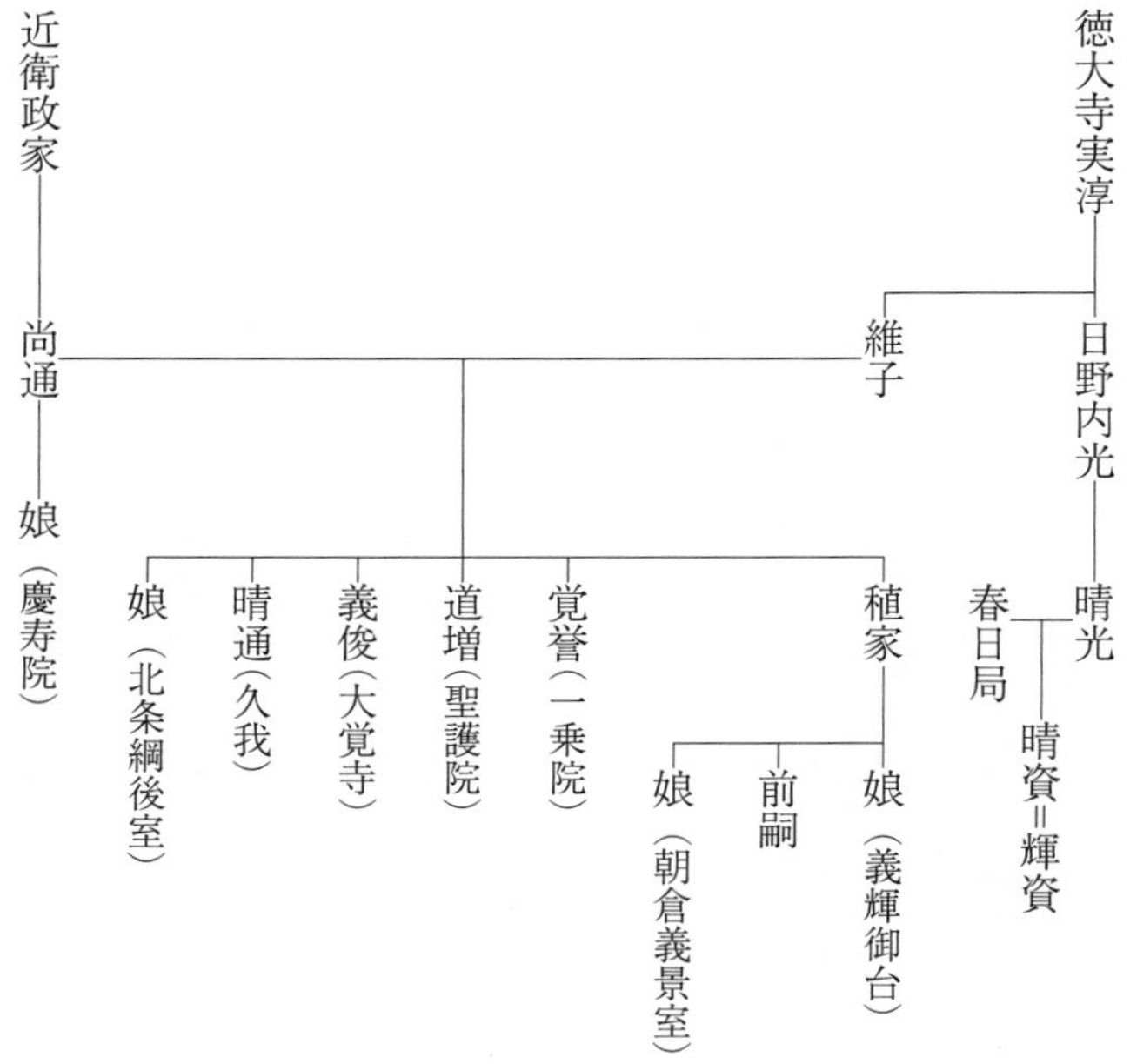

系図２　近衛家・日野家略系図

がおもな役割であった。とすれば、将来の将軍である菊幢丸の乳母にもそのような役割が期待されていたことは容易に想像できる。それについては、後述していく。

なお、この春日局は天文十一年ころに「左衛門督局」に、弘治《こうじ》三年（一五五七）には「春日局」と局名が変化している。春日局といえば、江戸幕府第三代将軍徳川家光《とくがわいえみつ》の乳人が有名だが、春日局という局名は彼女だけのものではなく、それ以前より使用されてきた女房の名称である。室町時代には第三代将軍義満の側室で義嗣《よしつぐ》の生母もやはり春日局と呼ばれた。彼女は幕府評定衆《ひょうじょうしゅう》摂津能秀《よしひで》の娘であり、以降、「春日局」は摂津氏出身の女房衆の局名として使用される（養女を含む）。菊幢丸の乳母の場合は、摂津元造の養女となったことから春日局と呼称されるようになった（平山：一九九八）。

また、乳母ではないが、後述する菊幢丸の初参内では、義晴の上臈一対局《いったいのつぼね》（転法輪《てぼり》三条実香《さんじょうさねか》娘）が菊幢丸を抱えている（『お湯殿の上の日記』天文六年正月十九日条）。公家出身ではなく、中臈で武家の出身（養女だが）である春日局では参内はできなかったのであろう。

「まじない」のため家督を譲られる

義晴にとって、菊幢丸は念願の将軍家の嫡男であった。しかも公武権力の頂点の血を引く、前例のない将軍が誕生することが期待できたのである。

そのなかで義晴は、大きな決断をする。天文五年（一五三六）八月に「まじない」のため、「隠居」を宣言して、生まれたばかりの菊幢丸に「御代《みよ》」を譲ったのである（『鹿苑日録《ろくおんにちろく》』八月二十九日条、詳細は前書も参照）。そして、菊幢丸を補佐するためとして大館常興・晴光《はるみつ》父子、摂津元造、荒川氏隆《うじたか》、海老名高助、朽木稙綱《くつきたねつな》、細川高久《たかひさ》、本郷光泰《ほんごうみつやす》といった父義澄以来の近臣とその系譜を継ぐものたちによる側近集団「内談衆《ないだんしゅう》」を設置した。

もちろん、誕生して数ヶ月の菊幢丸が将軍に就任するわけではないし、実際に政務を行うわけではない。実際は義晴が自身の政務決裁の負担を軽減化するために内談衆を設置したのだが、隠居宣言自体は菊幢丸が将軍家の後継者であることを周囲にアピールするためのものであったのである。天文元年に没落したとはいえ、阿波にはなお兄弟である足利義維とその支持勢力が存在していた。彼らに対して、菊幢丸こそが将軍家の後継者であることを宣言したのである。

いまだ元服すらしていない菊幢丸であるが、この義晴の隠居宣言後は、将軍家家督として遇されることが多くなる。義晴の呼称も菊幢丸と並記される場合、「大御所《おおごしょ》」と呼称されることも多くなる（『蜷川親俊日記《にながわちかとし》』天文七年正月十三日条ほか）。

十二月に仮御所より伊勢邸へ移徙したときは、義晴の御供は大館晴孝《はるたか》・畠山中務大輔（稙元《たねもと》か）・万阿弥《ばんあみ》の三名であったのに対して、菊幢丸には大館晴光・朽木稙綱・伊勢貞孝・幸阿弥《こうあみ》の四名が騎馬で供奉している。御台所には結城国縁、安東泰職《あんどうやすのり》、菊阿弥《きくあみ》の三名がやはり騎馬にて供奉している。このとき、「大御所」義晴の御供と、「若公」義輝の御供では義輝のほうが数が多いことが注目されよう。義晴は菊幢丸の御供の人数を自身より多くすることで、京都の人々に対して、菊幢丸こそが将軍家の家督（実際は後継者）であることを演出したのである。

さらに天文六年には、菊幢丸の名前で日吉社で行われる新礼拝講《しんらいはいこう》を主催させている。このときには各国に国役も賦課された（『天文日記』天文六年九月二十八日条ほか）。天文七年正月十三日には、義晴に対して三歳の菊幢丸が主催する酒宴が行われ（『親俊』同日条）、観世大夫《かんぜだゆう》などによる能も行われたが、これはもちろん菊幢丸が主催したという体裁をとっただけである。これら一連のものは義晴が世間に菊幢丸をアピールするために行わせたものとみてよいだろう。

ところで、天文九年の十一月に菊幢丸の乗馬始《じょうばはじめ》が行われることとなった（『大館常興日記』九月二十九日条ほか）。この乗馬始に関連して、幼少期の菊幢丸の面影を垣間見られることがある。菊幢丸の姿を伝える史料は実はあまり多くはないが、幼少の菊幢丸は馬を好んだという。細川晴元は菊幢丸が「馬が好き」という情報を聞いて、鞍の置かれた小さな青毛の馬を進上している（『常興』天文九年十月二十二日条）。

なお、奈良興福寺《こうふくじ》一乗院門跡《いちじょういんもんぜき》となる弟の覚慶《かくけい》（のちの第十五代将軍足利義昭《よしあき》）が翌六年に誕生している。弟は天文十一年に近衛稙家の猶子となって一乗院良誉《りょうよ》のもとに入室している。良誉は稙家の父尚通の叔父にあたる。本来摂関家、特に近衛家との縁の深い一乗院には、当然将軍家の男子が入室することはなく、これが初めてであった。将軍家所縁の寺院（三宝院《さんぼういん》、青蓮院《しょうれんいん》など）に入室しなかった理由は不明だが、将軍家と近衛家との接近の結果であろう。

参内に見る公家衆との関係

幼少の菊幢丸にとって、身近な存在の一つが生母の実家である近衛家であったことは間違いない。この後、実際に近衛一門は義晴や成長した菊幢丸を支えていくこととなる。義晴と近衛家との婚姻の目的の一つは、将軍家と朝廷をより深い関係にすることを期待したものであったことに疑いはないだろう。そこで、菊幢丸と朝廷との関係にもやはり近衛家の関与が期待された。

ところがこののち、織田信長《おだのぶなが》による足利義昭への「十七箇条の異見状」のなかの一ヶ条に「義輝が参内を怠ったために悲惨な最期を遂げた」という内容が記載されている。実際に幼少期の菊幢丸はどうであったのだろうか。

菊幢丸が初めて参内したのは、誕生の翌年、まだ乳幼児であった天文六年（一五三七）正月十九日のことである（『言継卿記』同日）。義晴の御供は細川弥九郎《やくろう》・大館高信《たかのぶ》・同朋《どうぼう》の春阿弥《しゅんあみ》の三名であったのに対して、菊幢丸の御供は大館晴光、上野与三郎《うえのよさぶろう》（信孝《のぶたか》か）・大館晴忠《はるただ》・朽木稙綱・伊勢貞孝・同朋の孝阿弥《こうあみ》の六名であった。以前の移徙の行列と同じく菊幢丸の御供のほうが多い。やはり、初めての参内ということもあり、菊幢丸に注目がいくように義晴によって演出されたのであろう。

この初参内には直廬《じきろ》の衆《しゅう》として飛鳥井雅綱《あすかいまさつな》、勧修寺尹豊《ただとよ》、広橋兼秀《ひろはしかねひで》、白川雅業《しらかわまさなり》（雅業王）、高倉永家《たかくらながいえ》、烏丸光康《からすまみつやす》、山科言継《やましなときつぐ》、東坊城長淳《ひがしぼうじょうながあつ》、日野晴光、高倉永綱《ながつな》（永相《ながすけ》）、飛鳥井雅教《まさのり》が参加した。なお、直廬とは禁裏内で摂関や大納言以上の公家衆が休憩や執務を行った場所である。ここに参礼した公家衆の多くはその資格がないものであるが、将軍との関係によって特別に直廬に出仕できたのである。そのような彼らは前書でも述べたが、「武家昵近公家衆《じっきんくげしゅう》（以下、昵近公家衆）」と呼ばれる、将軍家に奉公する公家衆であった。武家伝奏《ぶけてんそう》でもある兼秀や尹豊をはじめ、彼ら昵近公家衆は父義晴の初参内の際にも同じように参会している（『二水記』大永二年〈一五二二〉二月二十三日条）。なお、このときは前述のように三条家出身の上臈一対局が菊幢丸を抱えて参内した。

父義晴を伴わない単独の参内は、天文十一年十二月二十三日に初めて行われた。このときは伯父近衛稙家が一緒に付き添っており、まだ幼い菊幢丸を後見したとみられる（『お湯殿』同日条）。菊幢丸よりの御礼に対しては、天皇よりは武家伝奏の兼秀を介して太刀が下賜された。菊幢丸単独の参内はこれだけでない。同十三年正月十日にも参内しており、やはり稙家が後見として一緒に参内している。これこそ、義晴が近衛家との婚姻に期待したことであったろう。義晴自身は参内していないものの（義晴自身の参内も減少している）、朝廷へ菊幢丸の売り込みを行っていたといえよう。

さらに菊幢丸の名義によって、八朔《はっさく》や七月の灯籠などたびたび朝廷に進物が贈られている（『お湯殿』天文六年七月十二日条など）。これも実際は義晴が行わせたものであろうが、朝廷と菊幢丸との関係は基本は良好であったといえる。もちろん、幼い菊幢丸にそのような意識があったわけではないだろうが、まだ幼く不慣れな菊幢丸を近衛家が補佐していたのであろう。

騒乱に巻き込まれ避難する

天文八年（一五三九）以降、細川晴元家中の内紛にはじまった畿内の騒乱は、将軍家にも影響を与えた。義晴は騒乱の調停者たらんとして京都に残ったが、菊幢丸は京都よりたびたび避難している。

まず、同年六月に晴元被官の三好長慶《ながよし》（三好元長の子、はじめ利長《としなが》、範長《のりなが》、以下長慶に統一）が幕府御料所《ごりょうしょ》河内国十七ヶ所《じゅうしちかしょ》の代官職を求めたことをきっかけとして、長慶と晴元・三好政長が対立した。京都の情勢が不安定化するなかで、義晴は京都にあって中立的な態度で調停を進めたが、菊幢丸は閏六月十六日に、御台所とともに清光院のいる八瀬《やせ》（京都市左京区）に避難した。菊幢丸は輿に乗り、大館晴光・朽木稙綱・伊勢貞孝の三騎の御供のほか、御部屋衆《おへやしゅう》や詰衆《つめしゅう》などが供奉した（『常興』同日条）。七月七日にいったん帰洛したが、翌日には再び八瀬に戻っている（『常興』同日）。結局、菊幢丸が京都に戻ったのは情勢が落ち着きだした八月十三日であった。約二ヶ月間も避難生活をしていたのである。

このとき、義晴は騒乱の危機に際しても、京都を離れることはなかった。これは「将軍の在京＝京都の無事」と世間より見なされていたためで、義晴は自身が京都に残ることで、騒乱下での政治的中立と同時に京都の守護者を体現していた。

さらに、天文十年に木沢長政が晴元に反乱を起こした際、義晴は政治的中立を維持するために、あえて京都より避難した。そこで菊幢丸は父とともに東山の慈照寺《じしょうじ》（京都市東山区）を経て坂本に避難したのである（『常興』十一月一日条）。このとき菊幢丸には、叔父である久我晴通、昵近公家衆の高倉永家が供奉した（避難生活は翌年三月まで続く）。このように、将軍である父義晴ができるだけ京都にあろうとするなかで、幼少の菊幢丸は畿内で騒乱に影響され、たびたび京都より避難することがあったのである。

天文十三年には、菊幢丸の周辺でも事件があった。春日局の侍女《じじょ》が当時の将軍御所である今出川《いまでがわ》御所（京都市上京区）を放火しようとしたのである。火事は大事にならなかったが、侍女は召し捕らえられた（『言継』五月二十二日条ほか）。さらにこれに連座して三好（長慶か）被官の和田新五郎《わだしんごろう》が捕らえられ、晴元の命により一条戻橋《いちじょうもどりばし》にて鋸引《のこび》きという残酷な処刑をされ、侍女は六条河原《ろくじょうがわら》で処刑された（『言継』八月十一日条）。

残念ながらこの事件の背景は伝わらない。侍女と新五郎との関わりもよくわからない。単なる不義密通から御所の放火につながる理由は理解しがたい。むしろ放火は将軍一家の殺害が目的であった可能性が強い。

そこで筆者は、三好被官の新五郎は足利義維を支持していた可能性を提案したい。もともと三好長慶の父元長はその最後には義維を支持していた。三好被官のなかにもなお義維を支持する勢力が残っていた可能性は充分にある。そこで、義晴父子に近い侍女をたきつけて義晴一家を殺害しようとしたとも考えられる。義晴とその男子が死去すれば、義維以外に将軍に就任できる足利家の人間はいなくなるのである。新五郎が極めて残忍な方法で処刑されたのは、このような理由であれば納得できる。晴元としては、家中に義維支持派が残存していることは義晴との当時の協調関係の根底を揺るがすものであり、決して許されないことだった。義晴は、これに不信をもったためか、晴元との関係も一時悪化していた。以上は筆者の推測でしかないが、必ずしも無理がある話ではないだろう。

足利義輝画像　京都市立芸術大学芸術資料館蔵

病の痕跡を描いた肖像画

天文十四年（一五四五）、当時十歳の菊幢丸は病に冒されていたようである。吉田《よしだ》社《しゃ》（京都市左京区）の神主で公家でもある吉田兼右《よしだかねみぎ》の日記「天文十四年日記」によれば、六月十四・五日ころより菊幢丸は病にかかっていたという。そこで、兼右が御所に召されて、義晴の乳人で側近女房の宮内卿局《くないきようのつぼね》を介して祈祷を行うように命じられている（六月二十一日条）。

その後、菊幢丸の病は無事平癒したようである。翌二十三日に兼右が御所に召され、宮内卿局を介して、「今度の若公の病が即時平癒したので、神妙なことである」と義晴の言葉が伝えられた。そこで兼右には、褒美として菊幢丸の桐紋《きりもん》が入った御服が下されたのである。

このときの病は疱瘡《ほうそう》（天然痘《てんねんとう》）であった可能性がある。現在国立歴史民俗博物館《こくりつれきしみんぞくはくぶつかん》には絵師土佐光吉《とさみつよし》による義輝の肖像が残されている。これは義輝十三回忌にあたる天正《てんしょう》五年（一五七七）に制作されたものであるが、これ以前の「源弐（玄二）」の署名のある光吉の下絵（京都市立芸術大学芸術資料館《きょうとしりつげいじゅつだいがくげいじゅつしりょうかん》蔵）には頬に瘢痕《はんこん》（疱瘡の跡）が確認されるのである（これは烏帽子をかぶるが、同じく光吉による露頂の肖像も残る）。発症から平癒まで一ヶ月弱ということからしても、このときの病の可能性が高いだろう。

少なくともほかに菊幢丸の病の記録もない。生死に関わる重病であるから、義晴をはじめ菊幢丸の周囲は気が気でなかったであろうが、無事完治したのである。

疱瘡については、いわば正式な肖像画にはその跡は確認されないため、この下書きがなければ、菊幢丸が疱瘡であったという事実は知られていなかったであろう。文字史料だけではなく、絵画史料の重要性がここにある。

細川氏綱の挙兵と晴元との確執

天文十二年（一五四三）ころより、細川高国の後継者を自認する細川氏綱《うじつな》が細川晴元打倒のために挙兵した。京兆家の家督をめぐる争いである。しかし、はじめの挙兵は成功せず、いったん氏綱の攻勢は収まったが、同十四年ころより再び活発化した。氏綱には細川国慶《くによし》、ついで河内畠山氏（政長系）の重臣遊佐《ゆざ》長教《ながのり》ら支援者も加わったのである。

この対立において、義晴はある決断をすることとなった。これまで政権を支えてきた晴元を見限り、氏綱方との連携を模索するようになったのである。実は義晴と晴元との関係は、将軍直臣の所領をめぐって不安定なものとなっており、確執は同年の晴元の出仕拒否という形で顕著化していた。晴元は幕府を支える大名として畿内にあったが、京兆家が山城や京都近郊で勢力を拡大するにともない、被官層が将軍直臣の所領を侵食することが増加した。晴元は家中の支持を維持するためもあってこの問

高国＝＝＝氏綱
　　　　└藤賢
澄元―晴元―信良（聡明丸・六郎）
　　　　　└晴之

系図3　細川氏略系図

題の解決に消極的であったが、義晴は将軍直臣保護の観点からこの問題を見過ごすことはできなかったのである。

　また、義晴は近江の六角定頼、晴元とその一族で和泉上守護細川元常《もとつね》を、政権を構成する主たる大名としていた。しかし、政権運営において定頼と晴元の比重は等しくなく、幕府の意志決定において定頼の意見を尊重することは多いが、晴元にはそもそも意見を徴収していなかった。義晴にとっては定頼こそが政権運営の要であったのである。戦国期の京兆家は幕府体制を支える重要な在京大名であったが、晴元はそれまでの細川政元や高国と同様に政権を主導するような存在として義晴からは期待されず、あくまでも領内での幕命の遵行《じゅんぎょう》、軍事的役割などが求められていた。つまり、京兆家は幕府に必要ではあるが、幕府を支えることができれば当主は晴元でも氏綱でもどちらでもかまわなかったのである。さらに晴元と氏綱との対立のなかで、晴元勢が劣勢であったことが影響した。そこで義晴はこのまま晴元との関係を継続するのではなく、氏綱と新しく連携することを模索しはじめた。

　義晴は氏綱と連携していた河内の遊佐長教に対して、内談衆の一員で河内畠山氏の担当申次である大館晴光を通じて接触した。氏綱や長教方としては、将軍が氏綱陣営に加担したとなれば、自らの正統性を保証されたことになる。長教は晴光や近衛一門の大覚寺義俊を介して義晴へ返信し、氏綱陣営の情報を伝えたのである。

義晴は帰洛後、基本的には大名家同士、または大名家内の内紛に対しては中立の姿勢を示し、騒乱の当事者とならず、調停者として振る舞うことを是としていた。だが、今回はその原則に自ら反する行動を取ったのである。しかし、晴元との関係は簡単に切ることもできなかった。なぜなら義晴が一番信任する定頼は晴元の舅であったからである。

第二章　新将軍義藤と父義晴の死

元服し、義藤と名のる

畿内情勢が流動化する天文十五年（一五四六）の早々、菊幢丸の元服の話が進みだした。むろん、それを主導するのは父義晴である。義晴は十一歳で元服し、次いで将軍宣下があったため、その先例をこの年十一歳である菊幢丸にも当てはめようとしたのであろう。第三代将軍義満の将軍宣下が十二月三十日であった先例もあり、歴代の将軍宣下は十二月に行われることが多い。義晴もその父である義澄もやはり十二月であった（義晴は二十五日、義澄は二十七日）。それにしたがえば、菊幢丸の元服と将軍宣下は十二月後半の吉日となろう。

このとき豊後の大友《おおとも》氏に元服料が賦課されたが、これ以外の大名家にも賦課されたと思しい。大友氏はその後、三万疋（約三千万円）を進上しているため、他の大名家にもおおよそこの金額が賦課されていたのであろう。

七月二十七日、菊幢丸はそれまでの幼名に代えて「義藤《よしふじ》」の実名が付けられた（以下、義藤）。同時に従五位下《じゅごいのげ》に叙された（叙爵《じょしゃく》）。通常、叙任に際して発給される位記《いき》や口宣案《くぜんあん》には、幼名ではなく実名で記載されるためである。この実名を勘進《かんしん》したのが誰であるのか、なぜ「藤」の字となったのか、その詳細はわからない。ただ、通例では東坊城《ひがしぼうじょう》家や高辻《たかつじ》家、五条《ごじょう》家、唐橋《からはし》家などの菅家《かんけ》（菅原《すがわら》氏）の学者が勘進するので、義藤の場合も菅家が勘進したのであろう。

その後、十一月十五日には元服に先立って左馬頭《さまのかみ》に任官し、従五位上を越えて正五位下に昇進した（『お湯殿』同日条、『宸記』では従五位上とある。これは本来の官位相当）。左馬頭は将軍後継者が初めて任じられる官職であり、家督継承者を象徴する官職である。

本来であれば、当時の将軍御所である今出川御所で義藤の元服の儀式を行うべきであるが、義晴は情勢の不安定化もあり、京都ではなく近江の坂本で執り行うこととした。この経緯や元服の詳細については「光源院殿御元服記《こうげんいんでんごげんぷくき》」（『群書類従』第二十二輯武家部所収）から知ることができる。この経緯についても前書でも述べたが、改めてみてみたい。

近江で元服を行うのは、京都が物騒になったためで、場所は日吉社《ひえしゃ》（大津市、現日吉《ひよし》大社）神職の樹下成保《じゅげしげやす》の邸宅とされた。さらに元服の儀式において、烏帽子親《えぼしおや》となる加冠役《かかんやく》（烏帽子をかぶせる役）については本来管領家のものがつとめるが、当時は該当者がいないということで、十一月中旬になって義晴が六角定頼に命じた。定頼は先例にないこととして再三辞退したが、最終的に引き受けた。前書でも述べたように、加冠役に求められる役割は儀式だけではない。将来、烏帽子子に対して保護者として振る舞うことも期待されていたのである。つまり、義晴は定頼に義藤の加冠役をつとめさせることで、将来的に六角氏が義藤の後見役を担うことを期待したものであった。

定頼は会場となる樹下宅の修繕を行わせ、義晴父子の御成《おなり》に備えた。十二月十八日に、義晴と義藤はともに東山の慈照寺より坂本にいたり、巳の刻、同地に御成した。義藤が義晴より先に御成したが、そのときの姿は長絹《ちょうけん》を着し、下髪《さげがみ》で本結びは金色、板輿《いたごし》に乗り、その御簾《みす》が上がった状態であったという。御供は大舘晴光と朽木稙綱、伊勢貞孝と孝阿であった。さらに走衆《はしりしゅう》の本郷信富《のぶとみ》・杉原晴盛《すぎばらはるもり》・進士晴舎《しんじはるいえ》・沼田光兼《ぬまたみつかね》・安威光備《あいみつそな》・飯川信堅《いがわのぶかた》の六名が随った。

これに続いて義晴の御成があった。義晴は肩衣袴《かたぎぬばかま》で乗馬し、御供は上野信孝・大舘晴忠・細川晴経《はるつな》らで走衆は伊勢盛正《もりまさ》、彦部晴直《ひこべはるなお》ら十名が随った。その後、御台所と姫君、女房衆が乗輿で続いた。義晴父子の到着後、定頼は従四位下に叙された。これは加冠役の先例に基づくものである。

元服は十九日に行われた。それぞれの役者を確認すると、惣奉行は摂津元造、元服奉行は松田晴秀と飯尾堯連《たかつら》、加冠役は定頼、理髪は細川晴経、打乱《うちみだれ》箱は朽木稙綱、泔杯《ゆすりつき》は大原高保《おおはらたかやす》（定頼の弟）、御祝調進（料理）は大隅秀宗《おおすみひでむね》と大草公広《きみひろ》、手長《てなが》（配膳役）は伊勢盛正と伊勢貞清《さだきよ》、御物奉行は蜷川親俊と三上秀長《みかみひでなが》（ともに伊勢氏被官）であった。このほかに御服奉仕の高倉永家がいた。このうち定頼・高保・稙綱は初めての役であった（ほかは先例による）。

この日程は土御門有春の勘申によるものであった。また、元服時の加持は本来は将軍家の御持僧《ごじそう》である醍醐寺三宝院《だいごじさんぼういん》がつとめる先例であったが、義藤のは聖護院道増《しょうごいんどうぞう》がつとめた。これは「内々」にて行ったという。道増は義藤からみれば伯父である。これも「足利―近衛体制」の影響であろう。身固め（身体への祈祷）は先例により有春と勘解由小路在富《かでのこうじありとみ》がつとめた。義藤は座敷の御座より円座に移り、その場で定頼が月代《さかやき》を剃った。定頼はこの際、故実にこだわったという（村井：二〇一九）。

翌二十日に式三献《しきさんこん》のほか、義藤の乗馬始があった。これに用いたのは定頼が進上した馬という。二日目の御祝いは河内の畠山氏がつとめるものであったが、その被官の遊佐長教が代わりに御祝の金銭負担をつとめている。

はじめて京都以外で将軍宣下を受ける

元服した翌二十日、将軍宣下が行われた。義藤は征夷大将軍に補任され従四位下に叙されたほか、禁色《きんじき》・昇殿《しょうでん》宣下もあった。禁色宣下は本来使用の認められない上位者の衣服の使用を許可される特権であり、昇殿宣下は昇殿（殿上人《てんじょうびと》）の許可である。上卿《しょうけい》は武家伝奏でもある広橋兼秀、執筆は五《ご》条為康《じょうためやす》、職事《しきじ》の奉行は広橋国光・高辻長雅《ながまさ》・日野晴資で、大外記《だいげき》は清原枝賢《きよはらのえだかた》、官務《かんむ》は壬生登辰《みぶのぶたつ》らであった。この日は勅使や公家の面々が坂本に下向し、天皇よりの元服の祝儀として太刀・馬が、将軍宣下の祝儀として太刀一腰が下された。元服と将軍宣下の儀式は無事に終了したが、京都以外で将軍宣下を受けた将軍は義藤がはじめてであった（あとは次代義栄のみ）。

将軍宣下に続いて、御評定始《ごひょうじょうはじめ》・御判始《ごはんはじめ》が、次いで御前沙汰始・御吉書始《ごきっしょはじめ》が行われた。評定始には六角定頼のほか評定衆として二階堂有泰・町野康定《まちのやすさだ》・摂津元造・松田晴秀が着座した。鬮子《くじ》役は松田頼隆、奏事は飯尾尭連であった。

このときの御判始で義藤の花押《かおう》が決定したが、この花押は将軍家の先例にもとづく武家様《ぶけよう》の花押である。このなかで次のような文書が発給された（『石清水文書』一七二、［義輝：一］）

寄せ奉る

石清水八幡宮

山城国綺庄の事

右、寄進するところの状件のごとし、

天文十五年十二月廿日

左馬頭源朝臣（花押①）

父義晴にも同様な文書が残されているように、これは将軍家の先例によるものであるが、これが義藤の発給文書の最初のものである。義藤の花押は現在五種類知られている（①〜⑤）。将軍家の花押については上島有氏がまとめられているが（上島：二〇〇四）、すべて武家様花押である。かつて父義晴は大納言への昇進とともに公家様《くげよう》花押となったが、義藤は生涯大納言に昇進することがなかったので、公家様花押に変更することはなかった。右の寄進状の花押は緊張のためか、まだ十一歳であったためか、その筆形はまだぎこちない。

一方で、父義晴は将軍職の移譲にともなって、朝廷より右近衛大将《うこのえのだいしょう》に推任された。これは朝廷が将軍でなくなる義晴に対して、なお朝廷の守護者としての活動を期待してのものと推測される（前書）。翌三日目も祝宴が行われ、四日目には六角定頼の宿所への御成があった。そこには義晴と義藤のほか、近衛稙家と聖護院道増・三宝院義堯《ぎぎょう》・久我晴通・飛鳥井雅綱・広橋兼秀・烏丸光康・高倉永家・日野晴光らの近衛一門や昵近公家衆らが相伴した。翌日も御能があり、二十四日になって、義晴・義藤父子は東山の慈照寺へ還御している。

義藤の元服に六角氏を巻き込むことは、将来も将軍家、特に義藤を後見する役割を担わせるとともに、現在の情勢下において定頼の離反を防ぐという義晴の政治判断でもあった。こうして義藤の将来に対する布石を打っていくのである。義藤の元服と将軍宣下は義晴の主導で行われたが、当時は細川晴元と対立状態になっていたという事情を考慮しても、全体的にみれば加冠役や将軍宣下の場所（京都でない）など異例ともいうべきものであった。

将軍就任後の義藤の立場

天文十五年（一五四六）十二月二十三日には、義藤の「御親（乳父）」として伊勢貞孝が定められた。これは前述したように従来、政所頭人を世襲する伊勢氏宗家（伊勢守家）が将軍嫡子の養育を行ってきたことによる。かつて義政の「養父」も伊勢貞親がつとめた。これにより、貞孝も義藤の養育に関与することになった。しかし、本来であれば誕生直後か幼年時に定めるべきものであり、将軍就任後に乳父となったのは遅いといえる。これは、生母の御台所や春日局が義藤を離さなかったためであろう。

義藤が将軍に就任したとはいえ、父義晴はなお健在であった。義藤は将軍を示す「大樹《たいじゅ》」と呼称されているが、義晴は「大御所」「右大将殿」と呼称されているだけではなく、将軍家の家長を意味する「室町殿」と呼称され続けている（将軍在職者＝将軍家の家長ではない）。義藤はなお家長の嫡男という立場であった。

翌年正月二十五日には、将軍就任のお披露目も兼ねて参内始を行った。義藤は慈照寺より今出川御所に移動し、次いで禁裏に参内している。路次の警固は近江衆が行った。御供は大館晴光・朽木稙綱・伊勢貞孝と同朋の緑阿がつとめ、このほか走衆が随った。参会の公家衆は甘露寺《かんろじ》伊長《これなが》・飛鳥井雅綱・正親町三条公兄・勧修寺尹豊・広橋兼秀・西園寺《さいおんじ》公朝《きんとも》・烏丸光康・正親町《おおぎまち》公叙《きんのぶ》・高倉永家・山科言継・東坊城長淳・中山《なかやま》孝親《たかちか》・白川雅業・広橋国光・庭田《にわた》重保《しげやす》・葉室《はむろ》頼房《よりふさ》・高倉永相・日野晴資・俊長であった。やはりこのとき、近衛稙家が義藤の参内に相伴した。参内後、義藤は天皇に拝謁して三献が行われ、天盃を給わっている。参内自体はこれまで複数回行っていたこともあり、滞りなく進行できたようだ。

この参内の約一ヶ月後の二月十七日、義藤は参議《さんぎ》兼左近衛権中将《さこのえのごんのちゅうじょう》に昇進し公卿に加わった。昇進の翌日、義藤は昵近公家衆である日野晴光（春日局の夫）の権大納言昇進を執奏している。これは義藤による「御執奏始」とされている（『公卿補任』）。将軍家は天皇に対して官位昇進、改元などを「武家執奏」というかたちで要請することができるが、義藤は将軍に就任したことで武家執奏をはじめて行ったのである（当然勅許された）。むろん、これも実際は義晴や近衛家が主導したものであろう。

さらに、義藤の将軍就任は幕府政務の面でも大きな転換点であった。義藤への将軍職移譲にともなって義晴の側近政務集団である内談衆は終焉したとみられている（羽田：一九九九、西島：二〇〇六）。天文十五年の時点でその存在が確認できるのは大館晴光・摂津元造・朽木稙綱・海老名高助・細川高久である（本郷光泰はすでに失脚）。幕府の長老で応仁・文明の乱を経験した大館常興はこのころに没したとみられている（設楽：一九八八）。しかし、内談衆が終焉したからといっても、幕府の政務がなくなったわけではないから、義藤への権力移譲を目指した新たな体制が構築された、またははじまったとみてよいだろう。

今出川御所石敷遺構　京都市上京区

このようななか、当時義晴と連携していた細川氏綱の属将細川国慶を、地子銭徴収をめぐるトラブルから「御敵」としている（『言継』正月十三日・十四日条）。国慶はこれをうけて高雄へ出奔したが、これは義晴と国慶が事前に示し合わせ、新将軍義藤の「武威《ぶい》」を示すために仕組んだ演出という見方もされている（山田：二〇一九）。これも義晴による周囲への義藤アピールといえるだろう。

晴元と和睦し京都に戻る

元服儀礼からは排除されていたものの、勢力を挽回しつつある細川晴元を警戒して、義晴は前年より築城（改修か）をはじめた東山の北白川城《きたしらかわ》（京都市左京区）に四月ころより籠城して晴元に備えた。この時期の義藤の在所についてはよくわからない。義晴は千人ほどの奉公衆とともに籠城したが、義藤は当然籠城には参加していなかったであろう。

七月になり晴元勢が北白川城を包囲するが、晴元の舅でもある六角定頼が晴元方として包囲軍に加わった。これは、定頼による義晴と晴元との関係修復のための強攻策であった。そもそも独自の軍事力に限界のある将軍家にとって、軍事的支援者である大名の存在は不可欠であるが、今回は定頼の離反行為により完全に孤立無援となったのである。そこで、定頼は義晴に和睦を進言し、直臣らの同意もあって十九日に義晴は晴元との和睦を決意した。それ以外に選択肢もなかった。

次いで、義晴は城を自焼して近江の坂本に御座を移した。義藤は義晴とともに坂本に移っていることから、移動の際に合流したのであろう（義藤らは慈照寺に滞在か）。晴元は義晴より「御免」されことで、二十九日に晴元は坂本までその御礼のために赴いた。ここで興味深いのは、晴元の御免御礼を受けたのが義晴ではなく、義藤であったことである。義晴が心情的に晴元を許していなかったこともあろうが、これも義藤の「武威」を演出するものであったといえる。つまり、義晴は大名たちが新将軍義藤に降れ伏したという演出をしたともいえよう。

これにより京兆家の争いは晴元方が優勢となり、翌年四月に晴元と氏綱は和睦して畿内の騒乱は収まった。その後、三好長慶は遊佐長教の娘を室としているが、これがこの後の政情に影響を与えることとなる。なお、義晴父子は騒乱の収拾をうけて、六月七日になって坂本より慈照寺に入り、次いで今出川御所に還御した。

帰洛直後の六月十四日には、義藤は義晴とともに祇園会《ぎおんえ》を見物している。この見物において、大永二年の義晴が見物した先例が意識されているといい、義藤の権威を示そうとしたものという（河内：二〇一三）。ここでも義晴による義藤アピールが行われているのである。

将軍職を継承したとはいえ、父義晴が大御所として健在であり、幕府の実権は年齢もあって父が掌握していたと考えるのが当然だろう（義晴は隠遁したわけではない）。禅宗寺院の住持任命である公帖《こうじょう》や御判御教書の発給をしているものの（『東福寺文書』・「離宮八幡宮文書」［義輝：三・四］）、基本的には義晴が政務を主導しており、新将軍としての義藤のアピールを行いながらも、実際の権力移譲はまだこれからということであったのであろう。

三好長慶の挙兵で動乱の当事者に

天文十七年（一五四八）末、畿内が不安定な状況に陥った。三好長慶と三好政長が再び対立したのである。長慶は政長の排除を細川晴元に訴えたが、両者の主人である晴元は今回も政長に肩入れしたため、長慶はここに及んで義父遊佐長教と連携し、次いでかつて交戦相手であった細川氏綱を京兆家家督として擁立した。ここに、「晴元・政長対氏綱・長慶・長教」という対立構造ができあがった。摂津衆の多くは長慶を支持するなど、晴元家中は分裂してしまう。

このような京兆家の内紛に対して、義晴・義藤父子は無関係でいることはできなかった。本来であれば、天文八年の長慶の反乱時と同様に義晴は中立的な立場で調停者として振る舞うべきであるが、今回は長慶が氏綱を擁立してしまったことで、少なくとも長慶が氏綱の擁立をやめない限り、両者を調停することができなくなってしまった。長慶は将軍家と対立することを目的に挙兵したわけではないが、義晴は晴元と連携する存在とみなされ、動乱の当事者として自動的に長慶らとも対立することとなったのである。義晴をめぐる環境の悪化は、ともにある義藤にも直結する。そしてこれは、義藤のこれからの人生を左右する長慶との長い対立のはじまりでもあった。

翌年六月二十四日、この騒動の当事者である三好政長が摂津江口《えぐち》（大阪市東淀川区）にて敗死した（江口合戦）。政長の援軍を派遣していた六角勢は帰国し、晴元は丹波へ逃れた。次いで定頼の子六角義賢《よしかた》が大軍を率いて上洛した。二十七日には神楽岡《かぐらおか》（吉田山、京都市左京区）にて義賢・晴元らと義晴は軍評定を行い、京都を死守するという義晴の思いを制止して、近江の坂本へ御座を移すことが決定、義藤もこれに同道した。義晴父子には近衛稙家をはじめとして聖護院道増・大覚寺義俊・久我晴通らの一門のほか、三宝院義堯・細川晴元・同晴賢《はるかた》・元常らが随った。義晴父子は東坂本の常在寺《じょうざいじ》を宿所とした。義晴はこの後、帰洛のための準備をすすめるが、残念ながらこの時期の義藤の動向はわからない（以上、「万松院殿穴太記《ばんしょういんでんあのうき》」）。

さて、このころ義晴は上洛の拠点ともなる中尾城《なかおじょう》（「東山武家御城《ひがしやまぶけおしろ》」）の築城をはじめた。中尾城は慈照寺の裏手に位置する城であり、義晴はその完成と入城を当面の目標とした。

長尾景虎への栄典授与

天文十八年（一五四九）末より義晴は重篤となった。それでも義晴は京都進軍を諦めず、穴太《あのう》（大津市）に移っていた。

義晴の病状が悪化していた翌年二月には、義藤の名前で越後長尾《ながお》氏に御内書《ごないしょ》を発給している（『上杉家文書』［義輝：六］）。これは長尾景虎が毛氈鞍覆《もうせんくらおおい》・白傘袋《しろがさぶくろ》の免許を得たことへの御礼に対する返書である。毛氈鞍覆・白傘袋免許はもともとは守護待遇の栄典であり、越後長尾氏が越後守護に準じる存在となったことを視覚的に示す重要なものである（このときの毛氈鞍覆が現存する）。当時、本来の越後守護家は上杉氏であり、長尾氏は守護代であった。守護上杉定実《さだざね》が二月に死去しており、それと前後するように守護待遇の栄典を景虎は幕府に求めたのである。ところが、毛氈鞍覆・白傘袋の免許は守護ではなく守護代相当の栄典という指摘もある（黒嶋：二〇二〇）。実際、これ以前には浦上村宗など守護代や重臣層へ授与した事例もあるため、必ずしも毛氈鞍覆・白傘袋＝守護とはいえない。そのため、景虎への免許は実は本来の守護代家として相当のものであったともいえる。

この免許は将軍（もしくは将軍家の家長）が与える栄典である。将軍権力の移譲という点で、これが義晴が行ったのか義藤が行ったのかが注目ポイントであるが、実はこの免許については、義晴でも義藤でもなく御台所が関与していた。そもそもこの免許は景虎側が申請したものであり、景虎は義藤の外戚である大覚寺義俊を介して申請した。依頼をうけた義俊は上意を求めたが、代わってこれを差配したのが御台所であった。現在、一連の文書は『上杉家文書』（一一一四〜一一一八号）に納められているが、そのうち義俊宛ての「室町将軍家女房消息」（一一一四号）とされているのが御台所の消息である。御台所は義俊の依頼をうけて、それを承諾する旨を伝え、重篤にある義晴、まだ若い義藤に代わって当時の将軍家内を後見した。

これは病床にある義晴の意を受けたもので、さらにそれは当時「御内書」と称されていたことが指摘されている。まだ若年の将軍である義藤より、大御所として実権を有する義晴の意向がより尊重されたためという（桑山：一九八二）。少なくとも義晴存命中において、義藤に政治的自律性はなく、また周囲の評価もそのように意識していたと思われる。

長尾氏側は御免と同時に義藤に礼物を進上し、先の義藤の御内書が発給されたのであった。長尾氏担当の申次は本来は大舘晴光であり、そのため晴光と依頼を取り次いだ義俊の副状も発給された。長尾氏は依頼内容の成功を確かなものとするために、申次の晴光とともに、将軍の御台所に近い義俊という二重のルートを使ったのである。

もちろん、御台所が実際に内部で差配していようとも、栄典授与は義藤の名前で行われていることは重要であろう。義藤が名目的とはいえ栄典授与の主体者となることで将軍としての権威向上が目指されたのである。義藤への権力移譲の準備が進められていた過程とみることができるだろう。

義藤の将来を心配する義晴の遺言

病に伏せる義晴は、土御門有春に命じて泰山府君祭《たいさんふくんのまつり》を執り行わせたが効力はなく、中尾城に在城していた近臣を集めて遺言を述べた（以下「穴太記」）。義晴は「我が亡くなっても、君臣は水魚《すいぎょ》と思って、人々奉公の忠勤を尽くすように。（中略）義藤をみるに公の堅めとして天下を治める器用がある。また、人々の忠勤をみるに、高祖の功臣にもまけない。願わくは幼主（義藤）に力をつけて」もらいたい、と言ったという。ここに呼ばれたのは上野信孝・伊勢貞孝・三淵晴員《みつぶちはるかず》・飯川信堅・大館晴光・摂津元造であった。特に晴光と元造は在城の衆でなかったものの、これまで義晴の側近として長くつとめていたことから、遺言に際して特別に御前に召されたのである。

この遺言をみれば、いかに義藤の将来に期待していたかがわかろう。もちろん史料の性格上、この遺言すべてが義晴の言葉であるかはわからないが。義晴はこれまで仕えてきた側近に対して、これからも義藤に奉公するように期待したことは間違いないだろう。晴光らはまだ若い義藤を支えるという役割を担うこととなったのである。

義晴は最期を覚悟して、五月三日に土佐光信《みつのぶ》を召して自身の肖像を描かせた（現在は京都市立芸術大学芸術資料館蔵）。この日付で義藤は次のような文書を陰陽師であった土御門有春に宛てて出している（「土御門文書」［義輝：七］）。

右大将所労、御本服においては、時日を移さず義藤相共に参　宮を遂ぐべきの旨、代官として上の立願すべく候也、

（天文十九年）
五月三日　（花押②）

土御門三位（有春）とのへ

義藤は有春に対して、父義晴の本復祈願のために義藤本人が参宮する旨を伝えるため、伊勢に代官として派遣しようとしたのである。しかし、義晴はこの日付の翌四日に死去するため、おそらく実際に有春が伊勢に参宮することはなかったであろう（このとき有春の子有脩《ありのぶ》は義晴父子に近侍していた）。

義晴は四日、戊辰の辰の刻に自害して果てた（前書）。このとき、御台所は大変取り乱したようだが、ここでも義藤の反応は残っていない。この後、七日に義晴の遺骸が穴太の新坊より慈照寺に移され、同二十一日に同寺で葬儀が行われた。義藤は七日より素服《そふく》（喪服の一種）を着用したという。御台所は九日に落髪して慶寿院と称するようになる。葬儀の際は、家督である義藤が位牌を持つべきであっ

たが、「乱国」であったため、猶子であった瑞耀《ずいよう》が持ったという。また、葬儀に前後して、大館晴光・摂津元造・三淵晴員・松田晴秀らが出家した（ただし俗世を離れたわけではない）。

父義晴の死は、義藤にとってどのような意味をもっていたのであろうか。義晴の生涯は激動する畿内動乱のなかで、戦国期の将軍として有るべき姿を追求し、大名間抗争については中立のうえ調停者として振る舞った。しかし、細川家中の内紛を契機とする動乱により、義晴父子が動乱の当事者となってしまったことで直臣らと京都から没落し、あげく息子の「器用（＝器量）」に期待をかけながら近江で死去したのである。義晴の生涯は、将軍と連携する大名の存在がいかに重要で、いかにそれに左右されるかという問題を提示するものでもあった。さらに、その動乱に対応するだけの将軍独自の軍事力にも限界があった。

しかし、義藤には父の残した遺産もあった。それは外戚近衛家、義晴期の幕府運営を支えた大館晴光らの側近衆、将軍・幕府を軍事的にも政治的にも支援した六角氏という大名家である。義晴は生前より義藤を演出することで、その存在を周囲にアピールしていた。将来の義藤のために数々の布石を打っていたのである。それでも当時四十歳であった義晴自身、権力移譲についてはもっと長期的に考えていたと思われるが、実際はその想定より早くその時がきてしまったに違いない。義晴によるお膳立てのなかで新将軍として活動し、まだ経験も浅い義藤にとって、幕府の実質的な主導者であった大御所義晴の死は、新たな危機の始まりであったろう。

義晴の死により幕政を主導する

葬儀に先だって、六角定頼が坂本の比叡山辻《ひえいざんつじ》（大津市）に御座を移すように進言したのに対して、義藤は義晴が生前、定頼の後巻《うしろまき》（背後よりの包囲）があれば安心と言っていたことをあげ、「我は士卒と志を一つにして、一度大軍の敵をしのぎ、一戦に戦功を奪い、もしも勝利を得なければ、命を父祖のために亡くし、尸《かばね》を軍門に曝すことになろうとも一足も退く事はしない」と言ったという。将軍として意地でも武威を示そうとした言葉だが、周囲は血気盛んな義藤と比べて冷静であり、義藤を説得し、坂本比叡山辻の宝泉寺《ほうせんじ》に御座を移させたのであった。

七月二日になって、義藤は同地で御前沙汰始を行った。通常の御前沙汰始は二月十一日が式日であったが、戦乱のなかで延期されていたのであろう。しかし、何より今回の御前沙汰始は義晴亡き後の事実上の代始めのものとみてよいだろう。ここで幕府の首長として名実ともに政務を執り行うこととなったのである。この御前沙汰始以後、最初に発給されたことが確認されるのは六角氏の重臣永原《ながはら》重興《しげおき》に対する所領安堵の御判御教書である（「保阪潤治氏所蔵文書」［義輝：八］）。これは伊勢貞孝が取りなして発給されたものであったが、義藤を支援する勢力への気遣いという面もあろう。

さて、いったん坂本に移座した義藤はその後、父義晴が完成に心血を注いでいたものの、結局入ることができなかった中尾城に籠城したとみられる。ただ、この時期、義藤と三好方が対立していた期間であっても実際の戦闘がない間は、洛中に邸宅のある一部の奉公衆・奉行衆のなかには京都と義藤のもとを往復するものもおり、常態的に義藤に近侍していたわけではなかった。奉公衆の千秋晴季は、城が三好方によって攻められる直前に入城し、城が落城したあとは義藤のもとを離れて再び帰洛している（『言継』十一月十七日・二十五日条）。

城の普請については、東寺に対して人足や竹千五百本の供出が命じられている（天文十九年十月四日付幕府奉行人〈侍所《さむらいどころ》開闔《かいこう》松田盛秀〉奉書『東寺百合文書』など）。かつて今出川御所の堀作事の際には、五十余郷に人足を命じていることもあり、実際は東寺だけでなく、広範囲に作事のための徴発がなされていたのだろう。山科言継ら公家衆もその見舞いに訪れている（『言継』十月十三日）。

中尾城跡　京都市左京区

普請が続くなか、十月二十日には六角・細川勢と三好勢が東山で交戦している。しかし、三好勢に包囲されるなか、義藤は十一月二十一日になって父義晴が完成に執念を燃やしていた中尾城を自焼し、近江の堅田《かたた》（大津市）に退避した。奉公衆はこのときは坂本へ退去したというから、義藤とは別々の行動を取ったようである。その翌々日には三好勢は中尾城を破却した。十二月二十七日には三好勢は大津まで侵攻しており（以上、『言継』同日条）、軍事的な緊張は続いていた。

もっとも多感な時期に、父の死だけでなく、三好勢に敗北したことによる城の自焼といった屈辱を味わうこととなった。父の期待に添えず、中尾城を自焼せざるえなかった義藤への心理的影響はいかばかりであっただろう。

第三章　朽木への移座と帰洛

伊勢貞孝による義藤拉致未遂事件

義藤が近江に避難した翌天文二十年（一五五一）正月晦日に一つの事件が発生する。伊勢貞孝ら一部の将軍直臣が、義藤を連れて上洛を強行しようとしたのである。この拉致事件は失敗したが、これに加担した直臣は貞孝のほか、一色藤長《ふじなが》・進士賢光《かたみつ》・春阿弥・松阿弥らであった（『言継』二月一日条ほか）。貞孝らはこれに失敗したあと義藤より離反して、坂本から帰洛した。

主犯である貞孝は、将軍家の家政（御料所の管理も）と洛中の動産訴訟を担う政所頭人として幕府の京都支配における重要人物であり、将軍家の家宰というべき存在であった。さらに、貞孝は義輝の「御親」として定められた存在で、義晴が遺言で義藤の将来を託したものの一人であった。義藤を率先して守らなければならない存在である貞孝が、将軍拉致に失敗したことで離反したのである。

なぜ貞孝は、ごく少数で義藤を強制的に帰洛させようとしたのか、その理由は史料からは判然としない。「足利季世記」には、義藤の承諾のもと京都支配のために帰洛し、三好長慶のほうも細川晴元と対立したものの、将軍と対立するつもりはなかったため、貞孝による京都支配を受け入れ、ともに市政を行ったとしている。しかし、義藤が承諾したという点は拉致事件と合わない。

むしろ、六角定頼と細川晴元が軍事的劣勢を挽回できない状況のなか、貞孝らが三好長慶と細川氏綱方との和睦を模索し主張したことにより陣営から孤立化し、そこで前代未聞の手段に及んだと推測することはできるだろう。貞孝らは義藤を強引に長慶と氏綱陣営に入れることで、将軍家の挽回を図ろうとしたと考えられる。少なくとも長慶との今後の関係をめぐって、義藤周辺で意見の分裂（対立か和睦か）があったことは間違いない。

貞孝の離反は、義藤にとっては大きな痛手であった。直臣らの動揺も大きかったものと思われるが、貞孝離反の影響はそれだけではない。二月二十四日には、三好勢とともに貞孝勢が合同で近江国の志《し》賀《が》（大津市）に出陣するなど、軍事的にも協調関係を結んだのであった（『言継』同日条）。これは義藤からすれば完全な反逆である。父義晴の時代、伊勢氏の動員力は将軍直属軍の約三分の一を占めていた（『言継』大永七年十一月二十四日条）。多くの被官（河村《かわむら》・蜷川《にながわ》・淵田《ふちた》・古市《ふるいち》・三上《みかみ》氏など）を抱え、その動員力は直臣第一であった。これがこの時代にそのまま当てはまるわけではないが、軍事的にも義藤は打撃をうけたのである。

一方で、長慶が貞孝と連携したのは、不慣れな京都支配を円滑に進めるために政所頭人である貞孝の事務能力に期待したためであるという見方もある（今谷：一九七五ほか）。三好氏は京都支配については完全な素人であった。また、貞孝のほうも洛中の各種動産訴訟を抱える政所の長として、各方面よりの礼銭などを得られるため京都にいるメリットも大きいし、京都の土倉には伊勢氏と被官関係にあるものもいた。両者の利害が一致した結果であることは間違いないだろう。

しかし、両者の関係が必ずしも良好であったわけでもなかった。同年三月七日には、貞孝が長慶の滞在する吉祥院《きっしょういん》邸を訪問中に伊勢氏の小童による放火計画が露顕している（『言継』八日条）。これは未遂に終わったが、事件はそれだけではない。同十四日には今度は貞孝邸を訪問した長慶を、貞孝と共に帰京していた進士賢光が宴会のさなか突如襲撃したのである（『言継』十四・十五日条）。賢光は義藤に近侍する進士晴舎の甥という。この襲撃は失敗し、賢光はその場で自害している。

この事件について、「両家記」には「義藤より仰せ付けられたためである」と賢光が述べたとある。「季世記」では、義藤からの指示と、本領を長慶に没収された恨みの両説をあげる。さらに同記では、長慶を傷つけたことにより賢光を「大功者」としている。実際に義藤が黒幕かどうかを示す証拠はなく、賢光の本心はわかりかねるが、長慶との連携を選んだ貞孝に対して、それを良しとしない直臣もいたことは確かだろう。彼らからみれば、貞孝は裏切り者でしかない。

その後、貞孝と在京している直臣たちが見舞いのために長慶のもとを訪問している。関係改善を進めるためであろう。だが、貞孝がこの事件の責任者とされたため、翌日に三好方の兵が貞孝邸を放火している。両者の関係は当初は相互不信による緊張をはらんだものであったことが想像される。

義晴のいた朽木へ移座

義藤は拉致未遂事件をうけて、六角定頼の進言により二月十日に近江の朽木谷に御座を移した（進士晴舎書状写『集古文書』）。朽木谷はかつて、父義晴が兄弟の「堺公方」足利義維や細川晴元ら四国勢との対立により、大永八年（一五二八）から享禄四年（一五三一）まで避難生活を送っていた場所である。義藤はかつて義晴が在所としていた岩神館《いわがみやかた》に居住した。義藤は父と同じ景色を見て何を思ったのであろうか。

朽木谷の領主は、義晴の内談衆の一員であった御供衆の朽木稙綱であった。稙綱は当時義藤に供奉しており、彼が先導して朽木谷に入谷したのだろう。稙綱自身は義晴・義藤に近侍していたため、それに代わって子息の朽木晴綱《はるつな》が当時朽木谷を支配していた。

そこで義藤は、晴綱らに対して忠節を求める御内書を発給している（『朽木文書』九九、［義輝：一〇］）。かつて父義晴も朽木に移座した際、同じように供奉した直臣ら幕府関係者に忠節を求める大量の御内書を発給して繋ぎ止めを図っていたが、今回もまったく同じことを繰り返して、直臣らの繋ぎ止めを図ろうとしたのである（［義輝：一一・一二］）。

このような文書は、実は周辺の将軍直臣らに発給されただけではない。関東の由良成繁《ゆらなりしげ》にも同様の御内書が発給されている（「由良文書」［義輝：一七］）。だがこの時期、義藤に近侍した進士晴舎は、成繁に対して「義藤様は一段と御器用であります」と述べている反面、「あなたへ罷り下って御扶助を得る覚悟です」とも述べ、将軍の離京が続くなかで直臣団解体の可能性も生じていた。

　こうして、図らずも再び朽木谷に将軍が滞在することとなったが、朽木谷は京都より若狭へ通じる若狭街道（通称鯖街道）筋に位置しており、京都との音信の面では、坂本ほどではないが好立地といえる。実際に、朽木谷移座ののちも義藤と朝廷との音信は続いているほか（『お湯殿』四月二十日条ほか）、いくつかの相論の裁許も行っている。義藤に近い三宝院や日野家、久我家に関する相論の裁許はもちろんのこと（「日野家領文書写」『奉書』三七〇三など）、禁裏御大工惣官職の知行に関する当知行安堵もしている（「京都御所東山御文庫記録　地下文書」『奉書』三六九九）。しかし、幕府の京都支配における活動

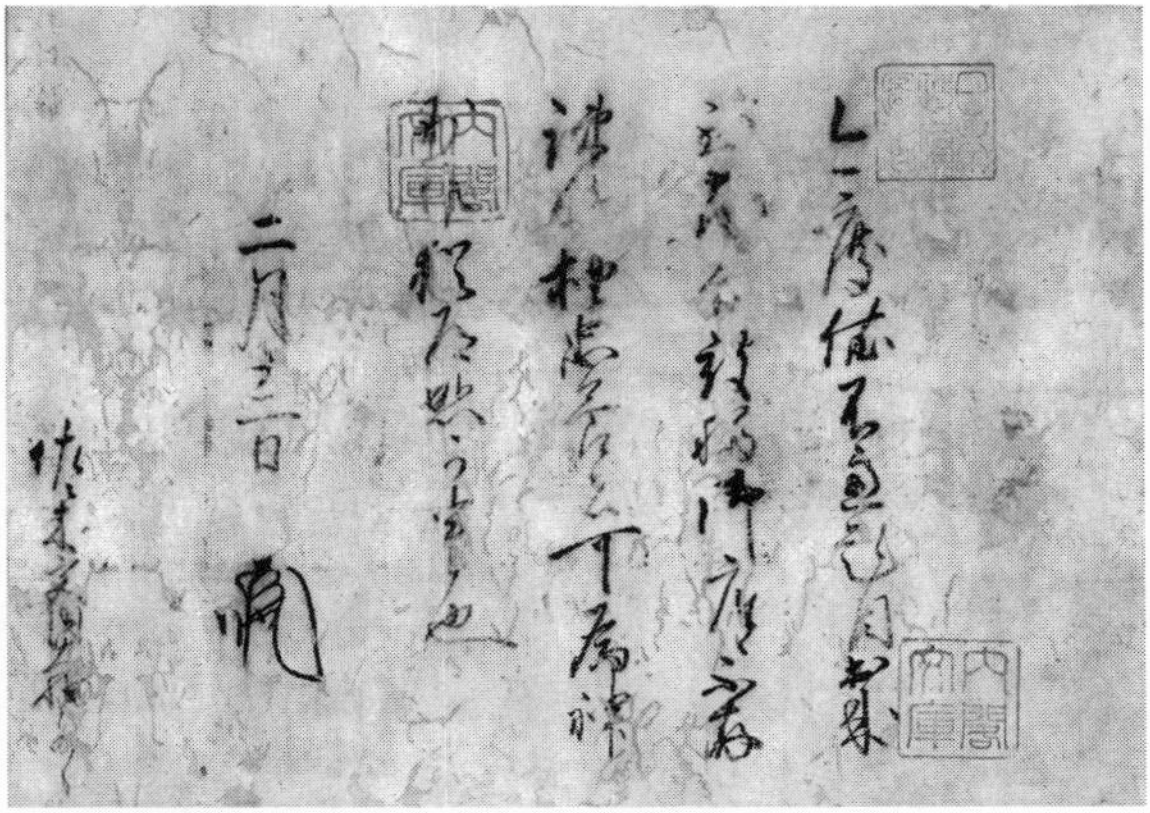
足利義輝御内書　「朽木家古文書」　国立公文書館蔵

朽木岩神館会所跡　滋賀県高島市

実態はほとんどないとみてよいだろう。

義晴一回忌仏事料と本願寺

この年、義藤は父義晴の一周忌仏事にむけて準備を進めていた。三月には播磨の赤松晴政に対して、父義晴の一周忌仏事料の進納を求めているほか（「御内書要文」〔義輝：一三〕）、四月には大坂の本願寺《ほんがんじ》にも同様に仏事料を求めている。本願寺証如《しょうにょ》の日記（『天文』四月五日条）によれば、義藤よりの御内書が今回初めて届けられたという。その内容は仏事料進納について「近国は錯乱により難しい。遠国についても急ぎの準備は難しいだろう」ということであった。そのため、御内書は本願寺担当の申次である三淵晴員（当時は入道して宗薫《そうくん》）が若党を連れ、朽木谷より大坂まで直接持ってきたのである（このとき晴員の姉清光院の年始の文も届けられた）。晴員は赤松氏担当の申次でもあったから、おそらく朽木谷を発してまず播磨の赤松氏に、次いで大坂の本願寺のもとに赴いたのであろう。

証如はこれに対して二十八日、「現在は用意できない」としつつも、義藤の仰せということで一万疋を進上した（『天文』同日条）。さらに年始の御礼や本願寺担当の晴員と清光院、本願寺別奉行《べちぶぎょう》の飯尾尭連らにも礼銭を送った。大坂に直接将軍の使者がやってきたことが、今回の本願寺側の対応にも繋がったとみられる。その後、六月になって義藤は証如に対して進納についての感謝の御内書を送っているから、義晴の仏事は一応無事に執り行われたようである。

さて、先の証如宛の御内書の内容から、畿内情勢の悪化によって義藤と大名勢力との関係は制限をされていたと思しい。それでも朽木谷にあって、音信の通じる相手には使者を派遣して事態に対応していたのだった。ただ、本願寺の場合、義藤陣営を特別視していたというわけでもない。六角定頼や細川晴元方とも音信するだけではなく、三好長慶・細川氏綱方との音信も行っており、基本は中立的な立場でそれぞれの陣営に対応していたのである。両陣営の勢力圏に近い大坂の立地からすれば、騒乱に巻き込まれないためにも、それは仕方ないことであった。

実はこの時期、義藤のほかに証如に対して働きかけを行っていた人物がいた。足利義維である。義維については前書も参照してもらいたいが、本書のはじめに述べたように義晴の兄弟であり、かつて晴元とともに「堺公方」として将軍と対峙する存在として畿内にあった。しかし、義維を擁する「堺政権」は天文元年に瓦解し、同年（または三年とも）に義維は阿波に戻っていた。義維は義晴が死に、義藤が朽木谷に避難している現状を好機とみていたようだ。義維は義藤の御内書が届けられた二日後の四月七日に、四国より証如に御内書を遣わした。このときの義維の使者は荒川〈維国か〉と斎藤某〈基速か〉であり、御内書の内容は「若公（のちの義栄か）」の元服料を進納するように依頼するものであった。さらに、証如の母慶寿院（義藤の生母とは別）に対して「御妾」よりの文もあったという（同日条）。「御妾」は義維室大内義興の娘であろうか。

証如はこれより約二ヶ月後の六月十一日、義維へ「知行を所持するものへ仰せ付けられるべきで、こちらに仰せ付けられることは迷惑であり、元服料は用意できない」と返事を遣わしている。ただし、慶寿院（証如母）からは義維へ久しく音信していなかったとして、太刀と馬代二千疋を、証如よりは義維の使者へそれぞれ太刀と二百疋を送って対処したのである（同日条）。さらに義維の使者は当時本願寺のある大坂の町に滞在していたが、そこには「京都の衆」も多く滞在していたため、坊官下間《しもづま》真頼《さねより》が礼物を持って行くと悪い風聞（証如が義維と繋がっている）が伝わるといけないので、真頼が持参することは取りやめられた。

証如は、晴元と長慶・氏綱陣営の対立については中立であったが、将軍家内の問題（義藤と義維）に関しては中立ではなく、義藤を優先する姿勢を崩さなかったのである。

伊達稙宗・晴宗父子の対立を調停

朽木谷滞在中の義藤の活動は、先の義晴一回忌仏事のほかはあまりわからない。そのなかで確認できるものの一つに、奥羽の伊達《だて》稙宗《たねむね》・晴宗《はるむね》父子の和睦調停があった。

この時期、東北地方では稙宗の三男実元《さねもと》が越後守護上杉定実の養子とされたことをきっかけとしてはじまった天文の乱が勃発していた。伊達家では、稙宗とその後継者である晴宗それぞれの陣営に分かれて争っていたが、義藤はその和睦調停に乗り出している。

義藤は晴宗に対して、父稙宗と和睦するように命じているが（『伊達』一九二、［義輝：三二］）、『大日本古文書』では年次比定を「天文十七年（一五四八）カ」としている。天文十七年であれば、義藤はまだ十三歳であり、和睦調停を主導したとは思われない。そこで、この和睦は事実上、大御所義晴が主導したとかつて述べたが（拙稿：二〇一八①）、この文書の花押形を改めてみると、義晴死後の天文二十年ころから弘治三年ころまで使用された花押形であった（花押③）。その意味では天文十七年ではない。以前、拙編著ではこの文書の発給を「天文十七年か」と比定し、そのうえでこの文書の意味を述べたが、これを訂正したい。

義輝花押③

　上野国の由良成繁に宛てた御内書には、義藤の伯父聖護院道増が幕府同朋の孝阿とともに東国に下向していたことが確認できる（「由良文書」〔義輝：一七〕）。さらに同日付けで会津の蘆名《あしな》盛舜《もりきよ》に対しても、伊達父子の和睦についての意見と道増に対する馳走を求めている（「青木文書」〔義輝：一八〕）。道増の書状によれば、天文二十年に内書を携えて東国に下向し、三月頃に会津に到着したという（道増書状『伊達』一九四）。このとき道増は義藤の御内書を携えていたというが、それは伝わらない。

　伊達家は、義晴の生前である天文十六年ころより医師の松井《まつい》養雲《よううん》の下向に関連して近衛稙家と音信を通じているが（近衛稙家書状『伊達』一八八）、それと同時に道増とも音信している（道増書状『伊達』一八九）。道増はそこで、「爰元で相応のことがあれば承る」と述べており、京都（将軍家）

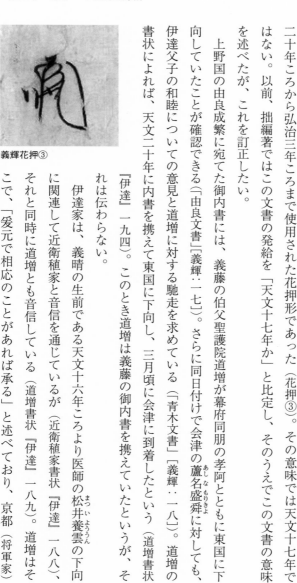

との取次も引き受けようとしていた。

道増が義藤の御内書を携え、先の由良や蘆名などの東国の国人層らと交渉しながら、伊達氏の内紛の調停を進めたのである。将軍家と摂関家に連なる京都の門跡が調停役として現れれば、現地も無碍にはできない。さらに幕府の危機的な状況のなかで、このような近衛一門の活動は将軍の存在を遠方にもアピールする一助となっていたであろう。

道増はその翌年も東北にいたが、義藤の帰洛を聞き、すぐに上洛することを述べている。さらに晴宗に対して、義藤は伊達家のことを「他に異なる」存在と認識しており、義藤の帰洛にあたって御礼の代官を上洛させるように助言している。彼はいわば東北諸氏の指南役としてもあったのである。

六角定頼の死と帰洛

天文二十一年（一五五二）は、義藤にとって転機の年となった。正月二日に義晴時代から幕府を支えてきた六角定頼が死去したのである。享年五十八歳。定頼は前年の十月ころより病になっていたようだが（本願寺証如書状案「天文書札案」）、義藤の帰洛にむけて尽力していた。

「季世記」には和睦交渉について、六角義賢より長慶へ交渉の使者が派遣され、種々談合されたとある。長慶よりも日良《にちりょう》上人が六角氏のもとに派遣されて、最終的に和睦が調ったという。長慶の条件は、晴元の命は取らないがその子を人質として送ること、細川京兆家の家督を氏綱とすることであったという。すでに病にあった定頼ではなく、六角方では義賢が主導していたのであろうか。少なくとも当時は、軍事面ではすでに義賢が六角氏の中心であったという（村井：二〇一九）。

三好方との和睦交渉がおおむね順調に進んでいるなかで、年末に義藤は定頼に御内書を発給している（「御内書要文」［義輝：九］※天文二十年に修正）。そこで義藤は、定頼に対して上洛の前段階として坂本に移座すること、もし三好方が交渉を破ることとなっても定頼が上洛の馳走をする旨を述べたことについて、八幡の照覧されていることなので、いい加減なことがあってはならないなどと述べてる。義藤は定頼が死の底にあっても、なお帰洛に尽力するように期待したである。

定頼のほうも、将軍家（特に義晴の子義藤）を守るのは自分であるという強い意識を持っていたであろう。しかし、定頼は義藤の帰洛を見届けることなく正月早々に没してしまった。これにより、六角氏の家督は義賢に完全に移行した。将軍家と六角氏はともに新世代に移行したといえる。これまでは、義晴と定頼との個人的な信頼関係にもとづいて両者は協調関係を結んでいた。義晴は義藤の将来についても定頼に期待したであろうが、世代交代によりこれからも六角氏の支援が継続されるのか、その確証はなくなってしまった。義藤は新たに六角氏を主導することとなった義賢と、父同士のような強い信頼関係を構築する必要もできたのである。

その義賢は、父定頼の進めた和睦交渉を三好方と継続した。義藤は上洛にむけて、二十三日に朽木谷より比良《ひら》（大津市）、そして比叡辻に移座した。次いで二十八日、父義晴が果たせなかった帰洛を果たしている（「厳助」天文二十一年正月条、『言継』正月二十八日条など）。当時義藤は十六歳であった。裏切りものであった伊勢貞孝ら、離反していた直臣もこの帰洛によって赦免された。

帰洛には主立った奉公衆（御供衆が中心）が供奉したが、『言継』によれば、伊勢被官である御物奉行を先頭に三宝院の使節、御供衆などを含む奉公衆、同朋衆、乗馬した義藤、慶寿院、公家衆に近衛一門らが続いた。それぞれ引き連れた人数に注目すると、伊勢貞孝が五百人、別に被官二人がそれぞれ五、六十人、朽木稙綱は二百人、大館晴光は百人、上野信孝は百人、大館晴忠と細川晴経はそれぞれ五十人、ほかに近衛稙家や大覚寺義俊はそれぞれ二百人を率いている。貞孝をはじめとした御供衆だけで千人、伊勢被官や近衛一門を含めて総勢は千五百〜二千人ほどであったと思われる（やはり、伊勢氏が主力）。これが当時の将軍直属の軍事力であったといえるだろう。

さて、そもそもこの動乱のきっかけは三好長慶と同政長の対立が、主人であった細川晴元との対立に繋がったものであった。本来京兆家の内紛であり、将軍家とは直接関係のなかったものの、義晴と晴元が連携していたことにより、将軍家は動乱に巻き込まれてしまった。しかし、長慶は義晴・義藤に対抗するような新たな将軍候補を擁立することはなかったため、将軍家と長慶が決定的な決裂状態にはならずに済んだ。ただし長慶は、京兆家の当主として新たに晴元と敵対する氏綱を擁していたため、和睦には京兆家家督の問題をどうするのかが焦点となった。

結局、新たに氏綱が京兆家の家督として承認された（管領になったわけではない）。まず、和睦に際して長慶の嫡男千熊丸《せんくままる》（のちの義長《よしなが》・義興《よしおき》）が近江の六角氏のもとに人質として送られた（「厳助」右同）。その際には晴元の嫡男聡明丸《そうめいまる》（のち六郎・昭元《あきもと》・信良《のぶよし》）も同道し、次いで上洛した。聡明丸は長慶・氏綱方への人質である。晴元は落髪・出奔し、堅田、次いで若狭に赴いた。これによりこれまで幕府を支えてきた（動乱のもとでもあったが）晴元は失脚したのである。また、聡明丸の弟（晴之《はるゆき》）は六角氏が保護した。これは三好氏との勢力の均衡をはかるためであったとされる（村井：二〇一九）。

義藤は帰洛後、これまでの今出川御所に帰還したと思われるが、二月には御所内の建物である常《つね》御所《ごしょ》の新造（修造か）があり、庭や泉も造られた。そのために諸方に石木の供出が命じられたという（「厳助」二月条）。さらに八月には、本願寺に対して造作料として加賀国役を命じているので（『天文』八月四日条）、御所の造営はしばらく継続していたのであろう。

三好長慶を御供衆に加える

義藤の帰洛より約一ヶ月後、天文二十一年（一五五二）二月二十六日に三好長慶が義藤のもとに出仕した（『言継』同日条）。このときの義藤の心中は不明だが、長慶はこのとき御供衆に加えられた。御供衆とは本来、将軍の御成などの際に騎馬で御供する役割であり、義政のころに職制として確立したとされる。いうまでもなく将軍直臣で、これまで伊勢氏や大館氏、番衆の番頭などがつとめており、当時は大館晴光、同晴忠、朽木稙綱と伊勢貞孝、上野信孝などが御供衆であった。

長慶はそれまでの京兆家の被官という身分（陪臣）から将軍の直臣の立場となった。これにより、長慶は将軍家と京兆家に両属する立場となった。御供衆の加入は、義藤側の意向であるのか、長慶または氏綱方の要望によるものであるかははっきりしない。しかし通常、幕府の家格・役職は将軍からの働きかけによって決定されるものという指摘があることを踏まえれば（小久保：二〇二一）、このときの御供衆加入も義藤側が働きかけたものといえるだろう。

むろん、これまでの幕府への勲功が考慮されての加入ではない。義藤はそれまで京兆家内において紛争の当事者という立場であった長慶を直臣とすることで、将軍家への対抗はもちろん、離反することを防ぎたかったのであろう。さらに、長慶を将軍の直臣とすることで再び京兆家内での紛争が起きた場合に、将軍が調停を行いやすいようにしたかったのかもしれない。父義晴は最後のこの調停が不調であったことで京都を没落し、近江で死去したのである。何より将軍家を苦しめた長慶の軍事力を、将軍家存続のために期待したことは、間違いないだろう。

さらに、長慶とともに細川氏綱も出仕している。氏綱はこの和睦によって晴元に替わって新たな京兆家の家督として義藤より承認されていた。氏綱は、これまでの京兆家邸に移住したという（「厳助」正月条）。氏綱は翌三月十一日には右京大夫《うきょうのだいぶ》に任官し、名実ともに京兆家の当主となった。それだけではなく、その弟藤賢《ふじかた》（もと和匡《かずまさ》）はそれまでの晴元方であった細川晴賢に代わって細川一門の典《てん》厩《きゅう》家を継承し、同日右馬頭《うまのかみ》に任官した（典厩家は御供衆の家格）。

氏綱は先の伊達氏に対しても早速、義藤帰洛御礼の使者を上洛させること、上洛の際は先々のように申沙汰すると伝えている（細川氏綱書状『伊達』一九六）。これは元来、細川京兆家が伊達氏など東北の国人勢力と幕府との取次を行ってきたことを引き継いだものである（細川晴元や高国も同じ）。氏綱は京都だけではなく、遠方の大名勢力との取次も開始して、京兆家家督をアピールした。こうして「義藤―氏綱・長慶体制」が始動することになったのである。

長慶は直後の二月二十九日、義輝の参内に実際に御供衆として供奉している。この参内は将軍が京都に戻ってきたことと同時に、長慶を従える義藤の姿をアピールするものである。さらに四月五日には猿楽が興行され、長慶や貞孝らが参加して、将軍家と三好氏との関係改善が演出されたのであった。

戦国期の室町幕府奉行人奉書

義藤が帰洛したことで、幕府の政務が再開した。幕府の活動を知る指標としては、幕府の代表的な公文書である室町幕府奉行人奉書《ぶぎょうにんほうしょ》がある（以下、奉行人奉書）。本書でもたびたび出てくるこの奉書について、少し確認していきたい。

通常、奉行人奉書は相論の裁許や、安堵、審議のための問状《といじょう》、軍勢催促などさまざまな用途で使用された、室町時代にもっとも多く発給された幕府の公文書である（『奉書』に収録されるだけでも四千通弱）。形態も竪紙と折紙の二種類あった。同じく下知状《げちじょう》もあり、それは禁制や過書《かしょ》、職人や商

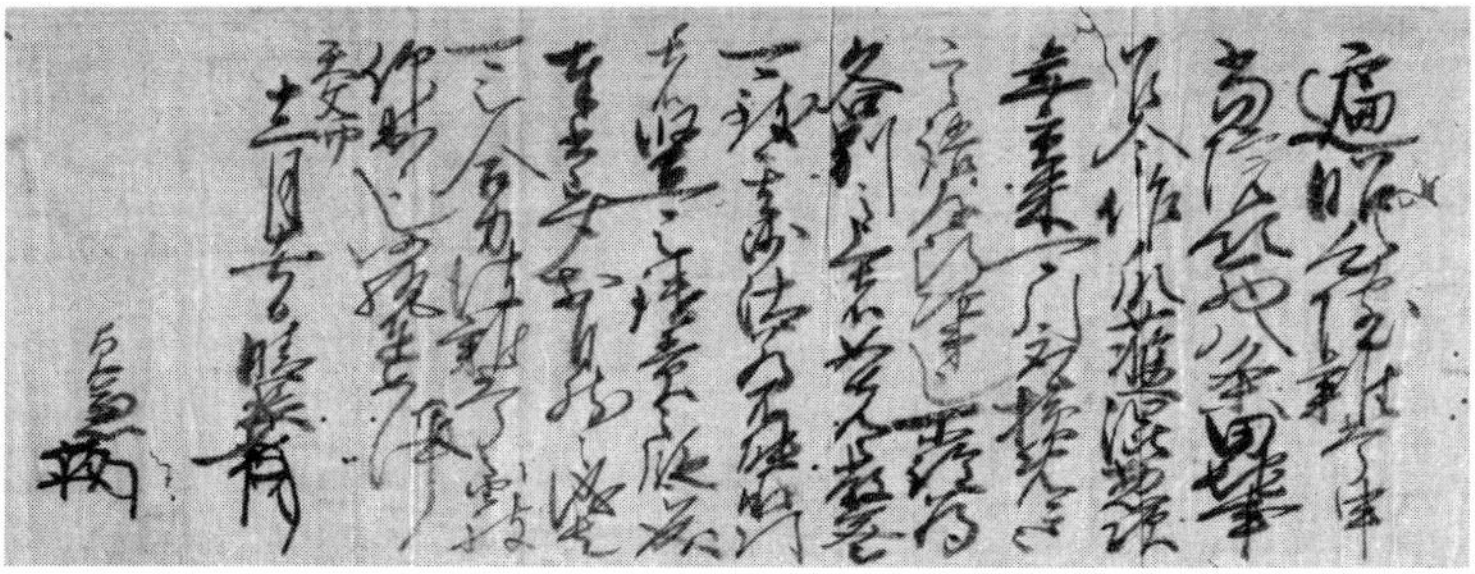

天文４年12月17日付室町幕府奉行人連署奉書（折紙）「東寺百合文書」　京都府立京都学・歴彩館蔵

人などへの安堵や裁許などに用いられた。現存するものは当時のものの一部でしかなく、実際は相当数が発給されたのであろう。通常は担当の奉行人二名が連署することが多いので、その場合は「室町幕府奉行人連署奉書」と呼ばれる。なお当時、奉行人奉書は「奉書」とも呼ばれるが、通常の下知状（書止め文言が「仍下知如件」となるもの）とはべつに「御下知」とも呼ばれていた。

　ただし、奉行人奉書と一言でいっても、その発給元は異なる。つまり、将軍主催で所領問題など雑訴を扱う御前沙汰で発給されたもの、洛中の動産訴訟や徳政《とくせい》、将軍家の家政（特に御料所など）など伊勢氏が主管する政所沙汰で発給されたもの、さらに洛中の治安維持を管轄する侍所、洛中の屋地相論を管轄する地方《じかた》（この時代は活動停止）、伊勢神宮関係を管轄する神宮方《じんぐうかた》、将軍子女の出産時や元服、御所造営などの臨時に補任される奉行が発給するもの、頭人（長官）が加判するものなどさまざまあった。

　戦国時代になると、御前沙汰で発給されたものと政所の法廷である政所沙汰が発給したものがその中心を占めるようになる。政所の場合、通常その審議裁決には将軍は関与しない（山田：二〇〇〇）。政所沙汰での裁許者は頭人である伊勢氏となる（この時代は伊勢貞孝）。文書の様式では御前沙汰で発給されたもの、政所で発給されたものに限らず共通するため（「被仰出候也、仍執達如件」・「所被仰下也、仍執達如件」など）、その裁許主体はわからなく、内容で区別するしかない。将軍が関与しない政所の裁許であっても、「仰せ」の主体はあくまでも将軍であるという体裁となっている。そのうえ、署判者の奉行人も御前沙汰（御前奉行と政所（政所寄人《よりゅうど》）など、複数に両属するものも多く、単に署判者だけで区別することはむずかしい（単独所属者も当然いる）。

奉書の発給についても、複雑な審議が必要でなければ、請文《うけぶみ》（申請書）の提出だけでまずは発給されることもあった（『常興』天文九年〈一五四〇〉二月八日条など）。その後、他者より異議申し立てがあれば、相論審議に発展していったのである。

戦国時代になると、多くは幕府関係者や京都近郊の公家や寺社、町衆など京都の人々が受給対象となっている。幕府の京都支配やその範囲などをみるうえで、この奉行人奉書を無視することはできない。奉行人奉書は朽木谷時代にも京都近郊向けに若干発給されてきたが、帰洛後にその数が増加する（『奉書』収録のものでもその数は五倍に増加）。これは、幕府の機能の一つである紛争解決の審議決裁が再興したためと理解できる。ただし、義藤の時代は父義晴の時代と異なり、幕府の政務決裁を知る内部史料がほとんど存在しない。そのため、義藤の意志決定や裁許のシステムなどは周辺より推測するしかない。

帰洛後の義藤側近衆

父義晴は大館常興ら側近衆を「内談衆」に組織するなど、側近を重用した政務運営を行っていた。それを継ぐ義藤の政務運営の中心も側近衆にあったと理解することは難しくない。将軍の権力は将軍単独で行使できるものではなく、文字通り手足となる側近の存在が不可欠であった。

義晴の時代、先の御前沙汰発給の奉行人奉書には内談衆が関与していた。関与のみならず、軽微な案件であれば将軍の裁許を経ずに内談衆の判断で発給されることもあった（山田：二〇〇〇）。これは将軍の傀儡化や権力の低下といった問題ではなく、いちいち将軍が裁許しなくて済むように政務を軽減するためであった。

側近の定義を、将軍に近侍・供奉し、御内書の副状や奉書の発給、殿中で申次、将軍御使をつとめるものとすれば、当時の側近として飯川信堅・伊勢貞孝・上野信孝・大館晴光・大館晴忠・朽木稙綱・進士晴舎・杉原晴盛・摂津元造・晴門《はるかど》父子・細川晴経《はるつね》・細川晴広《はるひろ》・彦部晴直・三淵晴員・藤英《ふじひで》（藤之）父子などがあげられよう。彼らは幕府の家格としては外様衆、御供衆、御部屋衆、申次衆などそれぞれ異なってはいたが、義藤に近侍していた点では変わらない。

晴光や稙綱・元造・晴忠・貞孝・晴員など、天文年間前期より活動がみられるものもいるように、義藤期の側近衆には、先代義晴期より付属された直臣などが多く残っていた（高梨：二〇一六）。義藤期の直臣は基本的には義晴の直臣を継承したものであったといってよい。さらに、義晴の晩年（天文十年代後半）に将軍に近侍していることが確認される信孝や晴舎、晴直も加わる（彼らは先の「元服記」や「穴太記」にも登場する）。

特に義晴遺臣ともいうべき晴光や元造、稙綱はかつて義晴期の側近集団である内談衆の一員であった（他のメンバーはすでに他界か）。先代の側近衆を継承したことは、義晴から義藤へ将軍職が滞りなく継承されたことを意味する。基本的にその構成員に変化がない以上、若い義藤の政務や政治志向にも父義晴時代の影響が強く残っていたことは容易に想像できるだろう。義晴から義藤への権力の移譲は側近衆のメンバー構成から、問題なく行われたと理解してよい。

そのなかで、細川藤孝・一色藤長のような「藤」の偏諱を持つ若く新しい側近も登場することとなる（義藤と同世代）。藤孝と藤長はともに義藤帰洛後の天文二十一年四月に従五位下に叙され、それぞれ兵部大輔、式部少輔に任官している（『歴名土代』）。当時十九歳で三淵晴員の実子である藤孝は（兄は三淵藤英）、内談衆であった細川高久の子晴広の養子となっており（山田：二〇〇九）、義晴にもともと近い家柄であったといえる。一方の藤長は、父晴具の娘（または姉妹）が義晴の側室となっており（その間に理源《りげん》が誕生している）、彼ももともとは義晴に近い存在であった。しかし、藤長は天文二十年正月の義藤拉致未遂事件にも関わっていた。彼はこの事件で貞孝と行動をともにして一時義藤より離反していたのであるが、義藤の帰洛にともない赦免されたのである。

また、将軍の側近は彼らだけではない。女房衆もやはり同じように将軍に近侍して、政務を支えた。乳母の春日局や、義晴の乳母であった宮内卿局や清光院もまだ健在であった（『鹿苑日録』『証如上人書札案』ほか）。清光院は八瀬に隠棲していたものの、本願寺との音信は継続している。また宮内卿局は義晴の死後に落髪したものの、法号ではなくなお「宮内卿局」と呼称されており、落髪後、再び将軍家に出仕していたようである（大館晴光も出家し「常俊《じょうしゅん》」と号すが、再び俗名に戻っている）。当代と前代の女房衆が義藤を支えたのである。

この時期の義藤側近衆の構成としては、以上みたように、①義晴期以来の側近衆（晴光・稙綱・貞孝・元造など）、②義藤期に側近衆として登用されたもの（藤孝・藤長など）に二分されるだろう。

春日局と慶寿院

帰洛後の義藤を支えた側近のなかで、重要な存在が乳母であった春日局である。前述のように将軍の乳母が政治的な権力を持つことは珍しくはない。先代では義晴の乳母とされる清光院や宮内卿局も将軍側近として外部との取次のほか、幕府の財政に関わっていた（羽田：二〇〇四）。それを踏まえれば、春日局も義藤の側にあって政治的活動をしていてもおかしくない。

春日局は、奥向きにある女房衆として外部との内々の取次を行うこともあったが、実はそれ以上の役割もあった。その役割がうかがえる事例として、帰洛直後の天文二十一年（一五五二）の柳原地子《やないばらじし》銭《せん》問題がある。この一件は公家衆山科言継の日記（『言継』二月十七日〜三月二十五日条）より確認できる。その記述からみていきたい。

事件は地子銭《じしせん》（地代）を未納として総持院《そうじいん》内の寿正軒《じゅせいけん》が定使《じょうし》と三好氏の被官を使って、公家衆の山科言継方に譴責を行ったことからはじまった。言継はまず朝廷に訴え出て、総持院の行動を非難する天皇の女房奉書《にょうぼうほうしょ》を得た。女房奉書の発給という事態に対して、総持院は言継に抗議をした。興味深いのは、総持院が言継に対して義藤が「若いために幕府ではなく朝廷を頼った」と非難したことである。言継はそのつもりはないと反論したが、当時十七歳である義藤は為政者として「若い」と認識されていたのである。もちろん、総持院が言継を非難する建前として使っただけかもしれない。その後、言継は解決のために、今度は義藤を頼り、義藤への内々の取次として春日局を頼った。

ところが、ここで春日局は両者の面目を失わない形での和解勧告を行った。言継はこの提案を受け入れたためトラブルは解決に向かった。春日局はこの一連の対応について、「差し出がましいようですが申しました」と、個人の判断で行ったことを示唆している。

言継自身は、あくまでも幕府としての公式な処置を期待したのであるが、春日局は幕府内で通常どおりに審議されれば総持院への処罰は防げないため、総持院の面目も守りながら、言継の面目も失わないよう、両者に配慮した結果に導こうとしたのである。これは春日局が幕府の裁許ではなく、内々に和解させることで事態を荒立てないように配慮しようとした結果であった。言い換えれば、春日局はまだ若い義藤ではそのような政治的な配慮ができないと考えていたということでもある。これは、春日局が義藤の性格や能力について間近で見てきたからできることだろう。

ただし、春日局の権限が無制限であったわけではない。言継はこのとき侍所開闔の使役も求めたが、春日局では使役できなかった。これは侍所があくまでも将軍の権力に直結するものであり、今回のトラブルを義藤が知らなかったため、乳母とはいえこれを使役することができなかったためであろう。

もちろん、生母慶寿院の存在も忘れてはいけない。先の言継はこの問題について近衛稙家にも申し入れ、稙家から慶寿院にも話をすると返答を得ている。さらに宮内卿局も関与しており、この一件は義藤の知らないなかで、春日局・慶寿院など奥向きで進められたのである。

このほかにも、言継は自身が権益を持つ禁裏御料所である内蔵寮《くらりょう》率分《りつぶん》が押領されている現状に対して、三好長慶と回復について交渉をするものの実効性がなかったため、そこで言継は率分の回復について長慶宛ての慶寿院の御書を求めたのである。これも義藤を経ずに慶寿院を介した内々の解決を期待したといえる（八月十二日条）。三好氏自身が押領者となった場合は、上位権力としての幕府が必要であった。慶寿院もその一翼を担ったのである。

なお、この一件では春日局は慶寿院への取次を行っている。春日局は義藤だけでなく、生母慶寿院にも近侍していた。それは前述のように、慶寿院と春日局が共同で義藤を養育したということもあろう。義政の時代には乳母今参局と生母日野重子の確執があったことが知られるが、今回は生母が直接養育していなかったことからくるものであり、春日局の場合は奥向きにて慶寿院と共同で養育したことで、良好な関係を築き、確執に及ぶこともなかったのである。

公武関係と近衛家

帰洛翌日の天文二十一年（一五五二）正月二十九日、早速公家衆が義藤のもとに帰洛御礼のために参礼に来た。ところが、参礼に来た公家衆は大館晴光より、「朽木へ御見舞にこなかった輩については、今回将軍に御見舞してはいけない」と通告されたのである（『言継』同日条）。このとき参礼した山科言継は、「無足（無収入）」で朽木谷に御見舞に行けなかったと主張したため、義藤への御礼が承認された。

この義藤の態度から、公家衆が朽木谷に御礼に来るのは当然で、三好方に従ったものや、傍観する態度をとり、朽木谷の義藤を軽視していた公家衆に強い不信感を抱いていたことがわかるだろう。見方を換えれば、それだけ朽木谷での生活が屈折したものであったのだ。

次いで、義藤は帰洛後はじめてとなる参内を二月二十九日に行った。そこで、前日にそれに参会する飛鳥井雅綱、勧修寺晴右ら二十三名の公家衆に武家伝奏より廻文《かいもん》が出された。ところが、そのうち飛鳥井父子のほか九名が所労・準備不足を理由に不参をするという状況であった。義藤帰洛の際、朽木に御礼に来なかった公家衆の面々との対面を許さなかったこともあり、参会に憚りがあると思ったのであろうか。朽木谷不参といい、参内不参といい、公家衆が義藤を軽視しているようにも思える。それでも、日野家や高倉家など、より将軍に近い公家衆は参会しているし、やはり伯父の近衛稙家も参会している。なお、この参内には三好長慶と細川藤賢も御供衆として供奉している。廻文が来ながら不参した山科言継は、「憚りがある」としながらもこの様子を見物している。それによれば、御供衆以下は騎乗ではなかったらしく（『言継』二月二十八日、二十九日条）、やや異例な御供である。

一方で、義藤はこれまで忠儀を尽くしてきた昵近公家衆に対しては、その功に報いた。天文二十二年閏正月十五日には高倉永家の昇進を執奏している。本来高倉家は代々権中納言止まりであったが、義藤は権大納言昇進を執奏し、それが勅許されたのである。

将軍家に奉公する昵近公家衆は、将軍家に奉公するのと同時に、将軍家から官位の執奏などで優遇をうけることがあったが、永家はまさにその優遇をうけたのである。義藤は二年前から昇進を執奏していたようだが、なかなか勅許を得ることができなかったようで、今回やっと勅許を得たのであった。永家はもともとは第十代将軍義稙の側近公家衆であり、次いで義晴、義藤と昵近公家衆として多年にわたり将軍家に奉公してきた。衣文道《えもんどう》を家職とする高倉家は、将軍家の衣装役として他の昵近公家衆よりも特に身近な存在でもあったこともあろう。さらに永家・永相父子は、東山霊山城にいた義藤のもとにたびたび出仕しており、普請も行っていたようである（『言継』二月九日条など）。このような日頃の奉公が義藤の執奏につながったのであろう。

ところで、この執奏を朝廷に取り次いだのは近衛稙家であった。本来このような取次は武家伝奏が行うべきものであるが、稙家が代わって公武間の取次を行っていたのである。これまで認められなかったこともあって、稙家の影響力を期待したのであろう。これは「足利—近衛体制」の一環である。

実は、稙家は義藤の執奏の取次だけでなく、独自で官位推挙を行っていた。たとえば、天文二十一年には九州の種子島時尭《たねがしまときたか》（『お湯殿』六月十四日条）、翌二十二年には関東の二階堂氏の任官を推挙していた（『お湯殿』六月十四日条）。これら武士の任官は義藤が関与しないものであった。正規の手続きであれば、将軍をはじめ幕府関係者や朝廷関係者に各種礼銭が必要だが、近衛家を頼ればそれがいくらか減少される。これも期待されたことであろうが、近衛家は将軍の外戚という立場を使って、地方の大名・国人勢力との関係を独自に構築していったのである。もちろん、これは将軍家にとっても近衛家を通して地方の大名・国人と繋がれるため、決してマイナスになったわけではない。

尼子氏の八カ国守護補任

天文二十一年（一五五二）四月二日、出雲の尼子晴久《あまごはるひさ》が、旧主京極《きょうごく》氏の守護国出雲・隠岐のほか、伯耆・因幡・美作・備前・備中・備後の合わせて八カ国の守護に補任された。それが次の補任状である（「佐々木文書」［義輝：二〇］）。

（花押③）

因幡・伯耆・備前・美作・備後・備中六箇国守護職の事、尼子民部少輔晴久を補任するところなり者、早く先例を守り、沙汰致すべきの状件のごとし、

天文廿一年四月二日

これには出雲と隠岐が見えないが、この両国は別途御判御教書が発給されたものの残されてない（幕府奉行人連署奉書「佐々木文書」『奉書』三七二七）。

尼子氏への補任は、義藤が突然自発的に行ったわけではなく、尼子氏方からのアプローチがあったために行われたことであろう。尼子氏を担当する申次は大館晴忠であり、尼子氏はおそらく、彼を介して義藤に補任を申請したものと思われる。

ここで問題なのは、出雲や隠岐のような旧来の京極氏の守護国以外の国々である。特に備前・美作は赤松氏の守護国であり、この補任に赤松氏が反発することは容易に想像できる。前年には赤松氏に義晴の一回忌仏事料進納が命じられていたものの、当時は義晴期に比べれば密接とは言い難い関係であった。しかし、赤松氏の守護職を事実上取り上げるようなこの補任は、赤松氏が義藤政権から完全に離反しかねないものである。

父義晴は、幕府に音信し、支援する大名については、その大名間で対立関係に陥った場合、原則として中立の立場でどちらか一方に肩入れしないという方針を取っていた。ところが、今回の尼子氏の

八カ国守護補任は、父義晴時代の対大名政策における基本方針を崩すものであった。

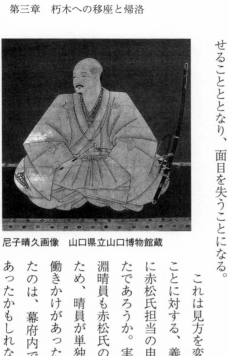

このときの守護職補任に関係すると思われるのが、伊勢貞孝である。彼は義晴時代より赤松氏担当の申次であった。想定されることとしては、赤松氏は義藤へ抗議を行う際に、担当の貞孝を介したはずである。おそらく、貞孝は赤松氏の利益保持のために義藤に対して補任には反対の意見を述べたり、幕府内で工作を行ったことであろう。しかし、結局尼子氏に補任されたということは、赤松氏、ひいては貞孝の意見が無視されたということである。そして、貞孝が申次として赤松氏よりの信頼を失わせることととなり、面目を失うことになる。

尼子晴久画像　山口県立山口博物館蔵

これは見方を変えれば、貞孝が義藤から一時離反していたことに対する、義藤よりの一種の嫌がらせともみられる。仮に赤松氏担当の申次が貞孝でなければこのような結果になったであろうか。実は、先年使者に派遣されていたと思しい三淵晴員も赤松氏の担当であった。当時は貞孝が離反していたため、晴員が単独で行っていたが、当然赤松氏より晴員にも働きかけがあっただろう。義藤が尼子氏の守護補任を許可したのは、幕府内で尼子氏担当の申次であった晴忠の尽力もあったかもしれない。しかし、父義晴の基本方針を無視したことは間違いない。山科言継と総持院とのトラブルでも垣間見られた、まだ政治的な配慮ができない若い義藤の姿をここにはみることができる。

栄典授与と幕府秩序

義藤は尼子氏を守護としたが、帰洛後の義藤による大名勢力への栄典授与はそれだけではない。次にいくつか事例をみていこう。

【長尾景虎の任官】天文二十一年（一五五二）五月、長尾景虎は弾正少弼《だんじょうのしょうひつ》に任官した（大覚寺義俊書状『上杉』四五〇ほか）。越後長尾氏は先々代の為景《ためかげ》、先代の晴景《はるかげ》ともに「弾正左衛門尉《だんじょうさえもんのじょう》」を通称としていた。「弾正左衛門尉」は弾正（忠）と左衛門尉という別々の官職を合わせたものであり、厳密には官職ではなく通称である。景虎は毛氈鞍覆・白笠袋の免許に次いで、守護相当の身分にふさわしい官途として弾正少弼を希望したのであろう。景虎の任官は、義藤の伯父・大覚寺義俊が「御精を入れられ」たことで成功したものであった（渡辺盛綱《わたなべもりつな》書状『上杉』四五二）。

義俊は天文十九年の毛氈鞍覆・白傘袋免許の際にも尽力していた。今回も景虎の依頼を受けて、任官を義藤に申し入れたのであろう。これ以前に義藤に馬を贈っていたようで、義藤は景虎進上の馬に乗って帰洛したという（義俊書状『上杉』四四五）。これも任官への布石だったのかもしれない。長尾氏の担当申次は義晴以来、大館晴光であり、今回も景虎の御礼などを披露しているが（大館晴光書状

『上杉』四四七）、長尾氏側は今回もやはり公式な窓口である晴光だけでなく、義藤の伯父である義俊を介した二つのルートを利用して任官したのである。この事例はのちに見る尼子氏の事例同様に、「足利―近衛体制」の一端といえる。

【朝倉義景の任官と偏諱】同年六月には、越前の朝倉義景《よしかげ》（もと延景《のぶかげ》）へ「義」の偏諱と左衛門督《さえもんのかみ》任官推挙が行われた。朝倉氏で将軍の偏諱を受けたのはこれが最初で最後である。さらに官職についてみれば、朝倉氏は初代孝景《たかかげ》（英林《えいりん》）、三代貞景《さだかげ》、四代孝景（宗淳《そうじゅん》）と、先の長尾氏と同じく代々弾正左衛門尉を通称としていた。左衛門尉は多くの武士が使う一般的な官途であるのに対して、左衛門督は幕府の官途序列では最上位に位置し（「大館常興書札抄」）、これまでは斯波氏や管領畠山氏が任官してきた特別な官職である。義景が左衛門督に任官したのは異例というべきものだが、これまでの朝倉氏の幕府への貢献、父孝景が御相伴衆《ごしょうばんしゅう》となっていたことが多分に考慮されたのだろう。

朝倉氏担当の申次はやはり義晴以来、大館晴光であり、これらの御礼については晴光内衆の富森信《とみもりのぶ》盛《もり》が取り次いでいる。八月になされた朝倉方の御礼先は申次である晴光やその被官信盛、義藤、慶寿院、宮内卿局、春日局、官途奉行である摂津元造、奉行人の松田晴秀であり（前波景定《まえなみかげさだ》・小泉長利《こいずみながとし》連署状写「雑々書札」『後鑑所収』）、このときは近衛一門は関与していない。

【尼子晴久の御相伴衆加入】先の尼子晴久は守護職のみならず、幕府における最高の家格である御相伴衆にも加えられた（「佐々木文書」［義輝：二三四］）。本来、三管領家や四職など特別な大名家のみが許された家格であるが、義晴の時代には越前の朝倉孝景や伊予の河野晴通《こうのはるみち》などが加わっている。タイミングとしては天文二十一年の守護職補任後の翌二十二年であろう。晴久は義藤に対して、「疎略にしません」と音信したことで、御相伴衆に加えられた。義藤はそのうえで、さらに将軍家への無二の覚悟による忠節を求めている。ただ、この旨は晴久に直接ではなく、近衛稙家に対して伝えられた。つまり、晴久は義藤への忠節を稙家を介して伝えてきたのである。これは「足利―近衛体制」の一環であるといえる。ここにも将軍家と地方の大名勢力をつなぐ存在として近衛家があったのだ。

【大内義長と被官への栄典】 天文二十二年正月には大内義長《おおうちよしなが》（もと晴英《はるひで》）への左京大夫任官、「義」偏諱、御相伴衆加入といった栄典を与えている（『御内書要文』［義輝：二八～三〇］）。大内氏は、天文二十年に陶晴賢《すえはるかた》らによる謀叛によって当主大内義隆《よしたか》が討たれ、新当主として豊後守護大友義鎮《よししげ》の弟晴英が擁立されていた。大内氏を担当する申次は伊勢氏であったため、貞孝がこれらの栄典の取り次ぎを行ったと思しい。さらに、大内氏の重臣内藤興盛《ないとうおきもり》と杉重矩《すぎしげのり》ら四名への栄典として毛氈鞍覆・白傘袋や任官が免許されている（『御内書要文』［義輝：三二～三五］）。義藤は大名の重臣に対しても守護代クラスとしてこのような免許をしたという（黒嶋：二〇二〇）。

＊

大内氏への栄典は先の朝倉氏と比較すれば、偏諱といい、左京大夫といい、本来の家格に相当するものである。対して、尼子氏・長尾氏・朝倉氏に対しての栄典授与は父義晴以来の幕府との繋がりの濃さが多分に影響していたとみられる。つまり、幕府への功績が授与の基準となっていたのである。これは父義晴のときも同様であり、従来の家格秩序によらない新たな秩序を形成しはじめたものといえる。もちろん、偏諱や官途などの授与は大名側からの申請があることが前提であるから、義藤が一方的に行ったことではないが、それを認可したということだけでも特別であろう。

これらは足利氏やその一門といったこれまでの血を重視したものから力を重視したものとなり、血統的秩序を崩すことになったと指摘される。そのため、義藤は彼らをこれまでの幕府秩序に取り込む、「上からの改革」を行うことで、幕府の維持を図るが、これは自らの血の特別性を否定して、「足利的秩序」を自壊させることとなったという（谷口：二〇一九・二〇二二）。しかし、すでに斯波氏や畠山氏、一色氏などの足利一門が在国し、京都との関係も希薄化したなかでは、当時の義藤にとってこれ以外に大名勢力を幕府に取り込むには選択肢はなかったのである。さらに多額の礼銭も期待でき、一石二鳥であった。一方、新興の大名からすれば、将軍に忠節を示せば家格の向上が期待できた。これにより将軍は各地の大名からの関心を繋ぎ止めることも期待できたのである。

第四章　三好長慶との対立

再起をうかがう細川晴元

義藤の帰洛と同時に、義晴時代より幕府を支えてきた京兆家の前当主細川晴元は近江を経て、天文二十一年（一五五二）三月に若狭に下向した。当時、若狭には守護武田信豊《のぶとよ》がいたが、その息子である義統《よしむね》には義藤の妹が嫁いでいた（木下聡：二〇一六）。もともと若狭武田氏は、義藤の祖父である義澄の時代に、当時の当主元信《もとのぶ》が在京大名として細川京兆家とともに幕府を支えた存在であり、次代の元光《もとみつ》（信豊の父）も義晴の時代には幕府を支えるべき大名として期待され、義晴の時代を通して在国しながら、幕府を支える存在であった。

晴元は若狭では神宮寺《じんぐうじ》（福井県小浜市）に滞在したのち、越前に赴き、再び若狭に戻ったという。その後、八月には近江の堅田に戻り、次いでもともとの領国でもあった丹波の小野《おの》（京都府京丹波町）に移った（『言継』八月二十六日条）。晴元は、若狭武田氏や越前朝倉氏に軍事的支援を期待したものの果たすことができなかったが、若狭武田氏家中には晴元に対する親近感があったのではないかという指摘がある（河村：二〇二一）。

さらに、晴元は流浪のなかでも遠国と音信もしていた。相手は越後長尾氏である（細川晴元書状『上杉』四四二)。内容は、長尾景虎より晴元に音信として鷹と馬が贈られたことへの御礼の返信である。景虎のもとにこれが到着したのは約三ヶ月後の六月末であった。これは再び晴元が京兆家の家督に復帰する可能性を見込んでのものであろう。

丹波は晴元の重要な支持基盤であったようで、四月末に三好勢が丹波の波多野元秀《はたのもとひで》の八木城《やぎ》（京都府南丹市）を攻めていたが、敗退している（『言継』五月二十五日条）。晴元の支持勢力（または反長慶勢力）はなお健在であった。そこで、三好方は六月、人質としてあった聡明丸を京都より摂津の越水城《こしみず》（兵庫県西宮市）に移した。これは「敵方によって奪われる可能性がある」という理由であったという（「季世記」）。

十月になって、京都周辺で晴元と氏綱・長慶両陣営との合戦が頻発するようになった。二十日には丹波桑田郡《くわたごおり》でも合戦があり、内藤国貞《ないとうくにさだ》勢が香西元成《こうざいもとなり》らの晴元勢に敗北している（『言継』「季世記」）。それに備えてか、伊勢貞孝率いる奉公衆約二千が西岡辺を警戒している。この敗退をうけて、二十五日に長慶自身が丹波に向けて出陣した。これにしたがって貞孝も出兵したという。二十八日に長慶らは河瀬城を包囲した(『言継』同日条)。長慶と貞孝の出兵は十一月十三日まで続き、貞孝は京都の邸宅に、長慶は摂津へ下向した（『言継』同日条)。

長慶らが丹波に出兵している一方で、晴元を支持する「牢人衆」が京都近郊に現れた。これには奉公衆が巡回して対応し、船岡山では一時小競り合いもあった（『言継』十月二十九日条)。十一月二日には牢人勢と奉公衆の合戦が行われるはずであったが、奉公衆が数刻待っていたものの、牢人衆は現れず、立ち消えとなっている（『言継』同日条）。しかし、その後も晴元勢は西岡や嵯峨に出没しており、京都への圧迫を続けていた。

このように、晴元は追放後も逼塞していたわけではなく、支持勢力を頼り、再起をうかがっていた。晴元の支持勢力は十月ころより本格的に行動を開始したのであった。

東山霊山城を築く

細川晴元勢と細川氏綱・三好長慶勢が丹波や京都近郊で交戦を繰り返すなか、義藤は東山の霊山《りょうぜん》（京都市東山区）に新たに築城をはじめた。東山霊山城である。霊山の周囲には清水寺《きよみずでら》などがある。

この城は義藤が築城した最初の城郭となるが、築城の目的は時期からみて、晴元勢への備えという側面が大きかったであろう。これまで義晴の時代には、北白川城や中尾城のように大津方面へ通じる山中越の周辺に築城されてきたが、霊山はそれより南下した場所である。城の東には京都七口《ななくち》の一つである粟田口《あわたぐち》より山科《やましな》方面へつながる街道が走る。立地に南北の差があるとはいえ、将軍家が築城したのがともに東山であったことが共通する。現在も堀切や土塁などの遺構が残る。

晴元勢は、主に西部より京都方面に侵攻していたため、城を築くのは北山や高雄などでもよかったはずである。しかし、東山にこだわったのは、やはり近江の六角氏の援軍などを想定したためであろ

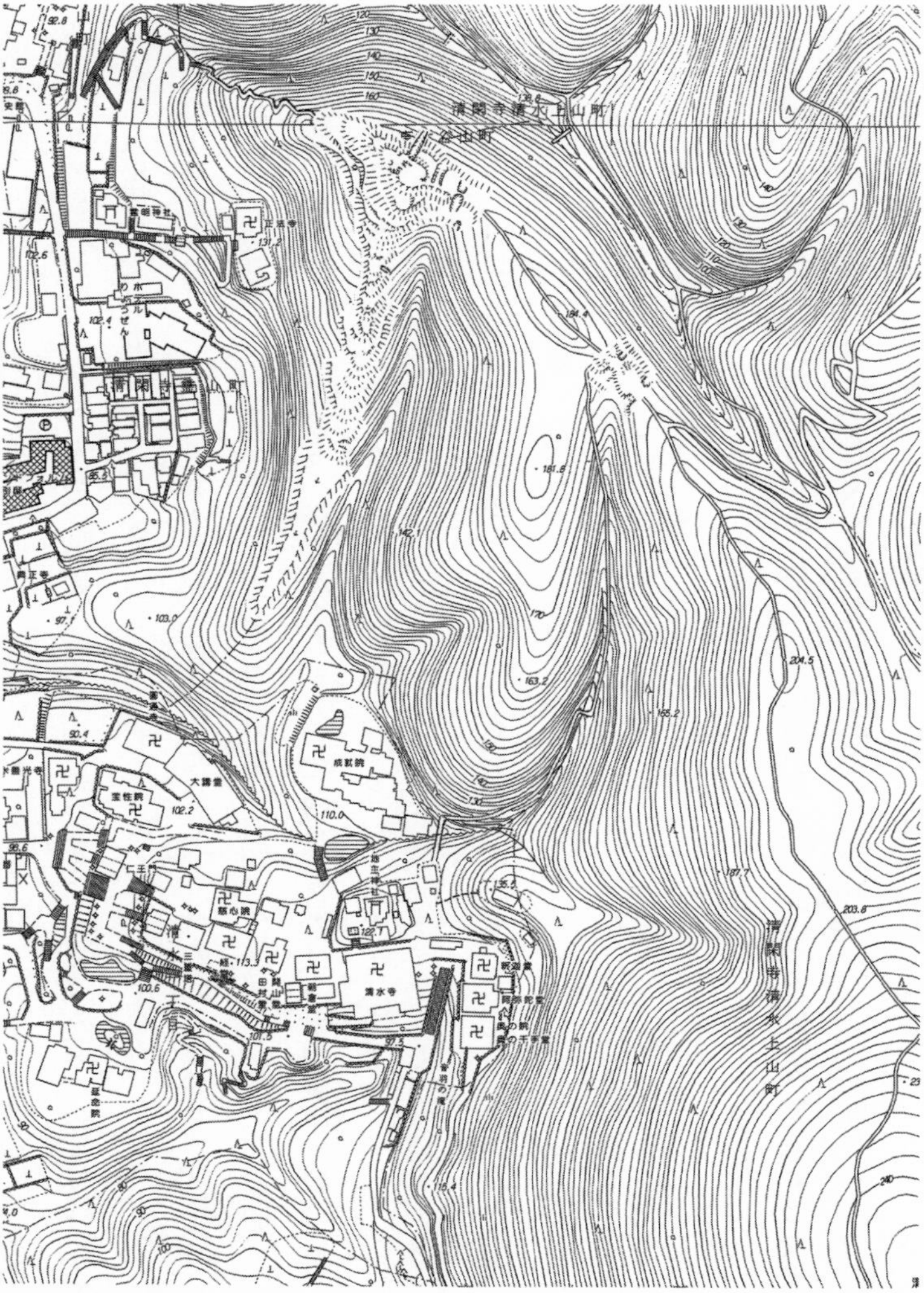

東山霊山城縄張り図　作図：中西裕樹氏　中井均監修・城郭談話会編『図解 近畿の城郭Ⅱ』（戎光祥出版、2015年）より転載

う。万が一、敗北した場合でも近江方面へ逃れることができる立地であった。さらに、京都では軍事施設そのものが忌避されていたため、城郭は清水寺山ではなく霊山に築かれたのではないかという指摘もある（中西：二〇一五）。

東山霊山城については、山科言継の日記（『言継』）に詳しい。城の記述がはじめて確認されるのは天文二十一年（一五五二）十一月十七日条である。言継は旧知の朽木稙綱のもとを訪問したが、朽木父子は「東山御城」に行っており不在であった。さらに同日、言継は「東山霊山御城」に見舞に行っている。ここではじめて「東山御城」「東山霊山御城」という言葉が登場する。このころにはすでに築城がはじまっていたのだろう。

十一月二十八日には晴元勢が西方面より現れ、京都の各所を放火して廻り、次いで東山霊山城を包囲するまでになった。それに巻き込まれて五条坂《ごじょうざか》や建仁寺《けんにんじ》なども放火により甚大な被害をうけた。清水坂で奉公衆と晴元勢とが交戦したが、死者はなく、負傷者がそれぞれ六・七名ほどであったというから、あまり大規模な戦ではなかったと考えられる。

言継はこの交戦ののち、奉公衆らと同道してわざわざ東山霊山城を訪問し、義藤と対面している。この交戦のさなか、義藤は東山霊山城に籠城していたのであろう。これに次いで言継は清水寺に慶寿院や近衛稙家、春日局らを訪問している。義藤の身内も将軍御所ではなくこの場所に移っていたことがわかる。確かに今出川御所では、晴元勢の攻勢があった場合に防ぐ術はない。ただ、慶寿院らは城ではなく、清水寺に滞在していた。その後も言継は城の義藤と、清水寺の慶寿院それぞれを訪問していることから、慶寿院らは城ではなく清水寺に常住していたのであろう。また、伊勢貞孝は清水寺の執行所を在所としていたようで、清水寺には幕府関係者が多く滞在していた。ただし、全員が一極集中していたわけではなく、先の稙綱は慈照寺《じしょうじ》に近い子安観音堂《こやすかんのんどう》を陣所としていたらしい（十一月三十日条）。東山霊山城より離れているため、おそらくもともとこの地を宿所としていたのであろう。

長慶が上洛したのは、晴元勢による東山霊山城包囲の三日後、十二月一日であった。長慶は上洛後、霊山城にいる義藤に対面している。義藤への見舞と戦況の報告を行ったのであろう。

上：清水寺から見た東山霊山城　下：東山霊山城の堀切　京都市東山区　画像提供：中西裕樹氏

　晴元勢が霊山城の義藤を包囲したことは、義藤への心理的脅迫として充分に効果的であったのではないか。交戦自体が大した被害でなかったのは、包囲することが目的であったためであろう。かつて、義晴が晴元と対峙した際、義晴の籠もる北白川城を六角定頼とともに大軍で包囲したが、義晴は定頼が加担したことに衝撃を受けて和睦を選択した。今回、晴元勢の京都方面への出兵において、六角勢の支援は史料からうかがえない。ほとんど奉公衆のみの軍勢のなかで対峙したわけだが、直臣のなかにも数年前の北白川城での出来事を思い出すものも多かったであろう。

反三好派だった上野信孝

年が明けた天文二十二年（一五五三）正月二十八日、三好長慶は子息孫次郎とともに上洛した。ところが、上洛早々の閏正月八日に「雑説」のために淀へ下向した（『言継』同日条）。この雑説は義藤と長慶との関係に関するものであった。なぜなら、このとき義藤の側近衆と長慶との間に緊張が走っていたのである。同十五日には義藤と長慶との間にいったん和解が結ばれている（『言継』同日条）。

これについて、「公方衆の六人」である上野信孝・杉原（晴盛か）・細川晴広・彦部晴直・祐阿・細川某等が、細川晴元へ内通していたという。だが、「三好方に人質を出したことでいったん無事となった」という（「厳助」閏正月日条）。彼らがいつ内通していたのかはわからないが、信孝ら側近の一部は長慶らとの協調関係に不満を持ち、一度追放された晴元と再び連携しようとしたのである。長慶にとって、晴元の復帰はとうてい許せるものではないだろう。

さて、ここで反三好派として現れる信孝はどのような人物であったのだろうか。彼はこの後も永禄六年（一五六三）に死ぬまで、義藤側近の筆頭格として政権のキーパーソンとしてあり続けた存在である。信孝は当時御供衆であり、奉公衆三番番頭《ばんがしら》である上野民部大輔家の当主であった。彼は義晴時代の御供衆「上野与三郎」と同一人物であったと思われるから、義晴期より義晴や義藤に近侍する存在であった。しかし、彼が将軍側近として台頭したのは義藤の将軍就任以後である。義晴の遺言のときにも彼はその場に呼ばれていたことは前述した。そのときには義藤の将来を託される側近の一人となっていた。おそらく、信孝は義晴によって義藤を支える側近とされたのであろう。生年は不詳だが、民部大輔任官の時期から当時の年齢は三十代ほどであろうか。

これまでの信孝らと長慶との関係を示すものはなく、晴元との連携を図った理由はわからない。一つの可能性としては、この一、二ヶ月の晴元勢による京都周辺での軍事活動に求められるのではないだろうか。特に六角氏や三好氏の支援もないなかで、東山霊山城での包囲戦を経験した一部の直臣は長慶を頼りないと感じ（いざというときに将軍を守れない）、追放後もしぶとく粘る晴元との関係を復活させることにより、再度幕府の安定を図ろうとしたのであろう。そもそも、義藤の東山霊山城築城は長慶の治安維持に対する不満であったという指摘もある（今谷：一九八五）。義藤が今出川御所でなく、東山霊山城を築城してそこに拠点を移したのも、長慶らでは将軍家の身体保証たりえないと思っていたこともあろう。実際に、長慶の京都不在中に東山霊山城が晴元勢によって包囲されたことで、これが現実化したのである。長慶に対して不満が募っていた可能性は充分にあるだろう。

和解の後、同十六日に義藤の警固として長慶の軍勢五百人ほどが上洛している（『言継』）。これは先の義藤の身辺警護のためもあろうが、一方で、義藤の側近衆に対する牽制という面もあると考えられる。

将軍直臣団の分裂

上野信孝ら反三好長慶派（親晴元派）の存在は、三好氏との関係のみならず、幕府内部でも問題を引き起こした。将軍直臣の分裂である。その確執が確認できるものに、次の大阪《おおさか》歴史《れきし》博物館《はくぶつかん》所蔵の伊勢貞孝連署状がある。重要な史料なので次にあげる。

次第不同
大館左衛門佐殿　「晴光（署判は貞豊まで紙背）（花押）《尤も余義なく候べく候》
畠山上野介殿　稙元（花押）《尤もに存じ候》
細川中務大輔殿　晴忠（大館）（花押）※細川晴経と大館晴忠は逆に署判す。
大館治部大輔殿　晴経（細川）（花押）
佐々木民部少輔殿　稙綱（花押）
伊勢因幡守殿　貞倍（花押）
伊勢左衛門尉殿　貞豊（花押）」

殿中の御様体余りに猥りの次第に候間、公儀の御為に候の条、この刻御談合申し言上いたすべき覚悟に候、御同心においては直に談じ申すべく候、

伊　勢　守

二月廿六日　　貞孝（花押）

三好筑前守

長慶（花押）

細川右馬頭

藤賢（花押）

この文書の内容は、殿中の様態があまりに乱れているので、談合したうえで義藤に諫言したいというものである。発給者は伊勢貞孝・細川藤賢・三好長慶で、宛先は大館晴光・畠山稙元・細川晴経・大館晴忠・朽木稙綱・伊勢貞倍・伊勢貞豊の七名である。彼らに共通するのは御供衆という点である。さらにこの紙背には、晴光と稙元が「もっとも余儀ないことである」と、賛同をしめす文言を書き加えてさえいる（拙稿：二〇二〇①）。

殿中が乱れた原因は何か。御供衆である署名者に注目すれば、彼らと同じ御供衆上野信孝がここに含まれていないことがわかる。言い換えれば、信孝ら反三好派こそが殿中を乱している張本人ということになる。先の和解がありながらも、結局信孝らの反三好派はその言動を改めなかったのだろう。

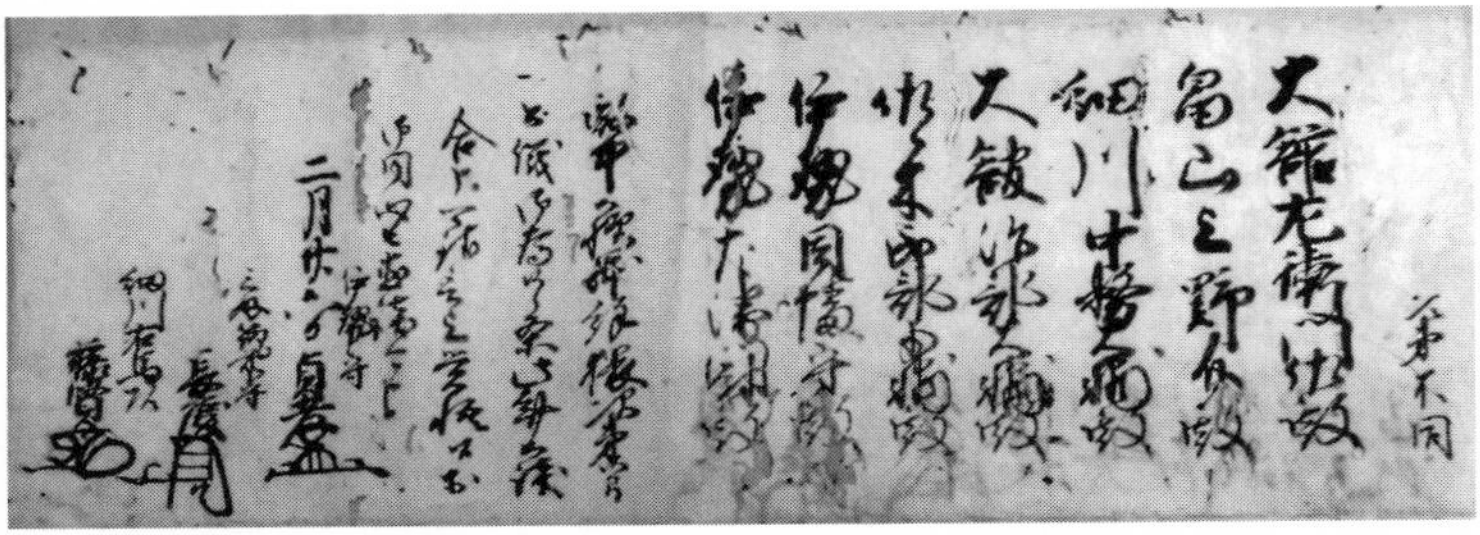

伊勢貞孝等連署状　大阪歴史博物館蔵

それだけでなく、それが義藤の判断にも強い影響を及ぼし、義藤は反三好・氏綱派の信孝らを重用して、三好氏との関係の見直しを考えるようになったとみられる。それを諫言するためにこの文書が発給されたとみてよいだろう。さらに、同日付で貞孝と政所所属の奉行衆（寄人）らによる起請文も作成されている（「伊勢貞孝誓約」『続群書類従』第三十四輯拾遺部）。

特に晴光や稙綱をはじめ、義晴の遺臣がこれに賛同したことが注目される。彼らは長慶と氏綱との協調体制継続を希望し、晴元派の信孝らを牽制したかったのであろう。言い換えれば、晴元との協調関係の復活を否定したかったのである。これは、先代義晴がかつて晴元との関係を清算しようとしたように、実はこのときも晴元への不信が義晴に近い直臣に根深く残っていた可能性が高い。晴光に注目すれば、彼は河内畠山氏担当の申次であり、長慶の岳父遊佐長教とも音信関係にあった。晴光は遊佐長教を通して、晴元よりは氏綱・長慶に近い存在であったといえる。おそらく、義晴当時に政権の中心にいなかった信孝らとは、晴元に対する意識が異なっていたのであろう。

さらに晴光に注目すると、天文二十一年二月時点の大館家の所領は、「摂州溝杭庄《みぞくいのしょう》（大阪府茨木市）」・「城州草内《くさじ》・飯岡《いのおか》・河原村《かわら》（京都府京田辺市）」のほか、洛中にあったが（「大館晴光知行目録案」『石清水文書拾遺』一〇）、これらは天文十二年以前より天文十八年まで当知行していた場所という。所領が摂津と山城に集中していたことがわかるだろう。特に摂津国溝杭荘はたびたび現地の三宅国村《みやけくにむら》に押領されていたが（大館晴光書状写『大館記』）、当時、三宅国村は長慶の与党であった。もし長慶と敵対すれば、所領の維持はほぼ不可能となる。このほかに同意した御供衆らも同じような所領問題を抱えていたのかもしれない。

長慶はこの文書の日付と同日に、東山霊山城にいた義藤のもとを訪れ、清水寺の願所にて対面している（『言継』同日条）。長慶はこの文書をもとに信孝らを弾劾し、義藤に現在の協調関係維持を進言したのであろう。この際に奉公衆五、六人の「別心」の輩が人質を出したという（「厳助」の記述日は二月の間違いか）。

これによって、義藤は三好氏との関係について、今後どちらの意見を採用しようとも、直臣団の分裂を引き起こす状態に置かれたのである。義藤はむずかしい判断を迫られることとなったのだ。一方で、細川氏綱がここでは話題となっていないことは興味深い。すでに京兆家の氏綱ではなく、長慶が畿内政治の中心となっていたのである。

三好長慶画像　東京大学史料編纂所蔵模写

三好長慶との断交

天文二十二年（一五五三）二月十二日になって、三好長慶は人数を率いて再度上洛し東寺に逗留した。山科言継は、「雑説らはよく知らない」と述べているが、反三好派への牽制もあろう。このときに義藤への諫言について、先の文書が書かれる前段階として伊勢貞孝と話し会ったと考えられる。

三月八日になって、義藤は大館晴光ら諫言に賛同した重臣の意見を取り入れず、結局、長慶との対立を選んだ。義藤はこの日、長慶との講和を拒否し、東山霊山城に入ったのである（『言継』同日条）。

この状況下で、四月八日に義藤の叔父である久我晴通が出家した（出家して愚庵宗入と号す）。これは「世上の事について、慶寿院に種々意見を言ったのだが、御同心がなかったため、それに不満に思ったため」であるという（『言継』四月九日条）。晴通の意見の内容はわからないが、これは長慶との関係について意見したものとみてよいだろう。義藤が長慶との関係断絶を決めたあとのタイミングから、おそらく彼は長慶との関係改善を意見したものと考えられる。それを慶寿院が拒否したということは重要である。慶寿院はまだ若い義藤の後見役という立場でもあり、義藤に諫言できる立場だが、彼女がそれを拒否したということは、慶寿院が上野信孝ら反三好派の意見を支持し、長慶との関係断絶を承認したとみてよい。信孝らに焚き付けられたのかもしれないが、慶寿院は夫義晴の非業の死に直接影響した長慶のかつての反乱を許さなかったのであろう。むしろ、反三好派を主導したのは慶寿院だったのかもしれない。いずれにしても、近衛一門のなかでも三好氏との関係をめぐって意見が対立していたのである。

しかし、義藤と長慶との関係はすぐに切れたわけではない。水面下ではなお交渉が続いていたとみられる。長慶としても晴元勢との交戦が続くなか、義藤のみにかまってはいられない。

七月十四日には、晴元勢が再び長岡や舟岡山周辺に出没したが、これに対して奉公衆や河内の安見勢が合同して打ち出ている。軍勢としての奉公衆が独断で動くことはないから、このときはまだ表面上、晴元勢は義藤の敵対勢力であった。

「御敵」三好長慶

事態が急変するのは、この月の二十八日である。細川晴元勢が長坂まで出陣したが、それを上野信孝らが迎えたのである。香西元成や三好政勝《まさかつ》（政長の子）らは義藤と対面した。そして、晴元が「旧功捨てがたく」（「季世記」）赦免され、将軍御供衆たる三好長慶が将軍の「御敵」とされたのである。これによって天文二十一年（一五五二）正月より続いた「義藤―氏綱・長慶体制」が崩壊した。わずか一年半の期間であった。しかも、この年に入ってからは義藤と長慶との不和が継続していた。大館晴光ら側近らの諫言も効力がなく、関係の断絶は時間の問題となっていたのである。

父義晴は動乱の当事者とならないように、できるだけ中立であるように努めてきた。義晴以来の晴光・朽木稙綱などは、これを防ぐために伊勢貞孝や長慶による諫言に賛同したのである。今回はむしろ、動乱の当事者となることを将軍自ら進めたようなものである。

最終的に義藤が信孝らの意見を聞き入れ、晴元の赦免と長慶の「御敵」を決定したのは、やはり慶寿院の支持もあったと考えられる。なぜなら晴元の赦免、氏綱・長慶との関係断絶という幕府の将来を左右するような重要な決断を、義藤とその側近だけで行ったとは考えられないからである。

元成ら晴元勢はそのまま長慶方の西院《さいいん》の小泉城《こいずみじょう》（京都市右京区）を攻撃したが、城が堅固であったためなかなか落とせなかったようである。翌二十九日には、元成らは談合のため義藤のもとを訪れ、義藤より盃を下された。ここには信孝のほか諫言に賛同した晴光も参列している。このようなことになることを危惧していた晴光は、最終的に忠節を優先して義藤の上意にしたがったのであった。

三十日になって、義藤自ら小泉城攻めに出陣した。義藤は右近馬場松原《うこんのばばまつばら》（京都市上京区）より西京東南の松の本に動座した。信孝や杉原晴盛など、反三好派であった側近がこれに加わった。しかし、城を包囲はするものの、城攻めは行われなかった。義藤は城攻めを強硬に主張したようだが、被害が大きくなることを恐れて包囲に留まったようだ（『言継』二十八日〜三十日条）。

やはり、一連の対立に新たに京兆家となった細川氏綱の姿が見えない。彼は晴元と京兆家の家督をめぐって対立し、晴元と長慶が対立したことで、長慶によって家督として擁立された。天文二十一年の和睦によって正式に京兆家当主となった氏綱だが、一連の対立ではその影が薄いのである。義藤も氏綱を「御敵」としないなど、敵対相手としては長慶が中心となっていたのだった。

晴元の赦免と長慶の「御敵」認定、さらに幕府軍の攻勢に対して、長慶は河内・和泉・大和・摂津・紀伊の人数約二万五千を率いて上洛した。将軍の「御敵」となったからといって、座して死を待つわけではない。義藤は辰の下刻（午前九時ころ）に出陣して舟岡山に陣所を構えた。一方、東山霊山城には奉公衆の松田監物《けんもつ》や三宝院衆などが籠城していた。長慶方の今村慶満《いまむらよしみつ》が城を攻めたが、一族の今村源七をはじめ数名が討ち死にし、十数名が負傷した。しかし、城側の被害も大きく、松田監物が自害し、城も放火により焼失した（自焼か）。この城は義藤が実際に活用することなく、灰燼に期したのである。父義晴以来、将軍による北白川城や中尾城が築城されたが、いずれも敗戦により焼失している。東山霊山城も同様の最後を遂げたのである。

孤立無援となり敗北

義藤は劣勢のなか、舟岡山の山中に御座を移した。三好長慶の大軍に動揺したのか、細川晴元勢はこれまでの言動に違い、一戦もせずに退去してしまった。これにより、義藤率いる将軍直属軍は孤立無援となった。義藤の帰洛時から推測すると、将軍直属の兵力はおよそ二千ほどで、大きく見積もっても三千を超えないほどであろう。対する三好勢はその約十倍であった。将軍直属軍のみでは勝負にならない。この状況をみた山科言継は、「御敵」となったにもかかわらず大軍を率いた長慶は「言語道断の見事で驚目するものだ」と感想を述べている。将軍の「御敵」となろうとも、三好勢の軍事動員には影響はなかった。「御敵」とはいっても、将軍に軍事的な裏付けや味方もないなかでの指定はもはや効力はなく、心理的圧迫としても「御敵」の言葉は今や無力となったのである。見方を変えれば、今回の長慶の動員については、それだけ畿内で晴元の支持勢力がなかった証しともいえる。晴元はすでに畿内の多くの国人層などからの支持を失っていた。義藤はそのような畿内の状況を理解できず、晴元との連携を再開させたのである。晴元方の都合のよい情報だけを信じたのであろうか。諫言した大館晴光ら重臣は、そのことがわかっていたのかもしれない。

義藤の挙兵をうけて、松永久秀は六角氏の被官永原重興に宛てて痛烈な不満を述べた。久秀はこの書状で義藤が御造意を顕わにし晴元方の一味となったこと、晴元を許容しないと自筆の懐紙《かいし》と御内書を下されたのに、それを反古としたこと、このような行為は天罰が下るものだと述べ、さらに京都静謐について、長慶よりも六角方へ書状を送ったこと、六角義賢にこれらの旨の披露を願うなどを述べている（松永久秀書状写「阿波国徴古雑抄所収三好松永文書」『三好』四一三）。久秀は義藤をかなり強い口調で非難しているが、三好方は義藤に裏切られたと思ったのと同時に、義藤と三好方との和睦を推進した立場の六角方に、悪いのはあくまでの義藤方であると宣伝したかったのであろう。ただ、義藤がわざわざ晴元を許容しないという自筆の懐紙や御内書を発給していたとのことであれば、実は義藤もギリギリまで長慶との今後の関係について悩んでいたのかもしれない。しかし、最終的には上野信孝らの意見を受け入れた。そのため、公家の山科言継は「これは偏に上野信孝の悪しき興行のゆえだ」（『言継』八月一日条）と非難的に記し、一連の元凶とみなしていた。

ところで、これまで将軍家を支援してきた六角氏は一切この交戦に関与していない。これまでであれば、義藤の後詰めとして少なくない援軍を派遣していたであろう。これについては六角氏はちょうどこの時期に江北で浅井《あざい》氏と交戦中であり、将軍家のために軍勢を派遣する余裕がなかったとされる（村井：二〇一九）。前年の晴元勢による東山霊山城の包囲の際も、六角氏の援軍はなかった。江北での軍事活動があるにしても、これまでであれば考えられないことであろう。ただし、和睦後は三好氏との良好な関係を築いていたと指摘されているため（両者の関係は先の久秀の書状にもみられる）、そもそもこのような義藤と三好氏との対立を支持していなかった可能性もある。義賢にとって晴元は義理の兄であるものの、当時六角氏と三好氏が対立しなければならない事情はない。何より三好氏との関係断絶は、和睦を仲介した義賢の面目を失わせるものでもあったろう。

将軍家、六角氏ともに世代交代したことにより、幕府の政策について義晴と六角定頼の時代のような「あうんの呼吸」が機能しなくなったのかもしれない。仮に現状では六角氏の支援が見込めないとしても、支援を受けられるタイミングに挙兵すればよい。そのような連携がないことは、将軍家と六角氏との間で意思疎通が機能しなくなっていたものと考える。

自ら動乱の当事者となりながらも計画性が乏しく、ほとんど孤立無援状態であった義藤は、結局三好氏の攻勢の前に為す術もなく敗退するのである。若気の至りの代償はあまりに大きかった。

義藤の没落と直臣の離反

三好勢との合戦に大敗した義藤は陣所の舟岡山を退き、翌日には「すい《（杉）》坂」（京都市北区）に移った。そこで細川晴元が御礼を申し入れて一献があった（『言継』八月二日条、以下『言継』による）。早々に戦線を離脱した晴元に、義藤やその周辺は強い不満があっただろうが、晴元による謝罪だったのかもしれない。

五日になって、義藤は奉公衆・奉行衆などの将軍直臣や晴元らを伴って丹波の山国（京都市右京区）、次いで近江の龍花《りゅうげ》（竜華、大津市）まで退座した。ところがこのなかで、六日の夜に松田盛秀父子をはじめとする幾人かの奉行衆が上洛した。三好勢によって途中で捕らえられたのである。このうち奉行衆の松田頼隆は龍花まで逃れたという。これとは別に、奉公衆の石谷光政《いしがいみつまさ》や大和晴完《やまとはるみつ》が坂本より上洛した。彼らは義藤の将軍としての器量に不信を持って離反したのである。

そのなかで、三好長慶はさらにあることを宣告する。それは「龍花に祗候するものの知行分を没収する」というものであった。これをうけて、昵近公家衆の高倉永家は義藤のもとから離反して十三日夜に帰洛した。それだけでなく、多くの将軍直臣がこの長慶の宣告をうけて義藤より離反して帰洛したのである。義藤の執奏で権大納言にまで昇進した永家は、知行のために義藤より離反したことについて、「義理を違えて面目を失った」と述べている。これを聞いた山科言継は、「奉公衆は以前御供していたのは百二十人ほどいたが、今祗候しているのは四十人ほどであるという。ほとんどは上洛したという。義藤の周辺は一向に無人であるといい、御不運の至りだ」と述べている。なお、実際に義藤に従った奉行人の頼隆の宿所は闕所《けっしょ》（所領没収）とされ、帰京した奉行衆の中澤光俊《なかざわみつとし》に宛てがわれている（『言継』十月二十一日条）。

このとき、義藤に供奉していた四十人はおそらく、当時の書状や奉行人奉書の署名から大館晴光、同晴忠や朽木稙綱、摂津元造・晴門父子、三淵晴員、進士晴舎、さらに上野信孝や彦部晴直、杉原晴盛などといった反三好派、諏方《すわ》晴長《はるなが》や松田藤弘《ふじひろ》、同藤頼《ふじより》、同頼隆、飯尾堯連、同貞広《さだひろ》、治部《じぶ》藤通《ふじみち》といった奉行衆のほか、慶寿院や春日局、女房衆であろう。京都に残っていた稙綱の女房衆も二十五日には坂本に下向している。これに対して、伊勢貞孝やその被官は京都に残り、再び義藤より離反したのである。

その後、九月十七日に義藤のもとにいた稙綱の内衆より話を聞いた言継は、その周辺の様子について、「一向に微々たる御体であったという」と記している。このような直臣の離反は将軍の求心力が失墜していることを端的に示しているといえるだろう。長慶による義藤と直臣との離反策は成功したといってよい。三好氏との関係をめぐる直臣団の分裂が、極めて深刻な状況にあったことが背景として考えられる。若い義藤は分裂した直臣をまとめることができず、それを解決できないまま反三好派に加担した結果大敗し、その器量を疑った直臣の大量離反を招いたのである。将軍の直臣らの所領が京都や畿内に多いなか、義藤に供奉していても所領の維持が確保されるわけではない。それを実効支配するにあたって京都とその近郊、摂津、河内などを押さえる長慶の存在は無視できなかったのである。

また、山科言継は所領である率分について、武家伝奏広橋国光とともに禁裏の長橋局《ながはしのつぼね》に赴き、三好方へ回復のための女房奉書を発給してくれるよう依頼している。しかし天皇よりは、「将軍が出奔して程ないため、今少し待つように」と返事があり、すぐには許可されなかった（『言継』八月十四日条）。これはなお政情が安定しないなかで、まだ義藤を無視することはできなかったためと考えられる。

この騒乱の当事者であった細川晴元とその勢は、その後もほとんど戦果を上げることはできなかった。長慶は八月二十五日に芥川山城《あくたがわやまじょう》（大阪府高槻市）に入城するという風聞があり、いよいよ晴元の出張がむずかしくなったとみられた（『言継』八月二十二日条）。戦況が好転しないなか、この月の三十日に義藤は再び朽木谷に移座したのである（「厳助」同日条）。

伊勢貞孝の再離反

伊勢貞孝は今回も義藤より離反し、三好長慶との連携を選んだ。義藤はこの離反に対して、代官職の剥奪という処置をとった（奉行人奉書案『蜷川家文書』六七五）。これまで伊勢氏が管掌していた幕府御料所（直轄領）である丹波国桐野河内村《きりのごうち》（京都府南丹市）の代官職を、「一旦」井上貞親《いのうえさだちか》に仰せ付けたのである。貞親は義輝より離反せずに供奉していたのであろう。以前に離反した際は義藤はこのような処置を取らなかったが、今回は貞孝の権益剥奪という処罰を行ったのである。

貞親は、現地の公文《くもん》らに対して年貢の進納についての尽力を求めているが（井上貞親書状『蜷川』六七六）、同地の代官職に任じたとはいえ、伊勢氏との関わりが深い同地でどこまで実効性があるかは不明である。実際に現地と伊勢氏との関係はなお維持されていた（図田吉次・林孝次鏡餅請取状『蜷川』六七七）。実態としては、貞親の現地支配の実効性はなかっただろう。また、「一旦」という表現に注目すれば、再び貞孝が帰参すれば代官職に還任される可能性もあったのだろうか。この案文は政所代《まんどころだい》をつとめた蜷川氏に残されたものだから、この情報は伊勢氏にも伝えられたようである。

貞孝が京都に残ったのは、義藤との相互不信もあろうが、やはり京都での利権確保という面が大きかったと思われる。京都には被官関係を結んだ土倉も多い。さらに、京都での金銭トラブルを解決する機関としての政所が、京都の権門や人々にとって必要とされたこともあろう。その期待に応えるためにはいつ帰洛できるかわからない義藤に供奉するより、京都に残ることが一番であった。

当時の貞孝と伊勢一族や被官の所領については、「伊勢貞孝并被官等知行目録」（『蜷川』六一八）という史料が残されている。これは天文十八年以降のものと比定されているが（おそらく義藤帰洛前後）、三好一族や細川氏綱の被官によって洛中や山城国内の所領が押領されていた実態がみてとれる。つまり、貞孝にとって三好氏との関係は、所領維持の実効性を確保するために必要な態度であったといえよう。この点、最終的に義藤への忠節を維持して供奉することを選んだ大館晴光なども同様であったが、伊勢氏には一族や被官が多く、その保護のために選択の余地がなかったともいえる。貞孝には義藤への忠節より優先して守るべきものが多かったともいえよう。

さらに、伊勢氏の被官の動向に注目すると、三好勢によって拉致された松田盛秀らを被官の野依《のより》二郎左衛門が京都に迎え入れて保護している。そして朽木稙綱の女房衆が京都を離れ、在所に下向するために坂本に向かった際には、野依某（二郎左衛門か）がその警固のために送迎している。これは野依が単独で行ったものではなく、主人である貞孝の命を受けて行ったものと考えるほうが妥当であろう。つまり、貞孝は京都にあって直臣の保護者という役割を期待されたか、自ら任じたのである。

第五章　義輝の離京と三好長慶の京都支配

長慶による足利義維擁立計画

三好長慶にとって、義藤の挙兵は義藤の裏切りによるものとの意識が強かったであろう。それは先の松永久秀の書状からもうかがえる。だが、長慶には幕府・将軍家を廃絶するという意識はなかった。そこで長慶は当初、義藤に代わる将軍の擁立を模索した。以前は京兆家当主を擁立したものの将軍候補を擁立することはなかったが、これは義晴・義輝らに対する敵対心がなかったためである。

天文二十二年（一五五三）十月二十九日、大坂の本願寺証如のもとに長慶連判の直札が届けられた。その内容は、「足利義維の渡海を取り計らう。そこで御入洛したならば、加賀の御料所と退散した奉公衆の同国内の所領について、賄い料としたいので、加賀へ申し下したい。さらに証如よりも申し下してもらいたい。また、三好を頼って経済的に我慢している奉公衆の知行分についても申し下してもらいたい」というものであった。長慶はもはや信頼できない義藤との和解を念頭に置かず、かつて父三好元長が擁立した義維を新しい将軍として迎え入れようとしたのである。その経費分について長慶は証如に依頼したわけだが、阿波にいた義維としては千載一遇の好機であっただろう。義維側近の畠山維広（義稙側近畠山順光《のぶみつ》の子）は、この天文末期より弘治年間にかけて堺に滞在しており、長慶の実弟三好実休《じっきゅう》（之相《ゆきすけ》・之虎《ゆきとら》）とともに津田宗達《つだそうたつ》の茶会に参加している（「宗達他会記」天文二十一年十二月五日条、弘治二年十二月五日条〈阿波にて〉）。そのため、義維は実休やかつて拠点とした堺との人脈は継続していたようだ。

また、長慶は証如に、義藤より離反した将軍の直臣の生活費についても便宜を求めている。義藤より直臣が離反したのは、何より所領の維持など経済的な問題が第一であったため、もし長慶が直臣の経済保護を行えなければ、離反する危険もあった。そのため、義藤にできない経済的な保護をすることでその器量を示し、直臣の支持を得続ける必要があったこともわかる。証如はこの依頼について、長慶より加賀に申し下すことは可としながら、自ら申し下すのは義維が入洛したのちに談合するので今は遠慮したいと返事をし、義藤が健在であるなかで慎重な姿勢を示したのであった。

さらにこの一件で注目されるのが、この書状を大坂まで持参したのが伊勢貞孝の若党であったということである。実は貞孝も義維擁立計画を知り、長慶による将軍のすげ替えを支持していたのであった（連判者は貞孝か）。貞孝など一部のものは義藤と長慶との和睦を期待するのではなく、義藤の将軍職そのものを廃そうとすることを支持したのであった。貞孝は三好氏と対立した短慮な義藤を、将軍の器量ではないとみなしたのである。ただ、これは義藤のみならず先代義晴の否定に繋がりかねないものであり、仮に義維が上洛した場合、さらなる直臣の分裂を促しかねない。

もちろん、貞孝は義藤より離反し、否定したものの、足利氏自体を否定しようとしたわけではない。

そもそも貞孝は、将軍家の家政機関の長官という立場で各種の権益を得ていたのであり、貞孝の持つ権益は伊勢氏が独自で形成したものではない。将軍家の家政を掌握するなかでの御料所の管理や代官職、洛中の動産訴訟やそれより得る礼銭など、政所という幕府官制を掌握したことにより形成されていったものであり、将軍家そのものを否定することは自身の立脚する基盤そのものがなくなってしまうことになる。つまり、将軍家が存在しない政所・伊勢氏は存在しえないのだ。ただし、将軍は必要であるが、それが義藤である必要はなかったのである。

だが、結果的に長慶は義維を擁立することはなかった。義維の擁立は計画のままで終わったのである。これについては、それまで義維の庇護者であった阿波守護細川持隆を三好実休らが殺害したことで、義維が長慶を信用していなかったという指摘もある。それだけではなく、義藤への支持を表明する同盟者の安見宗房《やすみむねふさ》や六角氏との関係も意識して義維擁立を断念したという（天野：二〇一四）。

このほか、義藤の実弟一乗院覚慶・鹿苑院周暠がいたが、長慶は彼らを擁立しようともしなかった。覚慶の生母は義藤とおなじ慶寿院であり、仮に覚慶を将軍としても、慶寿院や近衛一門の影響力も残る。近衛一門を排除して、完全な傀儡となるくらいなら、覚慶らは将軍擁立を拒絶するだろう。

結局、将軍家の相克（義晴対義維）というかつての再現はされなかった。その意味では義藤にとって、将軍としての正統性は維持され、将軍職を失う事態は回避されたのである。

長慶の京都・山城支配

天文二十二年（一五五三）八月末に近江に移座して以降、永禄元年（一五五八）に帰洛するまでの約五年間、義藤は当時将軍が領主としてあった京都の支配権を失っていた。それは朽木谷滞在中、奉行人奉書の発給が激減していることからもうかがえる（もちろん発給数＝現存数ではない）。特に天文二十三年のものは残らない。実際に発給されていたとしても微々たる数であったのであろう。行政・司法の機能が事実上停止していたとみてよい。つまり、「狭義の幕府」はここに中絶するのである。

近江の義藤に代わって、京都支配にあたったのが三好氏である。長慶の裁許状が幕府の文書に代わって京都近郊に多く発給されるようになった。三好氏による京都支配については今谷氏や天野氏らによって明らかにされており、詳細はそれらを参照してもらいたいが（今谷：一九八五、天野：二〇一四・二〇一五など）、前述のように、山科言継などは、自身の所領の権益確保のために義藤が京都を没落した直後、早速三好氏に働きかけを行っている。三好氏は永禄元年になるまで義藤との和睦交渉を一切行わず、将軍家一族も擁立しないまま、「極めて異例で画期的な状況」のなかで京都支配を行ったのである（天野：二〇一七）。

当初長慶は、やはり足利氏の存在は京都支配（または畿内）では必要と考えていた。しかし、足利義維の擁立を断念したことで、将軍家の擁立そのものをやめてしまった。つまりこれは、将軍（足利氏）との敵対をこのまま続けるという意味でもあった。そこで、長慶は将軍（足利氏）の上意を必要としない京都支配を、南北朝時代の一時的なものを除けば、おそらくはじめて行うこととなったのだ。

さらに興味深いのは、長慶が在京せずに居城の芥川山城にあって、各種の相論に対応したことである。それについては、幕府の秩序に従わされる危険を避けることがあり、同時に各種相論を長慶に依頼するためにわざわざ芥川山城まで赴かせ、長慶を頂点とする裁許体制に従わせることが重要であったといい、ここから同城を「畿内の政庁」と評価することもある（天野：二〇一四）。将軍と三好氏という対立する両者がともに京都にいないという状況であった。

旧秀隣寺庭園　義晴・義輝が滞在した岩神館を造る際に築かれた　滋賀県高島市

京都の人々は、トラブルの解決を朽木谷の義藤か芥川山城の長慶のどちらかを頼るかという問題に直面することとなるが、前述の奉行人奉書の発給状況からみれば、京都の人々は長慶を頼ることを選んだといえる。これは、権門や京都とその周辺の人々が実効性という点で長慶による裁許状が幕府の奉書より勝ると思っていたのである。当時は、幕府の公文書のみで判決結果が実行されるわけではなく、最終的には当事者間の交渉が必要であり、幕府の公文書はその手段（または担保）の一つにすぎなかった。そもそも、幕府の公文書単独の効力は絶対ではないのである。

この時期の長慶は、京都や山城国内の各種相論の裁許をするな

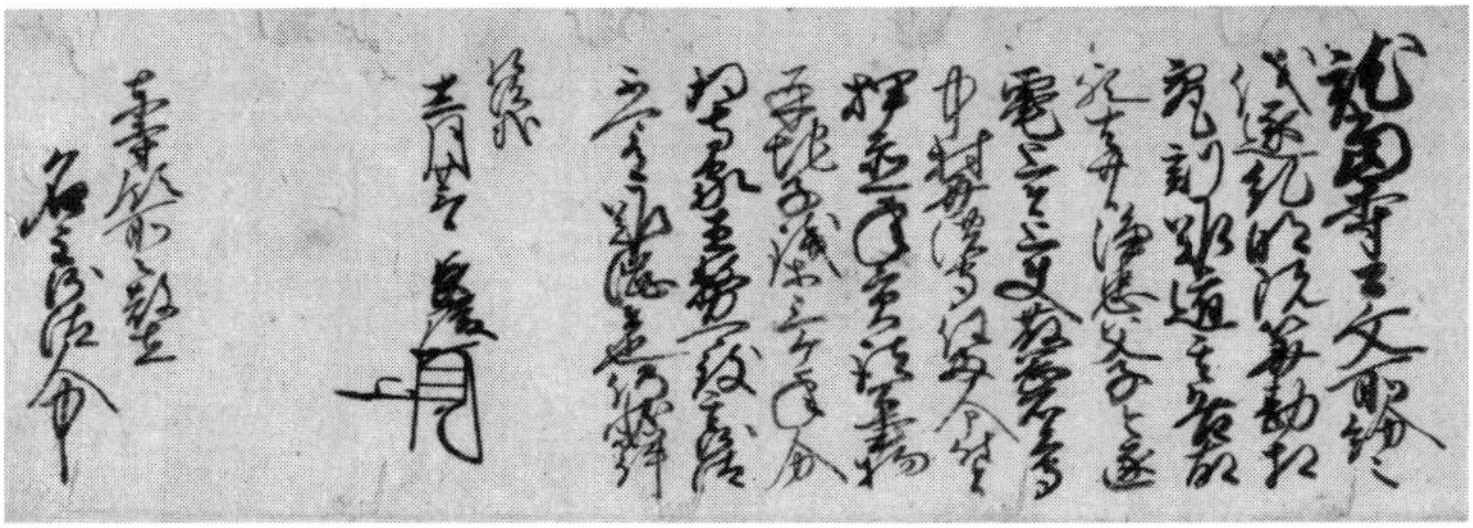

弘治２年12月23日付三好長慶折紙　「東寺百合文書」　京都府立京都学・歴彩館蔵

かで、それ以前の幕府の裁許を否定したことも指摘されている（天野：二〇一四）。これは、三好氏の法廷が幕府との法廷とは異なる権力であることを表明しようとしたためであろう。むしろ、それを期待して（幕府法廷では不利とみて）三好氏に訴えたのかもしれない。だが、長慶の裁許には「公方御判の旨に任せて」安堵する旨の裁許状も出されている（三好長慶書下「岡谷惣介氏所蔵文書」『三好』四二九ほか）。もちろん、申請者の証文が御判御教書であったことによるだろうが、長慶は将軍の裁許すべてを否定はしていない。

一方で、長慶の発給文書について、長慶は御供衆加入により、在地支配においてこれまでの書状形式から直状形式に変更したという指摘がされている（小久保：二〇二二）。また、長慶による権門への当知行安堵や違乱停止命令については「書状形式文書」で、裁許状は「判物《はんもつ》形式文書」で発給されているが、これは当時「折紙」「一行」と呼ばれ、これ以前の守護代以下の発給した文書と同じ呼び方のため、守護代文書の系譜を継ぐものであったとされる（小谷利明：二〇一九）。これは三好氏の家格の低さからくるものであったと指摘されている。つまり、長慶は実行支配者としてあったものの、本来京兆家の被官である三好氏は、家格としては守護代相当と見なされていたのである（長慶は将軍御供衆となっていたが、「御敵」となった時点でそれは解消された思しい）。長慶は将軍への反乱者という立場でありながら、実効支配者として各方面よりの期待に応えて既成事実を積み重ねることで、幕府とは異なる一権力として確立しつつあった。だが、当初義維を擁立しようとしたように、長慶自身が自ら将軍になる意識はなかったし、周囲もそれを期待した形跡はない。足利氏を頂点とする秩序はなお健在であり、そこに長慶が将軍になるという意識や発想が周囲にもあったとも思えない。かつて義晴が在京にこだわったように、将軍家と京都は不可分であった。実は、三好氏は在京して将軍のように京都領主として振る舞うことはできない、またはそのような身分ではないという意識が働いていたのかもしれない。

義藤不在時の京都で動く幕府関係者

義藤、さらに現在の実効支配者三好長慶の両者が京都を不在にしていたなかで、当時、義藤より離反した幕府の関係者の多くは京都にいた。伊勢貞孝をはじめ、三好氏によって強制的に帰洛させられた奉行衆、自らの意志で帰洛した奉公衆など、多くの将軍直臣が在京していたのである。

貞孝とその被官は在京を継続していたが、義藤が永禄元年（一五五八）に帰洛するまでの約五年間、政所が発給したと思しき奉行人奉書は残らない（『奉書』参照）。もちろん、残存しない＝発給されていないわけではないので、発給されていた可能性はあるが、あってもごく少数であったろう。

ところで、政所代蜷川親俊による『讒《ざん》（纔）拾集《じゅうしゅう》』から、当時の伊勢氏や政所の活動が確認できる。これによれば、少なくとも天文二十三年（一五五四）には政所でも各種の相論の審議が行われていることがわかる。ただし、裁許状たる奉行人奉書の発給ではなく、政所代蜷川親俊の奉書などで対応していた。前述したように、政所発給による奉行人奉書は将軍の裁許ではなく頭人の裁許により発給され、基本的には将軍は関与しないものである。つまり、義輝が近江・朽木谷にいようとも、京都にいる貞孝が独自に発給することは可能であった。本来の幕府公文書たる奉行人奉書を発給しなかったのは、従来の奉行人（政所寄人）が審議する政所沙汰が行われていなかったことや、将軍より離反するなかで、形式上とはいえ将軍の仰せをうけるこの文書形式がふさわしくないとみなされたからであろう。政所寄人の筆頭である政所執事代は諏方晴長であるが、彼は当時朽木谷の義藤に供奉していた。奉行人の分裂により、従来の政所の審議が行えなかったことも影響していたと考えられる。

また、在京していた奉行人中澤光俊の所領については三好氏が決裁していた。しかし、三好氏はろくに審議もせずに、相論相手に裁許状を発給したらしく、貞孝がそれに抗議することもあった（伊勢貞孝書状案『讒拾集』）。このことから将軍直臣を含めて、当時の相論裁定は基本的に三好氏が掌握していたことがわかる。伊勢氏や政所はあくまでも三好氏が最終的な裁許をする前段階の訴訟の受付や、三好氏への陳情を仲介する存在としてあったと思しい。

将軍不在のなかで、伊勢氏は天文二十三年に故足利義稙の三十三回忌仏事も行っている。将軍が不在となるなかで、将軍が関与しない仏事も継続させていたのである（蜷川親俊書状案）。前述のように貞孝は義藤を否定はしても、けっして将軍家そのものを否定したわけではない。将軍家の仏事を独自に行うことで、いずれ将軍家が戻るまでの間、その代行者として振る舞おうとしたのである。

次に朝廷との関係をみれば、弘治二年（一五六六）二月十二日に宮中で行われた猿楽では貞孝が警固役をつとめている（『お湯殿』同日条）。さらに注目されるのは、貞孝が将軍不在のなかで、美濃の斎藤義龍《さいとうよしたつ》の治部大輔《じぶのたいふ》任官を仲介したことである。貞孝は武家伝奏勧修寺尹豊を介して申し入れた結果、それが受け入れられた（『お湯殿』弘治四年二月二十六日条）。

本来であれば、守護・大名の任官は将軍が執奏することで行われる。当然、義藤が執奏するような案件である。もちろん、義藤が不在であるため貞孝が代行したのであるが、朝廷も将軍が不在のなか、貞孝による申し入れを拒否しなかった。すでにこの時代、大名は将軍を経ないで独自のルートで叙任することが増え始めていたが（三条家を介した大内義隆など）、将軍直臣が将軍の関与なく独自に朝廷に申請することはこれが初めてであろう。伊勢氏も朝廷や一部大名より将軍の代行者として承認されていたといえる。

さらに、幕府関係者による洛中の治安維持活動も継続していた。天文二十二年十二月に山科言継邸に入った盗人が捕らえられたが、盗人はこのとき侍所開闔である松田盛秀の邸宅に引き渡されている

（『言継』十二月二十三日条）。これは開闔をつとめる奉行人の邸宅に獄舎があったためであろう。侍所は警察活動をその職掌の一つとしていたが、当時はすでに長官である所司（頭人）は廃絶し、事務方の長である開闔が事実上の長官であった。従来は所司代宅に獄舎があったが、所司代も不在となったことで、開闔の邸宅も獄舎として使用されることとなったのである。

当時の開闔は盛秀であったが、彼は前述のように三好氏により強制的に帰洛させられていた。言継と総持院との相論の際にも指摘したが、本来開闔を使役できるのは将軍のみである。しかし帰洛後、盛秀は治安維持活動の責任者として犯罪者の収容など、その役割が継続して期待されていたのである。

義晴の時代、「将軍が在京すること＝京都の無事」と認識されていた（前書）。そのため、義晴は京都の無事を演出するために在京することにこだわった。今回は将軍より離反して京都に単独で残ったことで、貞孝とともに将軍が在京しなくても京都が無事という状況を生み出していたのである。

以上から、この時期の京都支配において幕府関係者の役割も重要であったと評価してよい。三好氏と幕府関係者による共同支配とみてもよいだろう。ただし、政所にしても侍所にしてもあくまでも将軍家の存在を前提とする幕府の官制であり、三好氏の影響下にあったとしても三好氏が編成した独自の支配機関ではない。三好氏は意図的に新たな権力となったわけではなく、幕府官制を指揮下に置き、将軍の代行者たらんとしたと見ることもできる。

京都の人々からみれば、多くの将軍直臣が在京し、政所や侍所などの幕府官制が継続して京都にあったことは、将軍は不在であっても幕府の存在（もしくは継続）を意識する要因になったとみてよい。当時の人々が、義藤が京都に戻らないことはあっても、これで幕府が滅亡するという意識を持っていたとは思えない。なぜなら、伊勢氏など在京する幕府関係者がなお活動し、一定の無事が確保されているからである。義藤とは別のところで「狭義の幕府」は生き続けていたのである。

ただし、貞孝にしても盛秀にしても、その職は義輝より離反した時点で解任されていた可能性はある。厳密には当時は「元将軍直臣」という立場であったといえる。そのため、あくまでもこれらの活動は、これまでの直臣として職務で得た経験や能力に基づいて行われたものといえる。

「義輝」への改名と泰山府君祭

義藤は、朽木谷に移った翌年の天文二十三年（一五五四）二月十二日に「義輝」に改名している（『公卿補任』、以後義輝）。この改名は、京都を逐われた義輝が心機一転を図るために行ったものと考えられる。この名の候補勘申や「輝」字採用の背景については管見上関連史料がなく不詳であるが、先例から東坊城家や五条家などの菅原氏が勘申したことは間違いないだろう。

また、義輝はこの朽木谷滞在中の弘治三年（一五五七）七月に、泰山府君祭のために都状《とじょう》（陰陽道での祭文《さいもん》）を作成している（「泰山府君祭都状案」『若杉家文書』）。これは陰陽道の祭祀に関わるものであるが、本文より「今度大地震、又度々天変地妖」があったことで祭祀を行い、次いで「怨敵遂退治、忽令消滅、住〔ママ〕本意、天下泰平、武運長久、子孫繁栄」と祈願している。特に「怨敵」退治という点は、義輝の当時の三好氏への心境や意思が垣間見られるものである。

さらにこの文書で注目されるのは、「征夷大将軍従三位左近衛権中将源朝臣義輝」と記載されている点である（自署は「義輝」のみ）。ところが、義輝は天文十五年に従四位下に叙位、翌年に参議兼左近衛権中将に任官して以来、官位ともに昇進はない（『公卿補任』）。つまり、本来であれば従四位下であり、参議の官名も記されているべきである。国立歴史民俗博物館所蔵の「広橋家旧蔵記録文書典籍類」にある永禄六年の『補略《ぶりゃく》（歴《れき》）』では、義輝の位階を従四位下のままとしている。補歴は「補任歴名」のことで、当時の公卿や地下《じげ》の任官者を列記した名簿である（湯川：二〇〇五）。すでに帰洛している段階で、武家伝奏たる広橋家が義輝の位階を間違えることは想定しづらい。義輝がこれ以前に従三位に昇叙されているのであれば、補歴でも従三位と記載されるだろう。昇叙を周囲に内密にする必要もなく、内密であったとしても帰洛後まで継続させる必要はない。特に広橋家が知らないわけはないだろう。そのため、仮に泰山府君祭を行ったことは事実としても、それを裏付ける新史料が無い限り、義輝の従三位昇進はないとみなせる。この文書の内容には一定の慎重さが求められる。

危機に陥る主従関係

義輝の離京によって多くの将軍直臣が離反し、伊勢貞孝ら一部には義輝の将軍としての器量を疑い、足利義維の擁立を容認するものもあった。そのなかで、義輝は近侍する曽我晴助《そがはるすけ》らに忠節を賞する御内書を発給した（足利義輝御内書写「古証文」『後鑑』）。かつて、義晴が朽木谷に御座を移した際にも同じように供奉した直臣に御内書で感状を与えていた。そのため、この御内書は義晴の先例を踏まえたものであろう。しかし、このような感状だけで直臣らの忠節を維持することはできなかった。

この時期、奉公衆大和孝宗《たかむね》が大舘晴光に宛てた文書がある（大和孝宗書状「伊勢崎市高野守啓氏所蔵文書」）。年未詳だが、これを検討された髙梨真行《たかなしまさゆき》氏によれば、この朽木谷滞在中（一五五三～一五五八）のものと比定されるという（髙梨：二〇一六）。孝宗の書状には、「本宮（本郷宮内少輔《くないのしょう》）」が暇《いとま》乞いをしたのち出頭しなかったことで、朽木谷にいる一部の直臣も「迷惑」として暇乞いを申請したこと、これに対して義輝はそれぞれに案文を示したうえで、再出仕の起請文を提出させたということ、義輝が暇乞いについて将軍と直臣の信頼関係の根本を疑うような起請文を求めたことについて、不快感を示したことなどが記される。このきっかけとなった本郷宮内少輔の所行について孝宗は「天下滅亡」と述べて、彼がその元凶であると認識している。文意から、ここでの「天下」とは将軍、そして将軍を頂点とする秩序とみてよいだろう。

髙梨氏は、義輝が暇乞いしようとする直臣に前例のない起請文を求めたことは、近侍する直臣が次第に乖離していくなかで、義藤が直臣を食い止めるための手段であり、それだけ両者の主従関係は危機的であったことと評価されている。これには所領を持ち、在国して経済的に自立できるものと（伊勢貞孝など）、自立した経済力がなく、将軍よりの配当などによって生計をたてる「将軍祇候型」の直臣に二分化していた。「将軍祇候型」は将軍に近侍して、将軍より諸職や配当などが安定的に供給されることを期待するものであったという（大名を担当する申次なども）。

かつて、父義晴の時代には、経済難による奉公の離反を避けるため、将軍直臣の所領の保護を行っていたが、現在の義輝にはそのような所領の保護を行う実力がなくなってしまった。直臣の生存権を握るのは三好長慶であったのである（そのため、長慶も直臣の生活費の捻出を図った）。それでも義輝に忠節を誓い供奉してきた「将軍祇候型」の直臣も経済難のなか、一人の未出頭をきっかけに崩壊の危機に陥ったのである。父義晴が恐れていたことが、義輝の時代には現実となった。「御恩と奉公」の関係が崩壊する寸前となったのである。

しかし、このような状態となったのは義輝個人の資質の問題というより、戦国時代の将軍の経済力の低下に発する直臣の経済難が一気に顕著化したものとみなしてよいだろう。それでも義輝への近侍を続け、忠節を示しているものもあったことは忘れてはならない。大舘晴光といった先代の遺臣や上野信孝、彦部晴直など反三好派であった直臣らがその代表者であろう。義輝が彼らを重用するのは、苦難のなかでも離反せず、忠節を続けている姿勢を認めていたからと考えられる。

ただ、晴光や朽木稙綱、摂津元造など先代の遺臣の場合は義輝個人への忠節や器量を認めるというよりも、義晴への忠節という側面も強かったのではないだろうか。なぜなら彼らは義晴から信任された側近として、義晴の遺言により義輝の将来を任されていたのであるから。

各地の大名と繋がる義輝

供奉する直臣が激減し、京都支配の実効性も失うなかで、義輝は将軍権力の危機を迎えていた。それでも義輝は朽木谷で完全に逼塞していたわけではなかった。朽木谷はまったく孤立していた立地でもない。地方の大名勢力もわずかながらも義輝に対して音信を継続していた。

【大友氏の場合】朽木谷にあって音信を継続した大名の代表が、豊後の大友義鎮（宗麟）である。大友氏は義輝の祖父である義澄・父の義晴の時代より将軍家との音信を継続していた。義鎮の先代義鑑の時代には、「義」「晴」の偏諱や肥後国守護職などを得ていた。大友氏は天文十九年（一五五〇）の二階崩《にかいくず》れの変とそれによる家督交替の混乱もあったため、京都との音信が一時断絶していたものの、天文二十二年より再開していた。その後、義輝の離京と朽木谷移座を承知したうえで、義輝への年始御礼や贈答（鉄炮など）を継続している（『大友』［義輝：四四〜四九］）。

さらに大友氏はこれ以前、肥前国守護職を求めて義晴時代以来の担当申次である大館晴光と、別のルートとして伊勢貞孝に義輝への取り次ぎを依頼していた。しかし、貞孝が義輝より離反してからは晴光を介して交渉した。そのうえで、義鎮は晴光の「涯分の馳走」によって義輝より天文二十三年に肥前国守護職に補任された（「大友家文書」［義輝：五〇］）。

大友氏にとっては、先代より周知の担当申次である晴光が義輝に朽木谷で近侍していたことが、今回の守護職補任がスムーズに進んだ大きな要因といえる。いうまでもなく、守護職補任は将軍の専権事項であり、三好氏や京都に残った貞孝には不可能で、守護職などの役職補任や栄典授与は他者が代行できないものであった。大友氏が義輝との音信を継続したのは、義輝への単なる忠儀というよりは、守護職補任という目的のための手段であったにせよ、将軍権力が危機となるなかでも、役職授与が将軍権力がなお維持される一つの要因であったといえよう（大友氏はさらに筑前・豊前守護職も求める）。

大友氏はその後、弘治二年（一五五六）にも義晴の七回忌仏事料として二万疋を進上して義輝との関係を続けるのと同時に（『大友』〔義輝：六五〕）、晴光を介して義輝周辺の情報を得ていた。

【伊達氏の場合】　奥羽の伊達氏も、朽木谷の義輝のもとに音信していた。先に述べたように、天文二十一年に義輝が帰洛した際、細川氏綱らが御礼のために代官の上洛を求めていた。実際に代官が上洛したかはわからないが、音信は継続していたのである。伊達氏の場合は本来伊勢氏が、義晴時代には大館氏も申次を行ってきた。それは義輝の時代にも継続されている（伊勢貞孝書状『伊達』二〇五ほか）。しかし、義輝の離京後は伊勢貞孝との関係はいったん切れ、大館晴光が単独で担当となっている。

そのなかで、天文二十四年（弘治元年）になり、伊達氏は官途と偏諱を得ている（『伊達家』〔義輝：五二〕、大館晴光副状『伊達』二〇九・二一〇）。このとき当主晴宗が左京大夫に任官し、嫡男には偏諱「輝」が与えられ「輝宗《てるむね》」と名乗っている。これらには晴光が申次として関与したが、義晴の時代以来、大館氏との繋がりがあったことで、貞孝の離反の影響を受けなかったのであろう。

また、これらの任官や偏諱は義輝が一方的に与えたものではなく、あくまでも伊達氏からの申請が前提にあったことを忘れてはならない。つまり、先の大友氏と同様に大名家側としては栄典授与を授けるのは将軍だけという認識があったことにほかならない。少なくとも、彼らはそのように認識していたのである。もちろん、三好氏より偏諱をうけるということはない。

なお、このとき晴宗は奥州探題に補任されたともされるが、奥州探題補任の御礼がなされたのは永禄二年（一五五九）以降である（黒嶋：二〇二〇、大館晴光副状『伊達』二二〇、［義輝：五六・五七］の年次比定は永禄二年修正したい）。

【大内氏宛への奉行人奉書】　弘治二年には、大名を宛所とする奉行人奉書が数通発給されている。一つは二月二十七日付けで周防の大内義長に宛てたもので、周防にある東大寺《とうだいじ》大仏殿領に関するものである。これには内藤（隆世《たかよ》か）宛の同日付同内容のものも残る（「東大寺宝庫文書」『奉書』三七八三・三七八四）。

ただ、これは義輝が直接大内氏に遣わしたわけではない。この文書の直接の受給者は東大寺（奈良市）であり、東大寺の依頼により発給されたにすぎない。つまり、この奉書を必要とし、求めたのは東大寺であった（東大寺はこの奉書を受け取ったのち、大内氏のもとに持参して交渉する）。

大名である大内氏へ命じるには将軍家の奉書でなければ効力がないと思われていたことがわかるだ

ろう（なお、大内氏は翌年滅亡）。これは大内氏と主従関係がなく、家格も相違する三好氏が代行できるものではない（大内氏は御相伴衆）。京都を押さえ、現在の畿内の最大勢力である三好氏であろうとも、大内氏にとっては三好氏を無視しないにしてもその命を受け入れる理由はない。

ここからは、将軍と各地の大名との関係を権門寺院がどのように考えていたかがわかる。京都周辺や三好氏の領内であれば、三好氏の裁許状は直接の権力として効力を持つが、外部には影響力を持たない。遠方の大名に対して交渉するには、将軍の上意が必要とみなされたのだ（もちろん、あとは大内氏との交渉次第だが）。将軍と大名との秩序はなお生きていたのである。

さらにいうならば、東大寺は奈良より朽木谷の義輝のもとに使者を派遣してこの奉書発給を申請したはずである（でなければ奉書を得られない）。大内氏の従来の申次は伊勢貞孝であったが、奉書発給において、当然貞孝の関与はない。貞孝個人が大内氏へ東大寺の意向を仲介しても将軍の上意と関係ないため、東大寺は貞孝を頼る意味がなかったのである。

【大名と近衛家】小田原の北条氏康《ほうじょううじやす》に対する弘治二年十二月二十二日付の幕府奉行人奉書では、翌三年の足利尊氏二百年忌にむけた仏事料の進納を求めている（「室町家御内書案」『奉書』三七八九）。大内氏宛ての奉書と異なり、将軍家に関する内容のため、義輝の意志により発給されたものであった。慶寿院の姉妹（近衛尚通の娘）は氏康の父・北条氏綱の後室であったため、近衛家を介して伝えられたのかもしれない。

妙安寺の近衛家の墓　神奈川県二宮町

さらに近衛稙家は、この時期に島津氏をはじめとする南九州の諸氏と音信していることが指摘される。特に稙家は当時幕府と島津貴久《しまづたかひさ》の取次役としてあり、貴久の任官や偏諱授与に尽力したことをきっかけに南九州との関わりができた。この人脈構築によって、稙家は義輝の地方政策を補佐する重要人物であると評価されている（黒嶋：二〇二〇）。

遠方の国人や大名勢力と繋がりを持つ近衛一門は、朽木谷にあって逼塞する義輝にとっては貴重な存在であったといえるだろう。

【伊勢氏と東北国人】 伊勢貞孝の離反は、義輝と大名との関係にも影響を与えたと思われる。なぜなら、前に述べたように、地方の大名と将軍をつなぐ申次でもあったからである。特に貞孝は義晴の時代より大内氏、若狭武田氏、中国地方の益田《ますだ》氏などの国人、大崎《おおさき》氏・伊達氏や結城白川《ゆうきしらかわ》氏などといった東北の大名・国人層との申次を担っていた。

貞孝が離反したということは、彼を窓口としていた地方から将軍への音信が停滞することを意味する。もちろん、大名は義輝に近い別人を申次に指名して音信することも可能であるが、朽木谷にいる義輝や未知の側近層と改めて音信を始めるのは簡単ではない（伊達氏は晴光と繋がりがあった）。

実際、天文二十四年には奥羽より奥州探題家大崎氏の被官や、稗貫義時《ひえぬきよしとき》など複数の国人が上洛してきた（『譏拾集』）。この上洛については黒嶋氏の成果（二〇二〇）に詳しいが、上洛して彼らは本来の東北地方の申次であった貞孝やその被官蜷川親俊に対して御礼を行っている。黒嶋氏は義輝の関与を指摘しているが、『御状引付』紙背のものは義晴の生存期のものである。さらに東北国人層の上洛時には義輝は朽木谷におり、貞孝は義輝とは絶交状態であるから、彼ら東北国人と貞孝と義輝の御礼についてては直接関係ないだろう。もちろん、彼らはその前後で朽木谷の義輝のもとを訪問した可能性はある。それならば、彼らは本国で将軍と畿内の動乱について報告したことであろう。

また、前述したように、貞孝は斎藤義龍の任官を朝廷に申し入れており、京都にいる利点を最大限に活かして将軍と関係なく、大名との関係を独自に構築し始めていた。しかし、先の東大寺の事例のように、権門が各地の大名と交渉するにあたっては、貞孝個人に期待できるものには限界があった。

＊

以上、伊勢氏が京都において独自に活動するなかでも、朽木谷の義輝は大名勢力との関係を継続していた。「狭義の幕府」が停止するなかで、将軍と大名（地方）との関係はなお一定程度維持された。その維持には、近衛一門、大館晴光などの申次がキーパーソンとしてあった。伊勢貞孝が離反したことで、義輝と貞孝が担当する大名家との音信はほとんど確認されなくなるが、晴光がこれまで担当してきた大名家とは音信が継続されている。晴光はこれらの音信のなか越前に下向するなど、義輝の上使としても活動していた（大館晴光書状『伊達』二一五）。彼が朽木谷で変わらず義輝に近侍したことで、晴光を介した将軍と大名との音信がこの時期も維持されたのである。音信の維持＝足利秩序の維持といってもよいかもしれない。晴光は義輝にとって対大名政策における要の一つであり、父義晴の人的遺産ともいえる存在であっただろう。

疎遠になった朝廷・公家衆との関係

義輝は離京したあとも、しばらくは朝廷と音信をしていた。しかし、三好方の妨害もあったためか、朽木谷という京都との音信に不都合のない土地にあっても音信は減少していた。

天文二十三年（一五五四）は、京都の公家衆の日記にも義輝の動向はほぼ現れない。『お湯殿』には五月五日にくす玉を贈ったこと、八月〜十月にかけて贈答が行われていることが辛うじて確認できる程度である。特に八月二十六日には朝廷より八朔の返礼が義輝に贈られたが、義輝の使者がそれを受け取りにきたというから、京都と朽木谷の往復はあったようである。義輝の改名もこのような往復のなかで行われたのであろう。だが、このような音信もこののち激減する。

高倉永家をはじめとする昵近公家衆は、ほとんど朽木谷の義輝に近侍することなく、かつて義晴が朽木谷にいた時期や、義輝の一度目の滞在と比較しても義輝と公家衆との関係は疎遠となっていた。

これまでは近侍する昵近公家衆が将軍と京都との繋がりを維持する役割も果たしていた。今回その役割をほぼ単独で担ったのが、当主近衛稙家をはじめとする近衛一門であった。

義輝の朽木谷滞在中の活動、特に京都との関係については史料からほとんどうかがえないため、不明な点が多い。朽木谷は京都との音信において立地に恵まれているものの、三好方による監視が厳しくなったためであろう。前述のように、朝廷は日常的なことに対しては三好長慶や伊勢貞孝に将軍の代行者としての役割を期待していた。三好方は義輝と朝廷との関係の断絶も意図したのではないだろうか。

さらに近衛一門が義輝を支えるなか、天文二十四年には義輝の従兄弟の関白近衛晴嗣《はれつぐ》が義晴の偏諱である「晴」の偏諱を捨てて「前嗣《さきつぐ》」に改名した（のちさらに前久《さきひさ》）。『公卿』には現職の関白の改名は「初例」とあるから、そもそも異例のことである。前嗣以外の公家衆が偏諱を捨てることはなかったため、例外ともいえるが、将軍家と近衛家との関係が今後も万全ではないことを示したものである。もちろん、前嗣の父稙家はなおも義輝と朝廷との間を取り持っており、この改名で「足利―近衛体制」がなくなったわけではない。

このほか大友義鎮は天文二十三年、当時豊後に下向していた昵近公家衆である飛鳥井雅綱の帰洛に際して義輝へ進上する鉄炮を託しているが、雅綱は帰洛後朽木谷に祗候していないことに引目を感じたのか、「所労」と称して自身で下向せず、これを子息安居院覚澄《あんきょいんかくちょう》に託して朽木谷に遣わしている（大館晴光書状写「大友家文書録」)。義輝と公家衆の関係はまったく断絶してはいないものの、かなり希薄なものとなっていたのである。

一方で、長慶は京都の実行支配者として朝廷とも急速に接近していた。公家領の保護のほか、朝廷からは出雲の鰐淵寺《がくえんじ》（島根県出雲市）と清水寺との相論や、弘治三年の後奈良天皇の仏事に関わる寺院相論の糺明の指示をうけるなど、長慶への信任も高まりつつあった。弘治二年（一五五六）には長慶に対して禁裏の四方築垣《ついがき》の修繕を申し付けられている（「厳助」十月条）。本来であれば、これらは将軍（幕府）に期待されるべきものである。しかし、義輝は京都におらず、現状では彼に期待できることはない。そこで長慶が代行したのである。朝廷としても現実的な対応であった。この状況は、義輝からみれば天皇家を支える将軍家という構図が希薄化することにつながるものであったが、どうすることもできなかった。

日野家の家督問題

弘治三年（一五五七）九月五日、後奈良天皇が崩御し、方仁《みちひと》親王が践祚《せんそ》した。正親町《おおぎまち》天皇である。この代替わりを見計らってか、三好長慶は日野家の家督に介入した。

事の発端は、日野家当主晴光が天文二十四年（一五五五）に死去したことにある（嫡子晴資はすでに死去）。いうまでもなく、日野家はもともと将軍家に近く、正室を輩出する家であり、将軍家の昵近公家衆として将軍家に奉公する家であった（歴代当主は将軍の偏諱を得ている）。前述したように、晴光の室（晴資の生母）は義輝乳母の春日局であった。日野家は当主晴光が死去して以降、断絶状態となり、その間は春日局が後家として家領を管理していた（菅原：一九九八）。しかし、当時義輝と春日局は朽木谷にあった。春日局は家領の維持のために、弘治三年には家領の安堵の奉書を幕府より受けているが（『日野家領文書写』）、ここに長慶が介入したのである。

長慶は、春日局が家領安堵の奉書を得た同年十一月になって、将軍家・近衛家と対立する九条家を介して飛鳥井雅綱の男子を新しい日野家の家督として推薦した（『お湯殿』十一月二十一日条）。むろん、家督の継承＝家領の継承である。また、雅綱は前述のようにこの時期義輝とは疎遠になっていたが、長慶が飛鳥井家の子を擁立した背景はわからない。

義輝と対立している時期であることから判断すれば、後家である春日局に家督について相談があった可能性はないだろう。これに対して朝廷は返事を保留した。義輝に極めて近い日野家の家督について、さすがに義輝を無視して進めることに躊躇したのであろう。この家督問題の解決については、義輝の帰洛まで持ち越された（後述）。

長慶が日野家の家督に介入したのは、義輝が京都の公家衆と疎遠になるなかで、自身の公家衆への影響力の拡大を目指したものとみてよいだろう。長慶の岳父遊佐長教の母は日野内光の娘とされ（『天文』天文十三年八月二十五日条）、日野家ともまったく関わりがないわけではなかったから、洛中や山城国内に散在する日野家領の代官職などを競望したかったのかもしれない。長慶による介入はこの一例だけだが、天皇がこれを即断しなかったことで頓挫した。将軍でもない、本来守護被官身分の長慶の限界でもあった。

前述のように、将軍が離京するなかで朝廷は三好氏と伊勢氏に諸事を期待することが多くなり、数年京都を離れた義輝に対して、これまでの将軍と異なる対応をすることになるが、それでも長慶の申し入れをむやみに受け入れることはなかったのである。

当時の軍事情勢

公武間交渉がうまく機能しないなかでも、前述のように義輝と大名勢力との関係はまだ継続していたことはみてきた。だが、地方の大名が義輝を将軍として認め、栄典授与を受けていたとしても、これだけで義輝が帰洛できるわけでない。義輝が必要とするのは軍事的に支援してくれる大名であった。

そもそも二千から三千ほどである当時の将軍家直属の軍事力では、単独で大名勢力と交戦するには限界がある。しかも、朽木谷滞在当時は直臣が激減したことで、兵力は多く見積もっても数百人程度であろう。相手が数万人規模の動員が可能な三好氏であれば勝負にならない。

本来、室町幕府の軍事力は直属軍だけでなく在京大名の軍勢も含めたものであり、それらが幕府軍として有事に対応したのである。父義晴の時代には幕府の主力であった六角氏は当時近江にありながら京都の朝廷や寺社との関係は維持しつつ、さらに伊勢への軍事侵攻を行っている（村井：二〇一九）。しかし、義輝のための軍事支援は確認できない。そのため、義輝方の軍事力はほとんど細川晴元勢（牢人衆）であった。かつて幕府とも音信を継続し、義晴の時代には軍事支援も行うことがあった若狭武田氏や越前朝倉氏、播磨赤松氏など畿内近国の大名が義輝のための軍事支援を行おうとしていた形跡はみられない。特に赤松氏は守護補任問題もあり、義輝のために軍事支援をすることはないだろう。

当時の晴元方には讃岐出身の香西元成や三好政長の子三好政勝《まさかつ》、丹波の波多野元秀《もとひで》らの武将が属していたが、その勢力圏はほぼ丹波に限定される。一方の三好方は山城・摂津・河内・丹波・和泉、本国の阿波などの広範囲に支持勢力を持ち、晴元勢の支持勢力を圧倒していた。

実際の軍事情勢をみてみると、義輝が大敗した翌月の天文二十二年（一五五三）九月に松永久秀率いる三好勢が丹波の晴元方である波多野元秀の籠もる数掛山城《かずかけやまじょう》（京都府亀岡市）を攻めるが、これは晴元方の香西元成らの援軍もあり失敗した（『言継』九月四日条、十九日条ほか）。この戦闘で八木城主内藤国貞が討ち死にしたが、その跡は松永久秀の弟長頼《ながより》（内藤宗勝《そうしょう》）が継承した。しかし、翌年四月と六月には長慶が丹波に出陣し、政勝の城を落としている（「両家記」「季世記」）。

同年には長慶は播磨方面へも侵攻し、阿波よりの三好実休率いる軍勢のほか、守護家の赤松晴政の支援もうけて晴元方の明石氏の明石城《あかし》（兵庫県明石市）を攻めている。明石城は翌天文二十四年に落城し、同年にはさらに別所就治《べっしょなりはる》の籠もる三木城《みきじょう》（兵庫県三木市）を落としている（「両家」「季世記」）。赤松氏が三好方を支援したのは、先年の守護職問題も一因だったろう。義輝は自らの以前の短慮によって敵を増やしたのである。ここに三好氏と赤松氏との連携がなされた。これは晴元勢の残る丹波への圧力ともなる。

しかし、三好勢の丹波への侵攻については一進一退の状況が続いた。同年の九月には再び八上城《やかみじょう》（兵庫県丹波篠山市）を三好長逸《ながやす》らが攻めるが、政勝ら晴元勢の援軍もあり失敗した。弘治三年になって八上城の南東の龍蔵寺城《りゅうぞうじじょう》（同丹波篠山市）を落としたという（「両家記」「季世記」）。

近江にいる義輝が帰洛するには、なお軍勢的に圧倒する三好勢に対抗できるだけの軍事的な支援者が必要であったのである。

朝倉氏と本願寺との和睦調停

丹波での攻防が一進一退となるなか、弘治二年（一五五六）、義輝はさらなる支援者を期待して越前の朝倉氏と本願寺との和睦調停を行った。

国境を接する越前の朝倉氏と加賀の事実上の国主である本願寺（一向一揆）との対立は今にはじまったことではないが、今回のいざこざは、天文二十四年（一五五五）に朝倉氏が加賀国に侵攻したことに始まった。同年七月・八月と加賀の江沼郡《えぬまごおり》（石川県加賀市）で大規模な合戦があったが、そもそも朝倉方の侵攻は越後の長尾景虎と連動したものとされる。これは、加賀の超勝寺実顕《ちょうしょうじじっけん》の弟勝祐《しょうゆう》が、甲斐の武田晴信《たけだはるのぶ》と結んだことで、武田氏と交戦中の景虎がそれに対抗するため朝倉方と結んだものという（神田：二〇二〇）。本願寺自体は勝祐の行動は知らなかったらしい。

この時期、義輝は本願寺と音信を継続していたのかは不明であるが、朝倉氏とは大館晴光を介して音信を継続していた。特に天文二十三年には、おそらく義輝の日常の食事のための「御賄方」について春日局より朝倉義景に対して文が出されている（大館晴光書状案『類聚文書抄』）。朽木谷に近い朝倉氏に経済的な支援を求めていたのであろう。本願寺もこの前年の天文二十三年に証如が亡くなり、顕《けん》如《にょ》が法主を継いだばかりであった。

そのなかで弘治二年、再び加賀に侵攻しようとする朝倉氏に対して義輝は和睦調停を進めたのである。交渉は、朝倉氏担当申次の晴光とその内衆富森信盛らを介して行われた。しかし、朝倉方は信盛に対して、たとえ晴光が越前へ下向して説得しても出兵は延引できないと伝えており（「岸吉基書状写『古簡雑纂』」）、この調停には応じない姿勢を示している。

義輝はそのなかで義景に対して、本願寺のほうでも停戦に応じなければ「義景の心中に任せる」といい、停戦は「天下のため」であるとの御内書を発給している（「金沢市立図書館所蔵文書　北国鎮定書札類」［義輝：六二］）。「天下」とは、当時は広義では列島全体、狭義では畿内、特に京都やその周辺を指して使われるが、文脈からみてここでは、単に列島や畿内近国を指すのではなく、義輝（または義輝を頂点とする秩序体制）を指すものと理解すべきであろう。さらに「義堅〔賢〕申すべき候」とあることから、六角義賢もこの和睦調停に関与していた（本来の中次三淵晴員も関与か）。

この和睦は成立し、同年四月に朝倉方が開陣した。これについて朝倉氏、本願寺ともに「将軍を頂点とする幕府体制の一員として将軍の権威の影響も免れていない」と評価されている（神田：二〇二〇）。その後、義輝と義賢の使者が和議のため本願寺に下向した（弘治二年『私心記』六月五日条）。

また、この和睦調停の影響はそれだけではない。弘治三年には晴元の養女（実父は三条公頼《さんじょうきんより》）が義賢の猶子として本願寺の顕如に嫁いだ（「厳助」四月十七日条）。このような複雑な形での婚姻は義賢・晴元の両名が本願寺と縁戚となるための処置であった（晴元の正室は公頼の娘でもある）。つまり、これにより晴元と大坂の本願寺、近江の六角氏が連携することが可能になったのである。

『英名百雄伝』に描かれた六角義賢　当社蔵

これまで畿内で中立であった本願寺が晴元・義賢（そして義輝）と結んだことは、三好長慶にとって心理的な圧迫となったことは想定に難くない。場合によっては背後より攻められる可能性も生じたのである。三好氏と連携する赤松氏や畠山氏への牽制にもなる。本願寺は、先代の証如の代には両者の対立に中立的であったが、代替りがなされたことで方針転換を行ったと

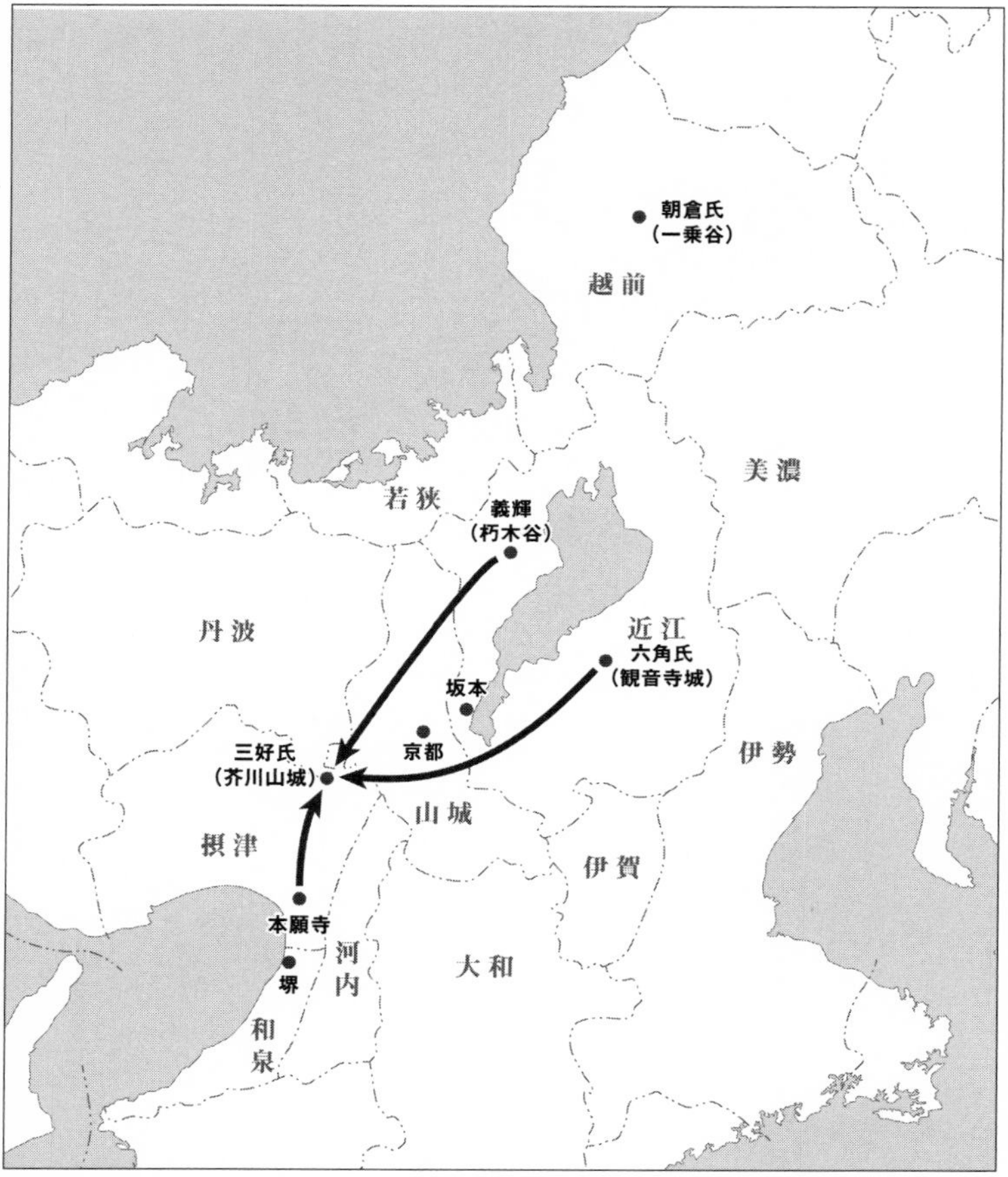

図１　三好氏への想定包囲

いえる。これは朝倉氏との和睦調停を行った義輝方への義理であったのかもしれない。こうして義輝は「三好包囲網」（山田：二〇一九）と呼べるものを形成させたのである。

義輝離京期間の「幕府」

さて、天文二十二年（一五五三）八月の離京以降、義輝とその周囲の権力をはたして「室町幕府」と呼べるだろうか。第Ⅰ部を終えるに際して、少し考えてみたい。

前書でも述べたが、「幕府」「室町幕府」自体は当時使われていた歴史用語ではなく、学術用語である。近年では「幕府」概念そのものの見直しも提言されているが（東島：二〇一九）、将軍を頂点とする武家政権を一般的に「幕府」と呼んでいる（本書でも）。これまでの義輝の離京期間をみれば、少なくとも行政・司法が停止したこともあり、狭義の意味では「幕府」と呼ぶことはできない。一方、前述のように大名との関係においては将軍を頂点とする秩序は一定度は維持されていた。

かつて父義晴が朽木谷にいた時代、大名との関係のみならず、公武関係や京都支配においてもなお一定の影響力を持っていたことと比較すれば、今回の義輝の影響力は限定的であったといえる。広義と狭義の両方をもって完全な「幕府」とするならば、かつての義晴離京のときはまだ完全な「幕府」を一応は保っていたが、今回の義輝とその周辺は「幕府」と呼ぶことはできないだろう。その意味ではその不完全さから、一種の亡命政権と呼んでよいかもしれない（不完全な幕府）。

足利義昭が滞在した鞆の浦　広島県福山市

また、将軍が存在するからといって、その権力をすなわち「幕府」と呼べるわけではない。最後の将軍足利義昭が京都を没落したのち、毛利氏の領内である備後国鞆の浦（広島県福山市）に移座したが、義昭は同地でもまだ将軍職にあった。しかし、義昭は現地で「狭義の幕府」を開いたわけではない。特に大名との関係はある程度は維持されていたが、朝廷との関係は断絶し、行政・司法の面でも「狭義の幕府」はすでに停止していた。さらに、義昭は当時の天下たる京都への帰還を訴え続けたように、将軍の所在地は京都であり、京都の支配権含め、そうでなければ「幕府」ではないと認識していた（拙著：二〇一四）。

将軍（または「室町殿」）を頂点とする完全な意味での幕府の条件は、議論の余地はあるだろうが、①将軍が京都（天下）にいること（一時的な離京は除く）、②京都やその近郊などの支配を行う行政・司法組織であること（「狭義」）、③守護・大名との主従（儀礼秩序・栄典授与・国役賦課など）関係があること（足利氏の秩序）、④将軍がほかの武士と差別化されていること、といってよいだろう。ほかの武士との差別化の一つが朝廷との関係である。将軍家（「室町殿」）は御所の清涼殿への殿上が許される公家（堂上公家）であり、南北朝以来、天皇家を支える存在としてあった。昇殿や官位の執奏などによって、ほかの武家との差別化がされていたのである（石原：二〇一七ほか）。

義輝の場合、①②を失い、④も揺るぎ、③も大名勢力との関係のみがかろうじて維持されていた状態であった（鞆時代の義昭は③のみ）。しかし、長慶が義輝と直臣との乖離政策を行った結果、伊勢貞孝ら幕府関係者が在京して京都の支配に関与し続けた。これは皮肉なことに京都の人々や権門らに、将軍不在ながら「狭義の幕府」をなお意識させることとなった。後に織田信長は足利義昭追放後の京都支配に旧幕府関係者を登用しなかったが（拙著：二〇一四）、それは新しい権力を確立するために将軍・幕府の影を京都より排除させたかったためと考えられる。この点に長慶と信長との違いがみてとれる。少なくとも三好氏は、京都において幕府の影を払うことはしなかった（むしろ利用している）。そして、在京して新しい武家の秩序を構築したわけでもなかった。

ただ、「狭義の幕府」があればよいわけではない。天下・中央とはいえ、京都やその近郊を掌握するだけなら、限定された地域の一権力でしかない。一地域権力と中央の武家政権としての「幕府」を差別化するには、①③④が必要である。かつての足利義維を首長とする堺政権では②はあったが、①と③④が欠けていた（②も義晴は一定程度維持）。①②③④のいずれか一つでも欠けていれば「幕府」とは呼べない。そのため、離京期の義輝とその周辺を「将軍家」と呼ぶことはできても「幕府」と呼ぶことはむずかしい。室町幕府の完全な滅亡は①②③④のすべてを消失したときといえる。

なお、「室町幕府」以外にも「放生津幕府」・「堺幕府」・「鞆幕府」などと呼ばれる権力があるが、同じ「幕府」でもそれぞれ内情は異なる。「放生津」は前将軍義稙を首長とし、「堺」の首長は将軍候補者義維、「鞆」は現職将軍義昭である。「放生津」には①②が欠け、④は公家衆との交流のみ一部継続した。「堺」は前述の通り②のみで、それも絶対でない。「鞆」も前述のように③のみである。そもそも、将軍を首長とする武家政権を「幕府」と呼ぶことにこだわる必要もないが、基本的には「幕府」と呼ぶのは①～④の条件を満たすものに対して使用すべきで、便宜的な名称とはいえ、誤解を招くような「幕府」呼称は避けるべきだろう。

第Ⅱ部　義輝の帰洛と永禄の変

足利義輝画像　京都市立芸術大学芸術資料館蔵

第一章　三好方との和睦、念願の帰洛

帰洛にむけて三好勢と交戦

弘治二年（一五五六）、朝倉義景と本願寺との和平調停を成功させたあと、永禄元年（一五五八）に義輝は側近の大館晴忠と進士晴舎を派遣して、出雲の尼子晴久に対しても上洛要請をしている（「佐々木文書」［義輝：七四］）。側近の派遣は効力があったらしく、晴久は受諾の返答をしたらしい（実際は上洛せず）。さらに、弘治三年ころには越後の長尾氏と甲斐の武田氏との和睦調停も同時に行った（『上杉』一一二二［義輝：七五］ほか）。先に述べた朝倉氏と本願寺との対立は、長尾・武田氏の抗争に連動したものであった。朝倉・本願寺の和睦を継続させるために、そもそもの対立要因を解決しなければならなかったのである。さらに武田晴信の室は三条公頼の娘であり、細川晴元室や顕如室の姉妹であったことも影響しよう。本願寺側はこのような調停により、将軍の価値を確認したともいわれる（山田：二〇一九）。

三好氏に心理的な圧迫を加えながら、永禄元年三月十三日、義輝は細川晴元に供奉されて、数年にわたって御座していた朽木を離れ、若狭街道を南下して下龍花（大津市）に御座を移した（『言継』三月十五日条）。実はこの情報は、幕府の奉行人中澤光俊が山科言継に伝えたものであった。彼は前述の通り、三好氏によって義輝から離反し帰洛していた。そのような光俊も義輝方の情報を入手していたことから、在京中の直臣も義輝方との音信が影ながら継続していたと思しい（直臣同士のネットワークが存在か）。

義輝はさらに、五月三日になって坂本に移座した（「惟房」同日条）。七日には正親町天皇の代替わりの御礼を行っている。義輝は坂本で上洛戦の準備を進めていたが、その情報はすでに京都中に広まっており、「六月四日に入洛する」という情報まで伝わっている。それぞれの陣営による情報戦もはじまっていたのだろう。それに対して京都の人々は、戦乱を恐れて避難しようとしたらしい。その前日には、三好勢は勝軍山城（北白川城）の防備を固めている。十二日には松永久秀が義輝の上洛戦にともなう戦乱を危惧する朝廷に対して、京都の警固について別義がない旨を申し入れている（同記十二日条）。京都を守るのは将軍ではなく、三好勢なのだというアピールであろう。

六月四日になり、噂通り義輝は晴元の軍勢（五千人ほどという）とともに如意嶽に進み、それに対して三好方は勝軍山城より兵を進め、鹿谷《ししがたに》にて「野伏《のぶせり》（＝小規模な戦闘）」があった。この後も小規模な戦闘が続いたが、そこでは鉄砲も活用していたようで、双方に死者が出ている。このときの合戦には上野信孝父子や大館輝氏《てるうじ》（晴光の子）をはじめ、「御部屋衆、番方、奉行衆已下、甲賀衆、右京兆人数」が参戦した。そして、七日になって三好勢は城を自焼して退去している。九日には「不慮」に両軍が衝突した。ここでは、直臣の山名中務少輔《なかつかさのしょう》・松任利運《まつとうとしもち》・本郷新九郎・久世《くぜ》兵部少輔《ひょうぶのしょう》、さら

大文字山（如意ヶ嶽城）より京都を望む

にこれまで大館晴光のもとで大名交渉の実務を行ってきた内衆富森信盛らが討ち死にしたという（大館晴光書状写『大友家文書録』）。甲賀衆などを含めて全体で七十余人が討ち死にし、これに対して三好勢は二十人ほどが討ち死にしたほか、五、六十人ほどが負傷したという。両軍ともに決定的な勝敗を付けることはできなかった。そのためか、早くも十二日には六角義賢（このころ出家して「承禎《じょうてい》」）が両軍の和睦を進めることとなった（以上『言継』）。

義賢は「猛勢」を義輝の御供に付けたものの（「両家記」）、この合戦においても直接参戦していない。今回の合戦は、義輝率いる将軍直属軍と晴元勢が中心であったが、これは義賢は三好方との和睦交渉をすでに進めていたためとみられている。義賢が直接参戦しなかったことで、義賢は義輝方と三好方との仲裁者として振る舞うことができた（村井：二〇一九）。

この義輝の上洛戦において、興味深い指摘がある。三好勢と交戦する義輝・晴元勢を京都では「敵」と理解していたというのである（『言継』閏六月二十六日条ほか）。三好氏は京都を守護する勢力として京都の人々に認知され始めていたためという（水野：二〇一〇）。長く京都を離れていた義輝は、京都の治安を乱す存在と見なされたのである。前述のように、将軍が京都を不在にするなかで、義輝より離反し三好氏の影響下にあった幕府関係者が京都支配を担っていたことにより京都の無事が維持されていたことで、再び戦乱に巻き込まれることへの不安があったのであろう。

義輝の執奏によらない「永禄」改元

正親町天皇が践祚した翌年の弘治四年（一五五八）の二月二十八日、「永禄」に改元した。この改元は、当時の義輝と朝廷との関係を象徴する出来事とされる。なぜなら、この改元は義輝が執奏して行われたものでなかったからである。

これ以前に「弘治」の改元もあったが、弘治は「兵革《へいかく》」によって改元したという（『崇恩院内府記』）。そのため、「弘治」の文字を難陳《なんちん》（善し悪しの審議）する際に、「弘」の字が「弓」に通じることが問題となった。現在「天下が久しく兵乱」していることから、公家衆のなかでは弘の字が憚りがあるとの意見もあったのだ（『改元記』）。この改元も義輝が執奏した事実は確認されない。執奏する以上、費用負担が必要だが、当時の義輝に改元費用を用意できる余裕があったとは思えない。ただ、室町・戦国期の改元のすべてを将軍が執奏したわけではないことは忘れてはならない。

「永禄」改元の経緯や実態については、さらに不明な点が多い。通常であれば、将軍が執奏するものであるが、これは義輝が申し入れたものではないので、三好氏の申し入れと費用負担によって改元が行われたと認識されることもある（天野：二〇一五、二〇一七）。かつて大永の改元の際は、細川高国

正親町天皇画像　京都市東山区・泉涌寺

が幼少の義晴に代わって改元を申沙汰している。しかし、三好氏が今回の改元にどの程度関わっていたのかは明確ではない。五月九日に長慶に対して、改元について何かしらの返状が送られたことが知られるのみである（「惟房」五月九日条）。

これより後、織田信長が足利義昭を追放したのち、改元を申し入れて「元亀」から「天正」に改元された。この前提には、義昭がそもそも改元をしようとしなかったことがあるものの、朝廷が信長を将軍に代わる新たな武家権力として承認したものと認められる。永禄改元が三好氏による申し入れであれば、当然、長慶を義輝に代わる新たな武家権力として承認したこととなる。だが、三好氏が申し入れした事実は確認できないため、三好氏の関与については慎重になる必要がある（山田：二〇一八）。近衛前嗣が関白として改元に関与していた点に注目すれば、改元自体は前嗣とその父稙家を介して義輝にも伝達されていたであろう。

この改元は天皇の代始めの改元であり、通常、践祚の翌年に代始めの改元が行われることから、新天皇の践祚があった翌年に代始めの改元があることについては、稙家ら近衛一門が近侍するなかで、義輝が知らなかったわけがない。後奈良天皇の崩御についても義輝がどの時点で把握したのかは不明であるが、朽木谷という立地から、多少の時差はあっても知らないということはないだろう。

この年に改元を行うことは既定路線であった。将軍としての正統性を世間にアピールするためには改元執奏は絶好の機会であったはずである。かつて父義晴は、敵対する堺政権の「公方」である足利義維への対抗もあって、京都を離れていながらも二度にわたって改元執奏を行い、結果「享禄」「天文」と実際に改元された。これにより、自身が武家政権の首長であり、朝廷を支える存在であることを世間にアピールすることができた。

この改元にあたって、義輝に代わって三好氏が費用を調達した可能性も指摘されているが（天野：二〇一四ほか）、実態はわからない。ただ当時、直接費用負担を行い得る武家は三好氏か伊勢氏しかいない。伊勢貞孝は改元の際に禁裏の警固役をつとめており、経済的負担は不明だが関係していることは事実である。だが、これも将軍の代行者としての役割だろう。

新元号を使用できない義輝

「永禄」に改元した後の五月七日、義輝は坂本より天皇に初めて代替わりの御礼を行った。このとき義輝は上洛戦を進めている最中であり、五月二日の段階で朝廷は義輝の上洛は「治定」との認識を示していた。義輝はこの御礼を武家伝奏広橋国光を通して申し入れ、さらに義輝の御内書は近衛稙家より進上された（「惟房」五月七日条）。この際、糸巻きの太刀と馬代五百疋が進上されたが、この無銘の太刀進上と千疋未満の馬代は「前代未聞」とされた。これについて万里小路《までのこうじ》惟房は、「御牢人のためであろうか」と述べている。やはり、京都を離れた将軍は「牢人」なのだ（前書）。義輝の経済難で御礼が遅れ、規定未満のものを贈った第一の要因だろう。このような経済難は、義輝が費用負担が必要である改元執奏を行わなかったこととの理由とも考えられる。

天皇は同十三日になって、義輝の御礼に対する返事について命じている（同記五月十三日条）。六日も間が空いたのは、義輝への対応について、朝廷内でさまざまな意見があったことがうかがえるが、このとき、義輝への返事に天皇の女御新大典侍《にょうごしんおおすけ》の実父である万里小路秀房《ひでふさ》の副状が国光より所望されている。

問題はその後に起こった。義輝は「永禄」の年号を「御案内」がないので「用いられず」との旨を、側近三淵藤英を介して朝廷に通達したのである（「惟房」五月二十六日条）。これを聞いた惟房（秀房の子）は、国光の連絡不備を非難している。義輝への返事が十三日に決まり、秀房が副状を用意したものの、その後、十数日も義輝へ返事が伝えられなかったのだ。

永禄の改元問題は、当時の義輝と朝廷との関係をめぐってこれまでも注目されてきた。そこで本書でも、この問題について改めてみていく。なお、二月の改元直後に義輝に対して改元が伝達されていなかったことについては、義輝がその時点でまだ天皇へ代替わりの御礼をしていなかったため、朝廷

①	正親町天皇践祚（弘治3年9月5日）
②	義輝より執奏がない（できない）
③	朝廷が代始めの改元を独自に行う（永禄元年2月28日）
④	義輝より代替り御礼がない ※朝廷は改元を公式に連絡できない
⑤	義輝による代替り御礼（5月7日） ※4月13日付御内書
⑥	朝廷は武家伝奏を介して返事（5月13日） ※義輝は朝廷よりの返事待ち
⑦	いまだ武家伝奏より返事が届かない、元号に関する伝達がない ※幕府は新年号が使用できない
⑧	義輝、朝廷に抗議（5月26日）
⑨	禁裏より御太刀を義輝へ。次いでに改元についても申し渡す
⑩	いまだ「弘治」を使う（6月21日）
⑪	いまだ武家伝奏よりの伝達なし（閏6月16日） これ以前に禁裏より音信として義輝へ五種五荷を贈る
⑫	弘治4年閏6月20日付幕府奉行人奉書写（『日野家領文書写』）
⑬	義輝、八朔を進上（8月2日） ※この時までに改元伝達あるか
⑭	永禄元年9月24日付幕府奉行人連署奉書（「大通寺文書」）

表1　「永禄」改元をめぐる経過の整理（「惟房公記」より）

としてもいまだ代替わり御礼のない義輝に対して、代始めの改元を伝達できなかったものと考えられる。その後、さらに一ヶ月近くたっても、代替わりの御礼を行ったことへの返信がないことと、改元の連絡がいまだないため、現在「弘治」を使用しているとして、義輝は「御無興」であったという（同六月二十一日条）。惟房は朝廷より、その「御返事」があったはずなのに、義輝にそれが届いていないことを「不審千端」として、特に伝達役である武家伝奏の広橋国光を非難している。

ここで注目されるのは、義輝は自身の執奏でない改元自体を否定しているのでなく、あくまで「御案内」（改元の伝達）が来ていないことを問題としているのである。前述のように、改元は将軍の執奏のみで行われるわけではない。朝廷が独自に改元を行うこと自体は問題はないのである。それでも年号の選定などでは、これまで公家としての室町殿として関与してきたが（久水：二〇一二）、今回は一切義輝のあずかり知らぬ改元であった。

そもそもこれまで、元号を「用いられず（不被用）」ということについて、義輝が自身の関与しない年号の使用を拒否したという解釈がされてきた。しかし、六月の話では義輝方は「いまだ連絡がないので弘治を現在使っている」と述べている。「用いられず」というのは拒否したのではなく、利用したくても利用することができないと解釈すべきであろう。義輝は自らが関与しなかった新元号を拒否したのではない。

つまり、義輝は内々に改元を認知しても、公式な伝達である武家伝奏を介した伝達でなければ承認できなかったのである。通常、改元ののち武家伝奏を介して改元が幕府に公式に伝達され、次いで幕府内で吉書始を行ってから新しい元号を使用することとなる（改元の日と幕府の新元号使用日は普通は重ならない）。本来であれば、改元した時点か、遅くとも義輝が御礼をした時点で武家伝奏より改元が伝えられるものであり、義輝はそれを待っていたに違いない。

この一連の新年号での問題は、武家伝奏が改元を義輝に伝えなかったことで、義輝が新年号を使用できなかったという点であり、改元に関与しなかったことを義輝が問題としたのではなかった。義輝は改元伝達がなかったことで、「永禄」年号の使用を拒否したのではなく、「弘治」をそのまま使わざるをえなかったのである。新しい年号がいつまでも使えないことで、義輝は「御無興」だったのだ。勝手に改元された状況にあせった義輝が急遽上洛戦を開始したという意見もあるが、朝廷が独自に改元したことを義輝は否定したわけではない。だが、将軍が新年号を使用できないなか、三好氏などほかの武家が新元号を使用する状況が、将軍権威の危機であることに変わりはないが。

改元を伝えなかった広橋国光の責任

五月以降の義輝と朝廷とのやり取りを見る限り、少なくとも朝廷側に怠慢はなく、義輝の音信に対応していた。そのため、この一件の責任は改元を伝達すべき武家伝奏の広橋国光にあったとみてよい。当時は広橋家と勧修寺家の両家が武家伝奏をつとめていたが、義輝による代替わり御礼は国光が担当したが、もう一人の勧修寺尹豊はこの一件には関与しなかったようだ。

この問題について、武家伝奏の不備ではなく、改元の伝達については、朝廷側が義輝を武家の代表として見限ったことで、意図的に伝達しなかったとの評価もある（天野：二〇一四・二〇二〇）。しかし、朝廷は前述のように御礼の返信をしていた。さらに当時、義輝は上洛にむけた準備を進め、三月には坂本まで来ており、朝廷（天皇）があえて京都に近づく義輝を無視する理由もない。この問題（責任）は、やはり武家伝奏にあると考えるべきだろう。

義輝勢と三好勢との軍事的緊張状況にあるとしても、京都と坂本との往来にそこまで不便があったとは思われない。実は、国光の妹は松永久秀の後室であり、久秀を通じて三好方と繋がりがあった（神田：二〇一七）。本来であれば、国光が義輝に改元の伝達を行わなければならなかったが、彼はその任務を果たさなかった。そこに三好氏の関与を認めることはむずかしくないだろう。朝廷が意図的に伝えなかったのではなく、やはり国光（もしくは三好氏方）の問題と考えたい。もちろん、義輝の御礼以後、京都周辺では義輝勢と三好勢との交戦が続いていた。このような軍事情勢のなかで国光が自身の危険、さらに三好・松永氏との関係にも考慮して、坂本の義輝のもとに下向することを躊躇した可能性もあるだろう。朝廷は義輝を意図的に無視していたわけではないが、三好方の妨害か、武家伝奏の怠慢かにかかわらず、いつまでも新年号が使えない状況が、将軍権威を傷つけるものであることには変わりない。

閏六月十六日時点でも、義輝側に国光より伝達はなかったようである。天皇に近い万里小路惟房は三淵藤英に対して、朝廷より御返事があったことに相違なく、いまだ義輝に伝えられていないことに驚くとともに、年号については国光が伝える旨を返信している（「惟房」同日条）。義輝が「弘治」を使用した文書の終見は閏六月二十日付幕府奉行人奉書写（「日野家領文書写」『奉書』三七九七）で、

「永禄」を使用した初見の文書は永禄元年九月二十四日付幕府奉行人連署奉書（「大通寺文書」『奉書』三七九八）である。八月十四日には吉田兼右を介して朝廷に初鮭を進上しているから（『お湯殿』同日条）、この時点までに義輝に対して国光より新年号が伝えられた可能性もあるが、実際にいつ伝達されたのかは不明である。

約五年ぶりの帰洛

義輝は公武間に不備があるなかで、かつて三好勢が使用していた勝軍山城を拠点に和睦交渉を見守っていた（小規模な交戦は継続）。和睦の条件の一つは、義輝のいる勝軍山城の破却であったらしい。それについて、三好長慶は七月九日に義輝がそれを受け入れたことを感謝する旨を大館晴光に伝えている（三好長慶書状写「古簡雑纂」『三好』五三二）。長慶の和睦条件を「内々に取り合って」義輝に伝えたのは晴光であった。長慶にとって、幕府重臣で本来長慶との対立を望んでいなかった晴光は、義輝への伝達を依頼するのに適任であったのだろう。晴光は申次として義輝の包囲網に貢献すると同時に、三好氏との和睦にも柔軟に対応したのである。

その後九月には、和睦交渉がある程度進展していたことがうかがえる。北条氏康宛ての御内書には、「長慶が懇望した」ので細川晴元と六角義賢とで和睦交渉を進めているとある（「尊経閣文庫所蔵文書」『北条』四四三〇）。長慶が城の破却を条件としているように、一方的に懇望したわけではないだろう。

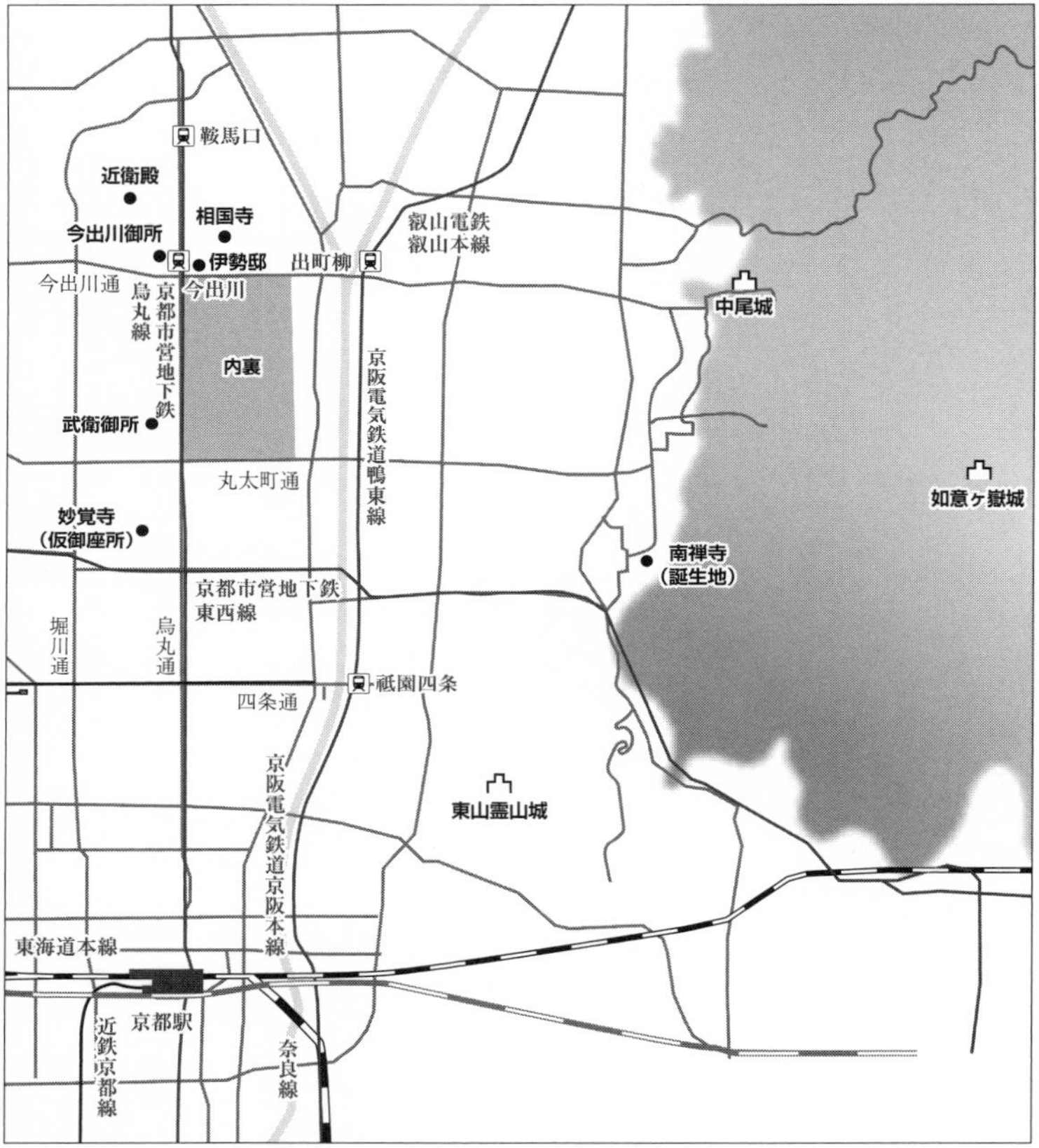

図２　京都における義輝の関係場所

あくまでもそのような体裁として義輝は振る舞ったのである。

十一月二十七日、ともに決定打がないなかで和睦が成立し、約五年ぶりに義輝が帰洛した。かつての義晴時代の六角定頼のような存在感を示すことはなかった義賢であるが、和睦成立によって将軍家の庇護者たる六角氏の面目は保たれたといえるだろう。

天皇の支持を得た三

好氏に対して、義輝が不利な形で和睦を結んだという指摘もある（天野：二〇一六）。しかし、義賢と長慶が進めたこの和睦のそもそもの条件の詳細については知られていない。前述のように、勝軍山城の破却と細川晴元との断交、長慶の赦免はその条件に含まれていたことは確実だろうが、それが義輝の不利であるかは判断することはできない。また、長慶が結果的に将軍候補を擁立しなかったことも和睦の成立に影響しただろう。実態はともかく、表面上は義輝以外の将軍を長慶は認めてこなかったことになるからである。

この和睦によって、長慶側にも得るものがあったという。一つは、それまで晴元方であった三好政勝が長慶に服属した点である。政勝は政長の後継者であり、これまで畿内の対立基軸であった長慶対政長の構図がこれで解消された。二つ目が、長慶が外交政策に将軍を利用することができるようになったことという（天野：二〇一四）。義輝方との際限の無い抗争より解放されたことで、大きな政治的利益になったとされるのと同時に、三好方が義輝と結ぶことで得る利益を優先させたとも評価される（山田：二〇一八）。どちらにせよ、義輝の帰洛は義輝個人の実力によって勝ち得たものではなく、それぞれの勢力の思惑によって打算的に成し得たものであったといえるだろう。

「天下おさまりてめでたしめでたし」

義輝は帰洛後、まず相国寺に渡御した。義輝の御供には大館晴光・大館晴忠・上野信孝、ほかに走

義輝花押⑤

衆が随った。さらに三好方からは細川氏綱・藤賢兄弟、三好長慶、伊勢貞孝・貞良《さだよし》父子も同道し、彼らは太刀を進上したほか、離反していた奉公衆や公家衆の参礼もあった（『雑々聞撿書』、『兼右』同日条）。これにより、天文二十一年（一五五二）の和睦のときの状況に復したのである。

義輝帰洛と三好方との和睦について、朝廷の女官の日記には、「むろまちとの御のほりの事にて、天下おさまりめてたし〱《めでたし》」（『お湯殿』十一月二十七日条）とあり、朝廷内では義輝の帰洛と三好方との和睦を歓迎する姿勢を示している。これまで長慶などに支援を期待してきた朝廷ではあるが、やはり将軍が京都にいる状態こそが正常であると意識していたことがわかる。これからは長慶が将軍を支える（または補完）体制が望ましいものと映っていたのであろう。なお、ここにみられる「天下」とは、将軍を頂点とする秩序そのものとも、京都を含めた畿内地域とも、その両方ともうけとれる。筆者は畿内を中心とした幕府の秩序が回復したという意味で捉えたい。

翌日、義輝は再び勝軍山城へ戻り、十二月三日にかつての将軍御所である今出川御所ではなく、妙覚寺《みょうかくじ》に御座所を構えた。やはり晴光らのほか、長慶も御供衆として供奉している（『雑々聞撿書』『兼右』同日条、なお『雑々聞撿書』では本覚寺とある）。

一方、義輝と長慶の対立のそもそもの根源である細川晴元は坂本に残った。長慶との和睦には晴元の排除が大前提であったのである。義輝は帰洛のために、ここに至って晴元を見限ったのである。しかし、同年の二月三日に長慶は人質として手元にあった晴元の嫡男聡明丸の元服を行っている（「両家記」、このときは「六郎」の仮名のみ）。これは、現在の京兆家当主の氏綱には後継者となる男子が確認されないため、氏綱の後継者として想定されていたのかもしれない。晴元はその後、永禄四年五月に長慶と和睦するまで逼塞し、その活動は停滞した。

また、同年十二月二十三日には義輝の身辺においても大きな出来事があった。近衛稙家の娘との婚姻である（『雑々聞撿書』）。祝言の御祝いは二十五日まで続けられた。近衛家との婚姻は、父義晴の婚姻に倣ったものである。稙家娘の輿寄せについても、義晴と慶寿院との婚姻の先例に基づいて行われた。当時は伊勢貞忠《さだただ》と大館高信《たかのぶ》がつとめたが、これに倣って貞孝（貞忠養子）と晴光（高信弟）が参勤している。ただし、これは急に決まったらしく、晴光は直垂ではなく当時の日常着である肩衣袴にて参勤した。

慶寿院からみれば、義輝の御台所となった稙家娘は姪にあたる。将軍家と近衛家との縁は二重に結ばれることになり、以降も「足利―近衛体制」が継続するのである。

この帰洛後、義輝は花押を改めている（花押⑤）。以後、花押を変更することはなかったが、これも武家様の花押である。すでに述べたように、父義晴と異なり大納言に昇進しなかった義輝は生涯、公家様の花押を用いることはなかった。

伊勢貞孝の再帰参

帰洛や婚姻での御供などの活動からわかるように、義輝より離反した将軍直臣や義輝を裏切り続けた伊勢貞孝も赦免され、再び義輝に出仕した。しかし、貞孝の立場は必ずしも安定したわけではなかった。それを示すのが次の貞孝書状である（伊勢貞孝書状写『雑々聞撿書』）。

昨日は閑談本望に候、仍て久秀内々物語の趣承り候、驚き入り候、曽て以てこれなき事に候、惣別筑州（三好長慶）と此方との間の儀、悪しく取り成すべき族もあるの由承り及び候、御上洛の上意において、殿中辺りの儀、諸事馳走せしむべきの旨入魂の由候条、もっともその覚悟に候、然らば自然請くべく候て、不慮の雑説申し、於（ママ）不審に及び候へば、自他その曲事なく候間、向後のため旁以て誓紙互いに申し談じたく候、（略）

二月廿八日　貞―〔孝〕

加州（伊勢貞助）

ここで貞孝は、伊勢一門で三好氏の指南役をつとめる伊勢貞助《さだすけ》に宛てて、松永久秀との話として、長慶と貞孝との間について、義輝に讒言《ざんげん》するものがいること、自分は義輝より殿中で諸事馳走するように命じられたので、その覚悟であること、不審に及ぶのであれば、（三好方と）相談したいと伝えている。つまりこれまでの行動により、貞孝に対して悪い印象を持ったものが義輝の周辺に存在していたことがわかる。貞孝はそれに対して、自身に向けられた不信を理解したうえで、殿中での職務に尽力する意思を示したのである。これまでの貞孝の行動をみてきた人々からすれば、貞孝の言葉は空虚に響くであろう。それだけでなく、どうやら三好方も貞孝の言動に疑いを持っていたらしい。その詳細はわからないが、義輝と貞孝の間だけでなく、貞孝と長慶との間についてもさまざまな讒言がなされていたと思しい。それまでの貞孝の行動が原因とはいえ、彼は帰参しても微妙な立場であった。

前述のように貞孝は、義輝に代わって足利義維を将軍として擁立する計画にも関与していた。実際に義輝とその周辺がこの事実を知っていたのかはわからない。知らなかったとしても義輝や慶寿院、近衛家、義晴以来の側近にとって、貞孝は許されざるものであったが、義輝はこれまでの行為を不問に伏し、私怨を捨てて裏切り者である貞孝の帰参を許したのである。政所頭人を世襲し、将軍家の財政や洛中支配を担っていた貞孝を登用することで、早期の幕府の安定化を優先したのであった。もちろんそれだけではなく、義輝がもっとも貞孝に期待したのは、三好氏との繋がりであろう。義輝も何度も離反した貞孝の言葉を本気で信じていなかっただろうが、実利を優先したのである。

なお、義輝の帰洛以降、義輝と三好方との交渉には貞孝が関与している。長慶の嫡男孫次郎（のちの義長）の初めての御礼の際にも、それを案内したのは貞孝であった（『雑々聞撿書』など）。貞孝は三好担当の申次として、後述する偏諱や家格をはじめとする栄典授与などで両者の間を取り持つこととなる。基本的に申次は相手の大名からの指名を前提とするため（山田：二〇〇三）、長慶が貞孝を担当の中次として指名したのであろう。三好方としては、周知の間柄である貞孝に期待することは当然である。そのこともあって、貞孝に対して悪く流言するものも多かったのである。ただ貞孝も、自身が管理する御料所の回復を命じる長慶への御内書を得るなど、三好氏に対して将軍の上意を利用している（『雑々聞撿書』〔義輝：一二一〕）。

第二章　帰洛後の幕府の様相

幕府運営の再開

義輝の帰洛により、幕府は再興された。離反した奉行人も帰参し、幕府法廷も再開され、奉行人奉書の発給も旧来に復した。行政・司法組織としての「狭義の幕府」も再開されたのである。

さて、将軍権力に直結するのは、将軍が主催者となる幕府法廷の御前沙汰であった。義晴期については大館晴光などの内談衆が各種の相論の審議、軽微であれば決裁も行っていた。彼らの活動については、大館氏関係の史料が残存していることで現在我々が知ることができるが、義輝期については政所を除いて幕府内部関係者の史料が残らないため、その実態についてはよくわからない。かつての内談衆のような側近集団が存在していたのか、存在していたとしてもどのような権限と役割があったのか。その実情はわからない。ただ、後述するように上野信孝や進士晴舎、晴光ら側近衆が関与していたことは間違いない。

さらに、現存する奉行人奉書からいつくかの事実は確認できる。永禄四年（一五六一）には奉公衆の石谷光政と赤塚家政《あかつかいえまさ》との相論で奉行衆へ意見が尋ねられているほか（「土岐文書」『奉書』三八六九）、侍所小舎人・雑色の地子銭徴収に関する侍所開闔による意見状も発給されている（侍所開闔松田盛秀意見状『日野家領文書写』)。意見状とは将軍の裁許にあたって、法曹官僚である奉行衆に先例や判例などを諮問し、奉行衆がそれに答えて上申した文書のことをいう。意見自体は政所でもみられるが、文書として提出されるのは御前沙汰のみである。つまり、意見状が発給されているということは、義輝が御前沙汰で裁許していたこと、裁許にあたって奉行人に諮問していたという証しである。特に前書でも述べたが、当時、侍所も御前沙汰の管轄下にあり、開闔が意見を上申していた(拙稿：二〇一四)。この間、松田盛秀は義輝より離れて在京していたが、義輝の復帰により侍所の職に復帰していた。

このほか、訴訟の審議過程である三問三答も行われており(「清和院文書坤」『奉書』三八九〇)、この当時、幕府内での審議体制が以前同様維持されていたと評価することはできるだろう。これらのことから、基本的には帰京後、義輝が主催する御前沙汰が常態的に運営されていたことに相違ない。

一方、三好氏は義輝の帰洛以降、それまで京都市中に宛てて発給していた裁許状を発給しなくなった。この点については、義輝への「敗北」という評価がある(今谷：一九七五ほか)。それに対して、実際はなお京都における裁定を行っていたことが明らかにされている(天野：二〇一四ほか)。このことは、別に幕府と三好氏が対立関係にあったことを示すわけではない。訴訟の受理は幕府だけでなく、かつては京兆家や山城守護、朝廷なども独自に行っており、訴訟者は提訴先を選択することができた。つまり、幕府は提訴先の一つでしかないのである。義輝が京都を不在とするなかでは三好氏が代行していたし、朝廷でも相論の審議が行われていたように、基本的には訴訟を行う側は、自分たちに都合のよい権力に提訴していた。そのため、当事者にとって、三好氏の法廷が幕府より都合がよいと判断したのであれば、三好氏に提訴することもあったのである。

武衛御所の造営

永禄元年（一五五八）に帰洛して以降、義輝は二条衣棚《ころものたな》（京都市中京区）にあった妙覚寺を仮御所とした（『お湯殿』十二月三日条）。義輝はかつての今出川御所に戻ることはなかった。理由の一つは、数年にわたる近江への亡命生活のなかで、建物が維持・保全されてこなかったためと考えられる。かつて将軍が京都を離れる際には、相国寺などの僧が留守を担当していたこともあったが、それも充分に行われていなかったのであろう。そこで義輝は帰洛後、旧御所の改修ではなく、永禄二年六月より新たに近衛勘解由小路の管領斯波氏の邸宅跡地に新御所の造営を決めた（『兼右』六月八日条）。

その後、造営にあたって、上京で禁裏の清掃を担う六丁町の住人らを、朝廷の許可のうえで堀の開削のために動員している（『お湯殿』十一月三日条）。御堀奉行は松田盛秀、橋下奉行は上野信孝、御殿奉行は沼田光兼、結城七郎であった。本来このような場合の作事奉行は結城氏と杉原氏がつとめるが、結城進斎《しんさい》（国縁）は当時将軍家への奉公を事実上停止していたため（後述）、残る杉原晴盛が作事奉行であったのだろう（結城七郎が進斎の替わりか）。

新御所への移徙は、翌三年六月十九日に行われた。移徙の日次の決定は進斎に命じられたという。これは通常、土御門・勘解由小路などの陰陽師に命じられるが、今回は占いや天文学に精通するとされた（『日本史』三七章）進斎に命じられたことで、甲寅の日に移徙となり、常御所にて御祝いが行われた（『後鑑』所収「貞助記」）。進斎は作事奉行にならなかったが、少しでも先例を遵守しようとしたのであろう、日次勘進《ひなみかんしん》（日時の選定具申）という形で武衛御所の造営に関与したのである。

ところで、義輝はなぜ今出川御所を破棄したのだろうか。今出川御所は三代将軍足利義満が造営したかつての室町殿（花の御所）の場所にあった。義晴は当初は京兆家の邸宅に近い柳の御所を造営したが、天文三年（一五三四）の帰洛ののち、天文八年よりかつての室町殿跡に今出川御所の造営を開始した。この地は将軍家にとって特別な地であることに変わりない。かつて足利義政は、高倉に将軍御所を造営しようとしていた義尚に対して、「将軍家は「室町」と号しているので、将軍御所の立地はそこがふさわしい」と述べている（『蔭凉軒日録』文明十九年正月十日条）。柳の御所の造営も当初は室町殿跡地が候補ともなっていた。義輝の新御所造営はこのような意識からは遠いものであろう。

しかし、室町殿のみが将軍御所であったわけではなく、将軍の代により御所の場所は変遷していたことを踏まえれば、義輝は先代義晴の記憶の残る今出川御所ではない、帰洛を機に新しい時代を意識して別地に将軍御所を造営しようとしたと理解できるだろう。または今出川御所で二度（天文十八年、二十二年）京都を没落したということで、凶例とみなされた可能性もある。

城とも呼ぶべき武衛御所の様相

新しい御所は、斯波氏の旧地ということで、斯波氏を指す呼称「武衛《ぶえい》」（斯波氏の官途左兵衛佐の唐名）から武衛御所と呼称している。上杉本洛中洛外図屛風でその姿が残る今出川御所と異なり、武衛御所の姿は残されていない。ただ当時の記録から、常御所のほか、御対面所《ごたいめんしょ》、慶寿院の御殿に春日局の御殿、御茶湯所、御風呂、御蔵があったことがわかる（『言継』永禄八年七月九日条ほか）。さらに、内部を記載したものにルイス・フロイスの『日本史』（五八章）がある。慶寿院が御所内の別の建物に居住していたこと、義輝が静養するための建物の周囲には杉・松・蜜柑のほか、「新鮮な緑色の珍しい樹木が植えられていた庭園があった」こと、それも鐘や塔など種々の形となっており、百合や薔薇・雛菊など、多くの花があったという。さらに御所の真ん中にも庭園があり、前の庭園より壮麗であったということが記されている。山科言継も御所の庭で菊を回覧しており、「一段と見事で目を驚かす」と言っている（『言継』永禄六年五月二十二日条）。かつての「花の御所」にも通じるものがあるだろう。

さらに『日本史』（五七章）によれば、御所は「深い壕で囲まれており」、木橋が架かっていたという。入り口には三、四百の貴人が参集しており、広場には輿《こし》や馬が並んでいたと、その様相を記している。同記には厩《うまや》についての記述もあるが、厩は上等な材木で作られ、上等な敷物があった。馬は個別に仕切った部屋におり、その下方と四方が板で囲われていた。そして敷物がある場所は厩者の居室であったという。このほかには、将軍家の家督の象徴である伝家の大鎧「御小袖《おんこそで》」を安置する「御小袖御殿」もあったことが確認される（『兼右』永禄六年八月五日条）。

ところで、この御所の四方には軍事的な目的で堀が巡らされていた。この堀作事については三好長慶の賛同を得ていたと指摘されており（黒嶋：二〇一九）、三好氏に軍事的に対抗するためのものではなかった。京都が戦場となる機会も増え、それに対応しようとしたものと考えられる。さらに武衛御所の敷地は拡大され、永禄六年には桜《さくらの》馬場《ばば》が、翌年には石垣や大堀普請もされ、拡張作業が続き、「城」と呼ぶほうがふさわしい様相となっていたという。敷地も最終的には東は室町、西は東洞院《ひがしのとういん》、南は中御門《なかみかど》、北は近衛という二町四方におよび、かつての室町殿の倍近い規模となっていた。フロイスの見た武衛御所は、この拡張された「城」としてのものであった。

造営にあたっては、大友氏をはじめとする大名勢力よりの献金などがあったことが知られる。実際にどのような大名がどのくらい金銭負担をしたかは判然とはしないものの、黒嶋氏の指摘のように、地方の大名勢力の軍事的・経済的な支援をもとに造営されたこの御所は、将軍居所として視覚的にもふさわしいものであった。これまで軍事的に苦しい立場に置かれることが多かった義輝が、将軍として自らの「武威」を示す絶好のシンボルであっただろう。

馬を求める義輝

義輝がその生涯で特に好んだのは馬であった。幼少のとき義輝が馬を好んだという話はすでに述べた。当時、武家社会での一般的な御礼では太刀と馬がセットとなっていることが多いため、日常的に馬の贈答はあったが、先代の義晴は馬を下賜することはあっても、わざわざ馬を求めることはしていない。だが、義輝はあえて馬の進上を求めているのである。

義輝が馬を求めた、または特に馬を献上したことが確認できるのは、奥羽：伊達輝宗、最上義守《もがみよしもり》、関東：古河公方、相模：北条氏康・箱根別当、上野：由良成繁、駿河：今川氏真《いまがわうじざね》（小倉内蔵助※要検討）、三河：松平元康《まつだいらもとやす》、尾張：織田信長である。おおむね東国にむけたものであり、西国にむけて馬を特に求めた形跡はない。これは、東国が馬の産地として認識されていたことによるものであろう。義輝は馬を進上させるように、わざわざ現地に使者を派遣したことなど（北条氏康書状写『類聚文書抄』）、その執着がうかがえる。

特に義輝が求めていたのは、「早（速）道」であった。「早道」は飛脚という意味もあるから、飛脚や伝達のために利用する馬とも理解できるが、実際にそのために利用するのではなく、単に早い馬という意味かもしれない。北条氏康は「適当な馬がいない」との理由で不勝黒の馬一頭、糟毛の馬一頭の計二頭を進上している。最上氏は早道馬を進上したいと申し出たことで、義輝はそのためにわざわざ長尾景虎に対してその移動の馳走をするように命じている（『上杉』一二二六［義輝：一〇八］）。さらに永禄元年に帰洛した際には、景虎が進上した馬を気に入り、それに乗馬して入京してもいる。また、東国より到来した馬を三好実休に下賜することもあった（「徳川林政史研究所所蔵古案」『三好』五五〇〔義輝：九二〕）。

山科言継は、義輝の馬好きをうかがわせる場面にも遭遇している。言継が武衛御所に慶寿院の見舞いと小侍従局《こじじゅうのつぼね》への御礼をした際、「厩にいるので来るように」と義輝に呼ばれて行くと、そこで「御馬の爪（蹄《ひづめ》）」を打っている義輝を目撃している（『言継』永禄七年三月十六日条）。厩者ではなく、義輝本人が直接馬の管理調整を行っていたことをうかがわせるものである。先のフロイスの記述では、厩は豪勢な作りとなっており、特に御所内でも特別に趣向を凝らした空間であったことをうかがわせる。さらに永禄六年には御所内に桜馬場が整備され、義輝が馬の爪を打っていた一か月後には武衛御所の馬場で競馬が行われているように（『言継』永禄七年四月二十四日条）、義輝にとって馬（または馬術）は特別なものであったといえる。

これら大名勢力に馬を進上させる行為について、無理して政治的な目的を求める必要はないだろう。幼少の時分より馬を好んでいたことをふまえれば、これは第一に義輝個人の趣味である。だが、馬の進上によって、将軍と地方の大名勢力との繋がりがある程度は維持されたという意味では、効果的な趣味であったのかもしれない。

そもそも、当時の武家においては弓馬が武家故実として尊重されており、馬が義輝にとっての武威を示すものだったのかもしれない。刀剣は抜き身でなければ、その価値はほぼわからないだろうが、乗馬して威儀を正す姿は視覚的にも将軍の武威を示すのに有効であっただろう。

このほかには、帰洛後の義輝がたびたび鷹狩りを行っていることが確認される（『言継』永禄三年正月五日条ほか）。さらに馬と同様に、若狭武田氏や六角氏、伊予の河野氏や日向の伊東氏など各地の大名勢力にたびたび鷹を求めることもあった（「伊東家文文書」〔義輝：二一六〕ほか）。特に鷹は権威を象徴するような鳥であるから、それを求めたり、鷹狩りを行うことは将軍権威の演出として有効であったろう。やや特異なものとしては、義輝が「犬」を求めたこともあったが（「蜷川家記」〔義輝：一二三〕）、これは鷹狩り犬であったのだろうか。

武衛御所にしろ、馬や鷹にしろ、表面的であろうが義輝は目に見える「武威」を求めたのである。

作られた剣豪イメージ

義輝を指して、俗に「剣豪将軍」と呼ぶこともある。そのため、義輝は剣の達人というイメージがあるが、義輝が馬や鷹を求める一方で、刀剣については特に求めるようなことはしていない。

刀剣は、将軍のみならず武家の贈答品として基本的なものであり、義輝の周辺に有銘無銘を問わず、普段から多くの刀剣があるのは事実である。『蜷川家文書』のなかに「足利将軍家所用銘物注《しょようめいぶつちゅう》文《もん》」（七九三号）という刀剣の目録が残されているが、これは義輝個人の嗜好というよりは、将軍家に所蔵されているものと見るべきである。

剣豪のイメージは、後述のようにおそらく永禄の変で相当抵抗したことからくるのであろう。永禄の変で義輝が奮戦したというのは間違いない。特に「季世記」では、刀を数多立てて、取っ替え引っ替え切りくずして「武将の御器量」を示して戦ったとある。だが、それが義輝を「剣豪」とする根拠たりえない。刀を手に勇猛に戦う＝剣豪であれば、戦国武将のほとんどはこれに当てはまるだろう。フロイスの『日本史』（第六五章）には、元来「勇猛果敢な武士」とあるのみである。なお、『日本史』（三七章）では、結城進斎についてははっきり「剣の達人」として紹介している。

熊本県立図書館に所蔵されている「岩尾家文書」のなかの柳生《やぎゅう》宗矩《むねのり》の書状に「覚〔光〕源院様・伊勢の国司（北畠具教《きたばたけとものり》）」らが塚原卜伝《つかはらぼくでん》の弟子であった旨が記されているが、この書状は寛永年間のものでもあり、信憑性に乏しい。また、義輝が卜伝により奥義の秘伝「一の太刀」を授けられたというが、これについてもその事実を裏付ける同時代史料はない。仮に卜伝より剣技を受けていたとしても、貴人に対するサービスであろう。

このほかに、上泉《かみいずみ》信綱《のぶつな》と丸目《まるめ》長恵《ながよし》が上洛し、義輝に兵法《ひょうほう》（剣術）を見せ、それに対して義輝が御内書を発給しているが（『球磨郡誌』「丸目徹斎」）、その文面から偽文書とみなしてよい。

才能の有無は別としても、武士である将軍が武芸を嗜むのは当然であろう。かつて足利義稙が武家故実に執着し、暗殺の危機に対して「武勇」をしめして自ら太刀で撃退したことが知られている（『実隆公記』永正六年十月二十六日条）。では、義稙も剣豪なのだろうか。

少なくとも義輝が、剣術や刀剣を好んだということは同時代史料より確認されることではない。武勇に優れた将軍、といえたとしても、剣術を究めた剣の達人というのは後世にできあがった誤ったイメージである。繰り返すが、義輝が好んだのは馬である。

義輝時代の将軍直臣と番帳

一度目の帰洛時の義輝側近については前述したが、当時の幕府構成員を知る史料として「番帳」と呼ばれる名簿がある。代表的なものには「永享以来御番帳《えいきょういらいごばんちょう》」・「文安年中御番帳《ぶんあんねんちゅうごばんちょう》」・「長享元年九月十二日常徳院殿様江州御動座当時在陣衆着到《ちょうきょうがんねんくがつじゅうににちじょうとくいんでんさまごうしゅうごどうざとうじざいじんしゅうちゃくとう》」、そして「永禄六年諸役人附《えいろくろくねんしょやくにんづけ》（光源院殿御代当参衆并足軽以下衆覚《こうげんいんでんみよとうざんしゅうならびにあしがるいげしゅうおぼえ》）」である（ともに『群書類従』第二十九輯、雑部所収）。さらに「東山殿時代大名外様附《ひがしやまどのじだいだいみょうとざまづけ》」（今谷：一九八五）などもある。

このなかでも「永禄六年諸役人附」（以下「諸役人附」）は、義輝の時代の将軍直臣を掲載したもので、御供衆・御部屋衆・申次・詰衆《つめしゅう》・御小袖番衆・奉行衆・同朋衆《どうぼうしゅう》などにわかれる。ただし、この番帳は前半と後半で分かれており、後半部分は義輝の死後に作成されたものであることが知られる（長：一九六二）。そのため、前半部分のみが義輝時代に作成されたものである。

これに加えて、義輝時代の永禄二年早々に作成されたと思しい番帳が残る。これは西尾市岩瀬文庫《にしおしいわせぶんこ》に所蔵される「室町殿日記《むろまちどのにっき》」の別記に収録された「五箇番当時伺候衆交名《ごかばんとうじしこうしゅうきょうみょう》」である。このほかには、永禄二〜四年ころ成立とみられる「伊勢貞助記《いせさだすけき》」の「詰衆五番組」というものも残っており、義輝時代の直臣の構成を知る重要な史料となっている。

このうち、「五箇番当時伺候衆交名」は原史料ではなく、後世の書写であり、御相伴衆、御供衆以下、番衆と奉行衆が記載されるが、御供衆に上野信孝や大館晴光らの記載がないなど、意図的かどうかわからないが記載内容に不備もある。さらに、それぞれの番衆の構成をみると、一番から五番まで計五十五名の記載があるが、一番衆は十名、二番衆は十二名、三番衆は十名、四番衆は五名、五番衆が十八名となっている。こうみると四番衆だけが少ない。当時、番衆の構成に偏りがあったことがわかる。この番帳の後に作成されたとされる「詰衆五番組」の構成と異なっているが、おそらく、これまでの将軍離京のなかで、奉公を離脱したものもあり、従来の五番衆の人員に偏りがみられるようになり、直接奉公する直臣が減少するなか、永禄二年以降、新たに詰衆五番組に再編されたものと考えられる（拙稿：二〇一八②）。

また、一つ一つ比較する紙幅はないが、「諸役人附」には御供衆、御部屋衆、申次、外様、詰衆、御小袖御番衆、奉行衆、同朋衆、御末《おすえ》、足軽衆までの直臣計百六十六名が記載されている。当然、永禄六年以前に没したであろう人物は含まれない。摂津元造や朽木稙綱といった義晴遺臣の名前はここになく、このころには没していたのであろう。大館晴光のみが旧内談衆で唯一の生存者であった。

さらに、春日局をはじめとする幕府の女房衆もここには記載されないだけではなく、政所の公人《くにん》や侍所の雑色《ぞうしき》や小舎人《ことねり》、御所の御厩者といった幕府の下部《しもべ》、それぞれの直臣の被官・内衆（大館氏の内衆富森氏など）、慶寿院や春日局の内衆、女房衆の侍女なども記載されていない。

そのため、幕府関係者の実数はさらに増え、帰京後の実際の幕府人員はこれらの番帳に記載された総数の倍はあったはずである。長慶が在京しなかったのは、幕府の秩序に取り込まれるのを嫌がったという指摘があるが、京都の市中は幕府に関係する人々が多く居住していたことも関係するだろう。

側室小侍従局と御台所

義輝は、帰洛直後の永禄元年（一五五八）、近衛稙家の娘を正室に迎えたが、すでに娘がいるため、それ以前に側室がいたことがわかる。ほかに複数の側室がいたと思しいが、そのなかで側室であることが確定している女性は小侍従局のみである。彼女はフロイスの『日本史』（五七章）の記述より、進士晴舎の娘とされるが、実は一次史料からは両者の親子関係を示すものがまだ確認されていない。

【進士晴舎と小侍従局】晴舎の娘とされる小侍従局については、生年、そしていつ奥入したのかは不明である。進士氏は大草氏とならんで、調理をもって代々将軍家に奉公する家であった。父とされる晴舎も当時儀式で調理を担当していたことが確認できる（『日本史』では「内膳頭《ないぜんがしら》」とある）。「晴舎」の「晴」は当然、義晴の偏諱であろう。

フロイスは晴舎について、「公方様の舅《しゅうと》」で「はなはだ高位の殿で宮廷でもっとも有力者の一人」

と評価しているように、上野信孝とならぶ義輝の側近であった。進士氏が将軍側近として重用されたのは、晴舎が初めてであった。彼も信孝と同様に義晴時代より将軍に近侍していたが、特に義輝の将軍就任以降に将軍側近として頭角を現した存在である。永禄以降は、晴舎と信孝はともに義輝の側近筆頭格として連名で奉書の発給を行うなど、上意の伝達者であった。晴舎は奉公衆としては申次衆や走衆をつとめ、先の番帳によると番衆としては五番衆に所属していた。御供衆であった信孝と比較すれば、家格はやや下がる。また、義輝だけではなく、慶寿院にも近い立場にあったようで、彼女の意向を代弁するなどしている（進士晴舎書状〈『思文閣墨蹟資料目録』三一一号、設楽薫氏のご教示による〉）。

晴舎の年齢は不詳だが、永禄八年六月十九日付フロイス書簡によれば「老人」と見える（松田毅一監訳『十六・七世紀イエズス会日本報告集』第三期第二巻、ルイス・フロイス『日本史』第一部）。天文初期より活動していたこと、任官は天文十五年（一五四六）以前であることから、およそ信孝と同世代ないしは、やや年長であったと推定できる。晴舎の息子や一族として走衆の「源十郎藤延《げんじゅうろうふじのぶ》」（『言継』など）、主馬頭《しゅめのかみ》某（永禄八年五月十九日に受難死）、詰衆の三河守《みかわのかみ》某（「諸役人附」）が存在している。

一方、小侍従局の奥入りの時期はわからない。公家の山科言継が幕府へ参礼した際に、永禄三年までは御礼の相手として現れない（参礼相手は慶寿院・御台所・春日局）。永禄六年以降に参礼相手に加わっているが、日記『言継卿記』は永禄三年の三月二十三日より五年いっぱいまで欠けているため、その間はわからない。ただ、後述する永禄四年の浄土真宗高田派《じょうどしんしゅうたかだは》の相論の際には現れるので、そのときには奥入りしていたことは間違いない。そのため、小侍従局の奥入りは遅くとも永禄三年後半ころであろう。奥入りの理由については、やはり父とされる晴舎が義輝の側近であったことによろう。

興味深いのはその幕府内での位置づけであり、『日本史』ではたびたび正室と変わらない「奥方《ライーニャ》」として登場する。彼女が側室と判明するのは、少なくとも二度にわたって義輝の子（女子）を出産したことによる。一度目は永禄七年正月二十五日であり（『言継』『兼右』など）、二度目は永禄八年四月十七日（『言継』同日条）であった。ただ、永禄七年の出産が初産であったかどうかはわからない。このほかに、前述のように永禄六年時点で八歳となる娘総持寺殿《そうじじどの》（伝山性賢《でんさんしょうけん》）がいたように、朽木谷滞在中にも義輝には側室がいた。しかし、帰洛以降は、前述のように側室として確認されるのは小侍従局のみである（義輝の子を出産したことが確認できる唯一の存在）。

義輝の後継者となるべき唯一の男子（輝若丸《てるわかまる》）が永禄五年四月十一日に誕生しているが（『お湯』同日条）、その生母はわかっていない。ほかの側室の存在がうかがえないため、奥入りのタイミングなども含めて、小侍従局が生母であった可能性は充分にあるだろう。少なくとも彼女は、義輝の子を懐妊し、場合によっては後継者を出産できる可能性を有していたことは間違いない。

彼女は外部との取次という側近女房衆の役割も果たしている。『言継』にはたびたび訴訟などの取次を依頼されており、側近女房衆と位置づけてもよい。当時、奥向きには複数の女房衆がいたが、このような取次が期待されたのは、春日局と小侍従局にほとんど限定されており、その他の女房衆が参

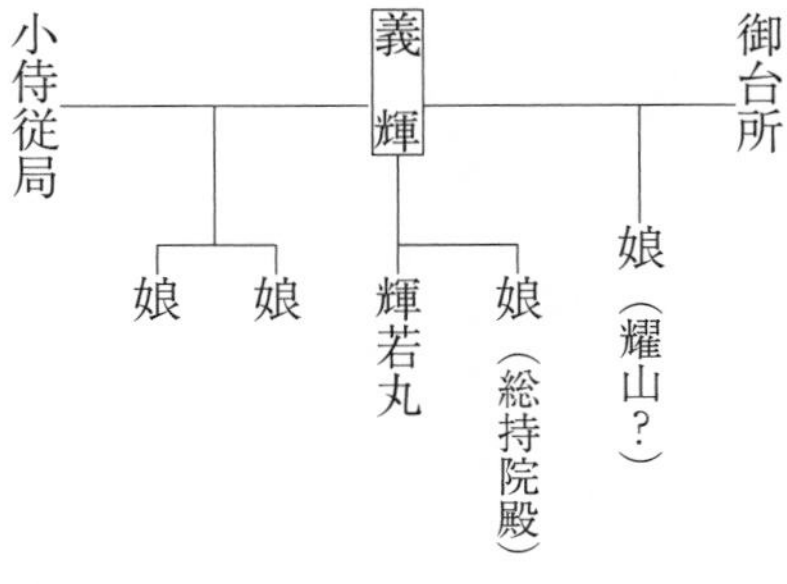

系図４　義輝子女略系図

入することはみられない（史料の偏りもあろうが）。少なくとも小侍従局は単なる側室以上の存在とみなすことができるだろう。彼女は側室であり、奥向きにある側近女房であった。

このほかには、義輝の上意を伝える奉書の発給を左衛門督局がつとめていたこともあった（左衛門督局奉書案『蜷川』七七四）。春日局の前名である「左衛門督局」という局名から、彼女は摂津氏の関係者（摂津晴門の娘か養女か）であることがわかる。彼女も春日局に近い存在であろう。

【御台所近衛氏】 側室たる小侍従局の活動が顕著であるのに対して、正室である御台所はその存在感が薄い。『日本史』では登場せず、小侍従局を「奥方」と見なしていた。慶寿院は、義晴との間に義輝・義昭・周暠《しゅうこう》の三人の男子を産んだが（周暠は側室の子の可能性あり）、御台所と義輝の間には男子はなかった。正室の娘と思しい大慈院耀山《だいじいんようざん》（宝鏡寺《ふきょうじ》を兼帯）がいるのみであるが、実子か養女かはわからない（「大慈院歴代体系」では生母が近衛前久娘とある）。

当時はなお慶寿院が健在であったこともあり、奥向きにおける影響力もその影に隠れた状況であったのであろう。慶寿院は先の晴舎の書状から、三好方よりもその影響力が期待される存在であったように、奥向きにおける最高権力者であった。しかしながら、武家や公家衆らによる参礼は御台所は慶寿院や春日局と同様に行われており、決して無視された存在ではない。

ところが、御台所への御礼がされないという事例もあった。永禄七年の相良《さがら》氏よりの御礼である。これは偏諱授与に対する御礼であるが、相良氏は奥向きへは慶寿院と小侍従局に御礼したものの、御台所は除外されているのである。通常の御礼では御台所を無視することはありえないことであろう。御礼先については、申次や将軍御使ら（細川藤孝・桜本坊豪為《さくらもとぼうごうい》）の指南があったはずであるが、御台所は除かれている。もちろん小侍従局が、奥向きでこの一件を取り次いだのであれば、御礼先に加わるのは当然であろうが、それでも御台所への御礼がないことは注目される。御台所の存在はその程度のものであったともいえる。大友氏などは御台所と慶寿院への御礼を欠かしていないため、特異な事例ではあるが。

ただ、永禄七年五月には御台所と慶寿院は小侍従局とともに伊勢神宮《いせじんぐう》（三重県伊勢市）に参宮しており（『言継』五月十九日条）、御台所と小侍従局との関係については、表向きは荒波もなく良好であったと思われる。武家出身の小侍従局が御台所になる可能性はないため、その意味では脅威でなかったのかもしれない。

しかし、小侍従局が先の女子を出産した際に、慶寿院の周辺が「取り乱し」ていたという。「取り乱し」が単に出産の準備で「忙しい」という意味なのか、男子誕生の可能性もあることへの「動揺」からくる「取り乱し」なのかわからないが、御台所が男子を出産しないなかで、小侍従局が男子を出産した場合、将軍家と近衛家との関係が将来的に消滅する可能性があった。慶寿院にとっては、彼女は将来的に「足利―近衛体制」を揺るがす脅威でもあったといえる。もちろん、生母が小侍従局であろうとも、御台所が嫡母となり、近衛家よりさらに御台所を迎えれば大きな脅威とならないだろうが、「将軍生母」となれば、将来的に小侍従局が奥向きの中心となる可能性はあったのだ。慶寿院らはこれを危惧していたのかもしれない。

上杉本洛中洛外図の注文主は誰か

現在、米沢市《よねざわし》上杉博物館《うえすぎはくぶつかん》に洛中洛外図屛風が所蔵されている。近世の米沢藩主上杉氏に伝来したもので、いわゆる上杉本洛中洛外図屛風と呼ばれる。これは天正二年（一五七四）に織田信長から上杉謙信に贈られたものとして知られる。絵師は諸説あったが、狩野永徳《かのうえいとく》である。

この屛風については、美術史などからもこれまで多く検討されてきた。今谷明氏は、描かれているのは義晴の時代である天文十六年ころの情景とされたが（今谷：一九八四）、現在では、複数の年代の景観を合わせたものとみられている。さらに屛風の注文主については、これまでは義輝とされてきたが、近年、小谷量子《こたにかずこ》氏は注文主を義輝の母である慶寿院であるとしている。

幕府に関係する人々の屋敷として、伊勢邸のほか、細川邸・細川典厩邸・斯波邸・近衛邸・三好邸・松永邸が描かれている。特に三好邸には冠木門《かぶきもん》が描かれているが、永禄四年の御成の際に三好邸には

「洛中洛外図屛風」に描かれた室町殿　米沢市上杉博物館蔵

冠木門が設置されたことから、制作は永禄四年以降で間違いない。なお、『日本史』（第一九章）によれば細川邸は細川氏綱の死後、御殿は荒廃していたようだが、庭園はなお大部分が残されていたという。

将軍御所は今出川に面した立地などから、義晴時代から義輝前期にかけての今出川御所とされる。当時はすでに今出川御所ではなく、武衛御所が将軍御所であった。そのため、これは理想化された近未来の室町殿（花の御所）という指摘もある（下川：二〇一五）。立地は今出川御所とかつての室町殿と重なる。さらに今出川御所には堀があったが、屛風には堀は描かれていないため、軍事施設のない理想化された御所の姿が描かれたのかもしれない。今出川御所であれば、父義晴との思い出の御所としての姿ともいえるだろう。

また、この屛風に三好邸や松永邸が含まれているのは、義輝がすでに彼らが細川氏や斯波氏と並ぶ存在となったとみなしていたからであろうか。描かれた細川邸とその周辺から、京兆家の没落が象徴的に描かれているという（小島：二〇一六）。

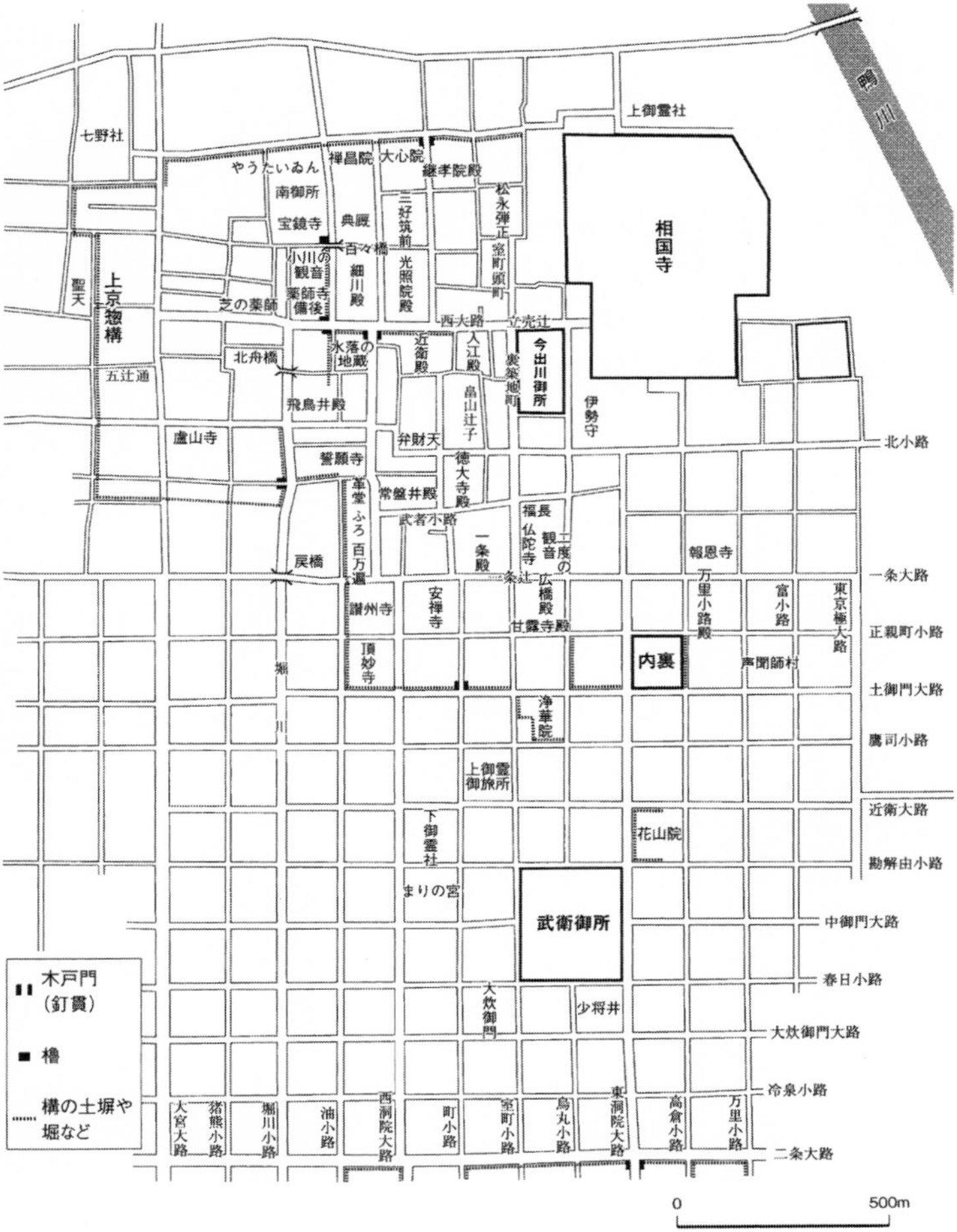

図３「戦国時代の上京」河内将芳『歴史の旅　戦国時代の京都を歩く』（吉川弘文館、2014年）掲載図に一部加筆

御所の右側に描かれた輿に乗る人物についても、かつては上杉謙信との説もあったが、近年では装束や故実などの文献史料との比較から、先の小谷氏は義晴ではないかと推測している（小谷：二〇一六）。特に注目されるのは、義輝自身が屏風中に描かれているということであろう。右隻にある斯波邸の門前で武士に囲まれながら闘鶏を眺める少年が義輝とされている（瀬田：一九九四・黒嶋：二〇二〇）。斯波氏はすでに京都に居住していたわけではないから、斯波氏の男子ということはない。

「洛中洛外図屏風」に描かれた闘鶏を見物する足利義輝と目される少年　米沢市上杉博物館蔵

斯波邸は義輝の武衛御所の場所にあたることからも、御供の武士に囲まれているこの少年を武衛御所の主人義輝とみることは蓋然性が高いだろう。

いずれにせよ、絵画資料の専門家ではない筆者が深入りすることはできない。現在確定していることは、絵師が狩野永徳であることのみだろう。依頼主については義輝と慶寿院の両説あるが、どちらとも筆者には決めがたい。慶寿院と義輝の共同依頼の可能性もある。ただ、闘鶏を眺める少年が義輝という説については支持してよいだろう。このような屏風が現代まで無事残されたことを個人的には感謝したい。

第三章　義輝と大名との秩序関係

織田信長と斎藤義龍の上洛

義輝が帰洛した永禄二年（一五五九）には、尾張の織田信長、美濃の斎藤義龍、越後の長尾景虎といった地方の大名らが相次ぎ上洛し、義輝に御礼参賀を行った。将軍就任後、これほど地方の大名が続けて上洛した機会はなかった。

このなかで、もっとも早く上洛したのが信長である。彼らの上洛については、幕府秩序の危機を自ら確かめるためと、それまでの将軍を擁しない京都支配を行ってきた三好氏への反発が背景にあるとも指摘される（天野：二〇一六・二〇二〇）。信長は二月二日に、約五百人ばかりを率いて上洛したが、同七日に早々と帰国してしまった（『言継』二月二日・七日条）。その理由について「厳助」には、「雑説があったため俄に帰国したらしい」とある。

信長の上洛については、その目的や実際に義輝と対面したのかどうかなど、詳細は不明である。『信長公記《しんちょうこうき》』といった軍記物では、義輝との対面は事実と認識されてきた。だが、上洛したことは事実として確認できるものの、実際に対面したことは当時の一次史料から裏付けることはできない。上洛について記載した山科言継はかつて尾張に滞在し、織田家中の面々とも面識があったはずである。

しかし、織田家中の面々は京都において旧知であるはずの言継と接触することはなかった。そのため、言継は信長の上洛と帰洛という情報のみしか得ていないのである。

この時点で、信長と幕府関係者との接点はない。かつて父信秀が朝廷に献金した際に、近衛稙家が取り次いだことがあるので（『お湯殿』天文十二年正月十二日条ほか）、近衛家を介して義輝と接点を持とうとした可能性はある。ただ、筆者の結論としては信長は義輝と対面しなかったとみている。なぜなら上洛したにもかかわらず、信長は義輝より一切の栄典を得ていないからである。

これまでの大名・国人らの上洛は、家督継承の御礼であったり、将軍より栄典を得ることが第一の目的であった。また上洛した場合、将軍をはじめ関係各所への御礼も欠かせず、ただ上洛すればよいというものではなかった。しかるべき伝手を頼って申し入れ、さらに将軍に披露確認のうえで、対面が叶うのである。信長が義輝と対面しなかったと理解すれば、信長が栄典を授与されなかったことと整合性がとれる。栄典を受けなかったことを単に信長の個性に求めるのは適切ではないだろう。義輝が上洛した信長に対して栄典を授与しなかったのは、御礼行為自体がなかったためと推測される。

一方、当時信長と敵対していた斎藤義龍もこのとき上洛していた（『お湯殿』四月二十七日条）。義龍はこの上洛に際して御相伴衆に加えられた。ただ、「厳助」では義龍ではなく雑掌《ざっしょう》が上洛して御礼の礼銭を進上したというから、実際はこれ以前に御相伴衆となり、その御礼として雑掌が上洛したのかもしれない。幕府への御礼のために上洛していたことで、信長の上洛と重なったのであろう。

さらに義龍はこの前後に「一色」と「義」の偏諱を得たとみられている（木下聡：二〇一九）。斎藤氏は「入名字《いりみょうじ》（足利一門の名前を受ける）」により足利一門に準じる存在となった。これまで将軍側近に対して細川や畠山、一色などの足利一門の名字を与えたことはあったが、大名クラスに足利一門の名字を与えた唯一の事例である。御相伴衆という破格の待遇も、これにより一応の正統性を得たのである。なお、義龍の場合、任官に際して伊勢貞孝を申次としていたこともあり、今回も貞孝を介して偏諱の申請や御礼をしたのであろう。

その後、義輝と信長との関係が確認できるのは、永禄四年に義輝が信長に馬の進上を所望したことのみである（「誓願寺文書」［義輝：一七二］）。しかし、馬の進上自体は遅延しており、その後も義輝より各種の栄典を得ておらず、積極的に幕府との音信を行っていない。この時期に信長は幕府と一定の距離があったことは否定できない。その点では、義輝より栄典を得た隣国美濃斎藤（一色）氏とは異なる対幕府姿勢であったといえる。

上洛した長尾景虎への期待

永禄二年（一五五九）の上洛のなかでも、特に重要であるのは長尾景虎の上洛である。景虎はこれまで幕府と音信を継続していたが、実際に上洛したのははじめてであった。景虎の上洛は、義輝の帰洛祝いのためであるが、当時、義輝が甲斐・越後の和睦を調停していたため、その御礼の意味もあったであろう。

景虎は四月の半ばに近江の坂本に到着し、義輝より早々に上洛するようにとの御内書を得ている（『上杉家文書』一一四〇［義輝：九四］）。このとき義輝は「（上洛したことにおける）もしもの事についてあれこれ言っているものもいるが、さらに異儀はない」と述べており、景虎の上洛に不満を持っていた存在がいたことがうかがえる。この後、景虎は同月中に上洛し、義輝と対面御礼して礼銭や馬を進上したという（「厳助」四月条）。また、景虎は五月に禁裏を見物し、天皇より盃を下された（広橋国光書状『上杉』四六六ほか）。このとき景虎は、「長々在京する」と言上したらしい（女房奉書『上杉』四六七）。

景虎が義輝周辺へ出した条書には、これまでも帰洛の馳走をするつもりであったが、信濃へ出陣していたため馳走できなかったこと、帰洛の祝儀のために上洛したこと、将軍家へ無二の忠節を果たすこと、本国がどのようになろうとも在京して将軍の御前を守るつもりであること、和泉での騒乱を心配することなどが記されている（長尾景虎条書『上杉』四七〇）。義輝は景虎のこのような姿勢を喜んだに違いない。

しかし、景虎は長々在京することはなかった。その理由の一つは、武田氏の侵入であった。景虎は京都ではなく坂本を宿所としていたが、六月に「腫物《しゅもつ》」を煩ったため、そこに留まったままになったという（大館晴光書状『上杉』四七一）。義輝は坂本にいる景虎の帰京を促している（『上杉』

足利義輝御内書　景虎に対して裏書き御免の栄典を与えている　「上杉家文書」　米沢市上杉博物館蔵

一一四一）。また、同時期に義輝が景虎を下国させようとしているとの風聞もあったが、義輝はこれを否定している（『上杉』一一四二［義輝：一〇一］）。義輝と景虎との関係をよく思わないものによる巷説が広まっていたのであろう。

景虎の上洛に関して、永禄の変ののち、河内畠山氏被官の安見宗房が上杉家中に宛てた文書の文言のなかに、景虎が「御礼のために御在京したのは、三好を御成敗することをご相談されたという風聞が」あったとある（安見宗房書状「河田文書」・『三好』参考九三）。景虎の上洛をよく思っていなかったのは三好氏だったのだろうか。あくまでも宗房の話は風聞であるため、信憑性については判断できないが、周囲は景虎を、義輝が三好氏に対抗するための手駒として期待していたとみていたのであろう。景虎は「長々在京」して、「国を失っても将軍家に無二の忠節を果たす」と言ってはいたが、三好氏と対峙するほどの軍事力を引き連れてきたわけではなかった。

義輝は帰国する景虎に対して、大友氏より伝えられた鉄炮と鉄炮薬の調合一巻のほか、書札礼《しょさつれい》の特権である裏書き御免、塗輿免許の栄典を与え、さらに関東管領《かんとうかんれい》上杉憲政《うえすぎのりまさ》の進退を任せるという御内書を与えた（『上杉』一一一〇〜一一一二［義輝：一〇四〜一〇六］）。申次である大館晴光は景虎に、裏書き御免が管領御一家並の特別な栄典である旨を伝えている（大館晴光副状『上杉』一一一三）。景虎は上洛した大名のなかでも異例なまでの栄典をうけて、越後に帰国したのである。

このとき、景虎に対して尽力していたのが近衛稙家と前嗣であった。越後とのやりとりの際には近衛一門の大覚寺義俊が仲介していたが、今回も近衛家が景虎と義輝との仲介を行っていたのである。

このような遠方の大名勢力が一時的にせよ実際に上洛し、将軍に御礼をしたという事実は、なお将軍と大名との秩序が維持されていたことを世間にアピールすることや、三好氏への牽制という意味で、義輝にとって極めて意義のあるものであっただろう。

在京大名の消滅

遠方の大名らが続けて上洛したが、基本的には義輝への御礼、それにともなう栄典授与を求めたものであり、かつての守護のように在京するためのものではなかった。さらに、永禄六年（一五六三）六月には「出羽御所山形殿父子」が上洛している。この山形殿は最上義守と義光《よしあき》で、彼らは義輝に御礼をしたものの、一時的な上洛に止まった（『言継』六月十四日条）。当時の列島全体の戦乱状況もあろうが、義輝の時代には実際に上洛する、またはできる大名は多くなかった。

本書の冒頭でも述べたように、本来、室町幕府は在京する大名による幕政参加を前提とするものであった。これは応仁・文明の乱を経て戦国時代に入っても、在京する大名が減少しながらも維持されてきた。義輝の祖父義澄の時代には細川政元や若狭武田元信、先代の義晴の時代には前期には京兆家の細川高国・若狭武田元光《もとみつ》、後期には細川晴元と和泉上守護細川元常が主たる在京大名としてあった。さらに義晴時代には、近江に在国する六角定頼が幕府の意志決定に直接影響を与え、さらに軍事的な支援者としてあった。そのため、在京する大名だけが幕府を支えることができたわけではない。幕府は在京する大名、在国する大名の両方によって支えられてきた。ところが、義輝の帰洛後には在京する大名そのものが消滅したのである。大名が在京するには、領国内の統治や軍事面での安定が不可欠なことはいうまでもない。

特に注目されるのが京兆家である。義輝の帰洛以降、当主である細川氏綱は式日に幕府に参礼することはあっても、これ以外に幕府を支えるような活動はしていないだけでなく、在京せずに山城の淀城にあった（京兆家邸は京都にあるが）。そもそも、京兆家は義晴の時代にその役割が変質していたが（前書）、氏綱の時代には幕府より京兆家に対して遵行命令もなくなり、儀礼的な役割のみが期待される存在になっていた（氏綱宛ての御内書や遵行を命じる奉行人奉書も残らない）。

三好長慶は、義輝の帰洛前より本拠地である芥川山城にあって在京していなかったが、義輝の帰洛後も在京しない姿勢に変わりはなかった。長慶は大名の上洛が続く永禄二年二月にいったん上洛するが、このとき相国寺内の慈照院に寄宿した（『言継』同十一日条）。もともとは京都にも邸宅はあったようだが（「永禄四年三好邸御成記」ほか）、当時は利用していなかったようだ。

長慶が在京しないことについて、義輝によって政治的に敗北させられたためという指摘がある（今谷：二〇〇七ほか）。幕府の基本体制が大名の在京にあることに鑑みれば、幕府の維持のためにも三好氏の在京は不可欠なものであろう。特に義輝と長慶が協調関係にあったと理解するのであれば、長慶が在京しないというのは義輝の意向ではなく、長慶方の意向によるものと理解できる。長慶に在京の志向がなかったのは、義昭期に織田信長が在京せずに政権を支えたこととの関連性がうかがえる。これは天野氏が指摘するように、幕府秩序の残る京都にいることでそれに取り込まれることを危惧したとも理解できる（天野：二〇一六）。和解したものの、義輝と長慶との間にはなお意識の違いがあったのである。

長慶自身は、永禄三年に居城を畠山高政《たかまさ》の居城であった飯盛城（大阪市四條畷市・大東市）に移した。これは当時、長慶と高政が対立状況にあり、長慶が高政を逐った結果であるが、それに代わって三好義興が新たに芥川山城主となる。立地としては芥川山城より京都から離れているが、交通の便の良い至便の地であったという（天野：二〇一四）。ここで長慶は、「大御所」として義興を後見することもできたという。

そのようななか長尾景虎は上洛し、いったんは在京の姿勢を示すも、義輝の期待に反して帰国した。義輝は景虎を在京大名として期待したようだが、結局は立ち消えとなった。また、これ以降も新たな連携相手となる三好氏も在京する大名とはならなかったのである。

戦国時代においても、京兆家などの在京する大名、在国でも幕政に積極的に参加する大名が減少しつつも存在していたが、義輝の帰洛後は、そのような大名がいなくなるという、これまでにない幕府体制が創出されてしまったのである。在京大名による幕政参加はいったんここに中絶した。

在京する武田信虎と小笠原長時

このなかで、やや特異な存在が武田信虎《のぶとら》と小笠原長時《おがさわらながとき》である。信虎はもともと甲斐国守護家であり、長時は信濃国守護家であった。よく知られているように、信虎は天文十年（一五四一）に息子の晴信（信玄）によって国外に追放されていた。長時はその晴信の侵攻により信濃を逐われた存在であり、亡国の主というべき存在だが、ともに義輝が朽木谷にいた弘治年間には在京するようになっていた。信虎は、永禄二年（一五五九）八月には「外様衆」として義輝に参礼していることが確認できる（『言継』八月一日条）。永禄七年には「大名」として現れる（同十月十八日条）。信虎はこのまま在京して将軍家への奉公を行っていたという（平山：二〇一九）。

また、信虎が義輝に御礼をしたのはそれ以前であったが、信虎はもともとの甲斐武田氏担当の申次であった大館晴光を介して御礼を申し入れ、盃を下されていた。それに対して長時は、三月十日になって三好長慶の取り成しによって義輝への御礼を行っている。三好氏はそもそも小笠原氏より分かれて阿波に下向した一流であり、長時はいわば宗家の人間であった。長時は細川氏綱の御礼の次に、一人で対面したうえ太刀と馬を進上して、盃を下された。長時は信虎の対面と同じように行われるように期待したのである（『雑々聞撿書』）。ここから、将軍との対面をめぐる家格意識がうかがえる。もともと同じ守護家同士である信虎（甲斐武田家）と長時（信濃小笠原家）は、実際には亡国となろうとも、将軍への御礼でも同一でなければならなかったのであろう。ここからは、将軍を頂点とする幕府の儀礼秩序がなお意識されていたことがわかる。

長時は馬術の指南などを行っていたようだが（村石：二〇一三）、このまま京都で生活するつもりはなく、義輝を通じて長尾景虎へ帰国への尽力を求めた（『上杉』四八〇〔義輝：一六七〕）。三好氏が支援したともされ（天野：二〇一四）、京都にいて将軍を通じた遠方の大名勢力への指示に期待したのだった（成功はせず）。

彼らが在京し、信虎がたとえ「大名」として京都にあっても、京兆家のようにこれまでの幕政に参加する大名とはその意味が異なることはいうまでもない。それでも、すでに在京する大名がいない義輝の時代において、実態はないものの「大名」が出仕しているというアピールには充分であったろう。

幕府存立のために重要だった和平調停

義輝の大名政策を代表するのが和平調停である。いうまでもなく、当時は列島全体で大小の合戦が繰り広げられていた。義輝が行った主な調停をあげると表2のようになる。義輝は東国から西国にいたる全国的な範囲で展開していたといえよう。義輝の大名間和平調停については、各大名の上洛と将軍の援助、天下静謐の馳走を目的としたものと評価されている（宮本：一九七四・一九七五）。さらに、将軍への礼銭進上などによる幕府財源にも寄与されるものであったという。さらに、将軍と大名間の秩序の再生産を目指したものとも評価されている（黒嶋：二〇一二）。

毛利・尼子間の調停は、尼子氏からの依頼により行われたものである。義輝は調停の成功のために、これまで東国を担当していた聖護院道増を現地に派遣した。そこで義輝は道増に対して、今回の調停が「調わなければ、他国の覚えや外聞で面目を失うので、この時こそ才覚が重要だ」と述べている（足利義輝自筆消息『毛利』二三八）。

さらに義輝はこれらの調停のなかで、無事調ったならば「天下静謐の基」であるとも述べている（『毛利』二三〇〔義輝：一四八〕）。大名同士の紛争が停止すれば、自ずから各領域が安定し、そのうえで大名たちの上洛が可能となり、幕府政治への参加という従来の幕府体制への回帰につながるものと認識していたものと考えられる。義輝にとって、大名間調停は幕府が存立するための政策として極めて重要なものであった。その成功のために信頼できる近衛一門を現地に派遣し、交渉させたのである。

また、永禄五・六年ころの今川・松平間調停については、義輝は両者のみならず、周囲の北条・武田氏に対しても御内書を発給し（「真崎文庫文書」［義輝：一八六ほか］）、それぞれに今川・松平両者に意見するように命じている。これも今川氏からの求めに応じた調停だが、当事者のみならず、周囲の勢力も調停に関与させることで、調停の成功率を向上させるのと同時に、幕府秩序の枠組みに彼らを取り込むこと（影響力の拡大も）をねらったとみてよいだろう。また、北条氏康はこの調停に関して、自分も含めた関係者に御内書が発給されることは「各御面目の至りではないか」と述べており（北条氏康書状「小田原編年録附録四」『戦国遺文北条氏編』七〇〇）、将軍より調停に関与させられたことや、御内書の発給自体が名誉であるとみなされていたことがうかがえる。

① 天文・弘治年間	伊達稙宗・晴宗父子間の調停
② 弘治２年	朝倉氏と本願寺間の調停
③ 永禄元年	越後長尾景虎と甲斐武田信玄間の調停
④ 永禄２年	出雲尼子晴久と安芸毛利元就間の調停
⑤ 永禄２年	若狭武田信豊・義統父子間の調停
⑥ 永禄３年	日向伊東義祐と薩摩島津貴久間の調停
⑦ 永禄４年	豊後大友義鎮と尼子・毛利間との調停
⑧ 永禄５・６年	駿河今川氏真と三河松平元康間の調停
⑨ 永禄６年	毛利・大友間の調停

表２　義輝による主な和睦調停

尼子・毛利間調停にあたって、永禄三年には義輝は毛利氏やその周辺の中国国人層に一斉に任官などの栄典授与を行っている。特に毛利氏に対しては、御相伴衆加入や安芸守護の補任、錦直垂下賜などの栄典を授与している。さらに永禄五年の調停に際しては、周防・長門・備中・備後の守護職に補任しているが、これらについて調停と義輝の栄典授与は連動していたという指摘がされる（黒嶋：二〇二〇）。義輝は調停を少しでも成功させるために、大名らに対する栄典の授与を利用したのだった。

紛争が発生した際、大名側としては振り上げた拳を下げるためには、自分の面目を失わせないだけでなく、家中の反発を抑えられる名分が必要であったとされ、それが将軍の調停であったという。毛利・尼子・大友間の調停に対して毛利隆元《たかもと》は、調停を破ることについて、上意に背けば内外から非難されることとなるとしつつも、家に関わるものであれば、上意に背くことは仕方ないと述べている（毛利隆元自筆覚書『毛利』七二九）。そのため大名は上意をあからさまに拒否できないこと、拒否をした場合でもそれは「家の存続」のためであり、上意を軽んじているわけではないことを表明する必要があったことも指摘される（山田：二〇一一）。軽視されてはいないものの義輝の調停には限界があり、大名側の都合によって受諾したり拒否したりされることがあったのだ。

これらの義輝の対大名政策について、地域の状況を個別に配慮せず、「一貫した方針はなく、自己矛盾を引き起こしていた」（天野：二〇一七・二〇二〇）と否定的に評価される一方で、地方への影響力を確保し、自身の権威を高揚させ、将軍を頂点とする武家秩序の再生産を図ったものとも評価されている（黒嶋：二〇一九・二〇二〇）。ただ、同時に和平調停における義輝の限界性も指摘されており、それは和平の終結が不完全であること、抗争再燃阻止の手段を当事者間の縁組みに頼っていたこと、中央と地方との意識の差異があったという。

帰洛後の義輝が、当事者からの依頼ながらも積極的に大名との調停を行ったことは間違いない。義輝の調停の目的の一つは「天下静謐」のためであった。これは在京する大名が不在となるなかで、大名間紛争の平定によって、諸大名の上洛と幕政参加を期待したとみてよいだろう。

しかし、前述の指摘のようにその調停には限界があった。上洛を期待するための調停のはずなのに、結果がその逆となるケースもあったのである。例えば毛利氏の上洛を期待したものの、対立する大友氏に九州探題や大内氏の家督を承認したことで、両者の対立が激化し、上洛どころではなくなってしまったこともあった（天野：二〇二〇）。そもそも、義輝は調停内容の違犯を非難することはできても、現代のような軍事的・経済的制裁を科すことはできないため、基本的には大名側の都合に期待するしかなかったのである（栄典を剥奪することもない）。

これは義輝個人の問題ではない。各地の大名は生存競争のなかで、自家の勢力の維持や利益、発展をその行動基盤として、上洛を求める義輝の思惑とは異なる目的を前提としているため、誰の調停であろうとも結果は同じであった。究極的には将軍の調停よりも自家の都合が優先されるのである。

和平調停の担い手

繰り返し述べるが、将軍とそれぞれの大名との間には窓口となる申次があった。いわゆる大名別申次だが、基本的には申次は将軍の側近であり近侍する存在なので、京都を離れることはほとんどなかった。そのため、義晴の時代には現地には将軍御使として奉行人や別の直臣、申次の内衆や同朋衆、ま

表3　各大名担当の申次一覧表

担当者名	家格・役職	担当（奉書・御内書の副状発給）	担当期間	義晴期より継続	備考
大館晴光	御供衆・五番衆番頭	越後上杉（長尾）、伊達、能登畠山、大友、朝倉、由良、佐竹、後北条、甲斐武田、今川、河野（義晴期）、伊勢北畠	享禄・天文初期〜永禄8年	○	義晴内談衆
伊勢貞孝	御供衆・政所頭人	大内、中国地方（益田）、若狭武田、島津、奥州（伊達・結城白河など諸氏）・三好（永禄以降）、	天文〜永禄以前（三好氏は永禄以降）	○	
朽木稙綱	御供衆	六角・中国地方（毛利一門）	享禄・天文初期〜永禄5年ころまで	○（六角氏）	義晴内談衆
三淵晴員（宗薫）	御部屋衆・申次	本願寺	天文〜永禄	○	
上野信孝	御供衆	中国地方（毛利一門・熊谷・阿曽沼・平賀・宮）、伊予河野・伊達・甲斐武田・三木（姉小路）	永禄初期〜永禄6年		永禄6年没
進士晴舎	申次衆	尼子・由良（横瀬）	〜永禄8年		
大館晴忠	御供衆	尼子	永禄初期〜永禄8年		晴光甥
彦部晴直	申次衆	飯川信堅：中国地方（益田氏と音信）	永禄初期〜永禄8年		
朽木輝孝	御部屋衆	中国地方（山内首藤）	永禄4年〜		稙綱子
上野量忠	御供衆	中国地方（毛利一門・熊谷・阿曽沼・平賀・宮）、伊予河野、由良（横瀬）、六角	永禄6年〜永禄8年		信孝子、信孝の死後継承
細川藤孝	御供衆	肥後相良・日向伊東	永禄7年		

三淵藤之（藤英）	御部屋衆	（由良〈横瀬〉）？	天文末期		
大館輝氏	御供衆	湯川・大友	永禄3年ころ～永禄5年		晴光子、永禄5年戦死。
小笠原稙盛	中次衆	六角	大永～永禄	○	

※『大日本古文書　家わけ』・『戦国遺文』・『大館記』・『萩藩閥閲録』・『大友家文書録』・『集古文書』参照

たは商人、飛脚が下向した（前書も参照）。これは義輝の時代も変わらない。

また、申次は相手側の大名の指名によるものであるので、大名からの期待に応えられなければ、交代する可能性もあった。大名側としては、単なる窓口ではなく、自身の依頼を将軍に働きかけることを期待していた。ただ、大友氏の場合では、公的な申次である大館晴光のほかにも、宮内卿局といった奥向きの女房衆とも音信していた。公的なルートとともに、それを補完するルートを介することで、将軍家の依頼をより確かなものとすることもあった（場合によっては別人に担当を変更する可能性も）。

【申次】　義輝の和平調停においても、これまでの各大名担当の申次が交渉の担い手となった。大館晴光の場合、前述のように長尾氏をはじめ、多くの大名の申次を担当していた。彼が申次を担当したと思しい大名家は、越後上杉（長尾）・伊達・能登畠山・大友・朝倉・由良・佐竹・後北条・甲斐武田・今川・河野（義晴期）・伊勢北畠氏である。ただ、晴光自身は将軍に近侍することが多かったため、現地での交渉などは内衆の富森氏などが派遣されている。また、武田氏と長尾氏とが交戦状態となると、同一人物が申次をつとめると利益に相反するためか、武田氏は申次を上野信孝に変更したと思しい。

義輝の帰洛以降、申次として担当範囲を拡大させたのがこの信孝である。信孝はそれまでは特定の大名家との繋がりはなかったが、永禄三年ころを境に毛利一門や中国地方の国人（平賀《ひらが》氏や熊谷《くまがい》氏など）を中心として申次となっている（かつての大内氏は伊勢氏が担当）。信孝の場合、義輝の最側近という立場もあって、毛利一門や中国地方の国人らより幕府内での働きが期待されたのであろう。彼は義輝の対大名政策においても、中心的な役割を果たしていたといえる。なお、同じ側近の彦部晴直は「特に用がなくとも、今後はご用を承りたい」と述べるなど（彦部晴直書状『益田家文書』七二五）、自ら申次となる売り込みをしている。

【近衛一門】 近衛一門は、本来の申次とは別の立場で関わった。前述のように、当主の稙家が南九州勢力との取次や、大覚寺義俊による長尾氏の任官の取次などをつとめ、それぞれが義輝の対大名政策を支えた。さらに帰洛以前では、聖護院道増が東国の大名勢力と将軍との間を奔走し、将軍と地方を結びつける役割を積極的に果たしていた（黒嶋：二〇二〇）。

毛利・尼子・大友間での調停では、近衛一門が現地まで下向している。毛利氏と大友氏との和平調停では、道増や久我宗入（晴通）が現地に下向している。大友氏は彼らについて「御威勢もあるので」と認識しており（大友義鎮書状写『大友』）、無碍に対応できなかったと思われる。義輝が自身の考えを確かに伝えられる存在であり、さらに貴種である彼らを下向させた意図が見て取れるだろう。ただ、調停の成功は現地に下向した近衛一門の手腕に頼るものでもあった。

このような大名間調停などで近衛一門が活躍したのは、義輝が三好氏を御内書の副状発給者に取り込めなかったためとの指摘もある（天野：二〇一七）。これは、かつての京兆家や六角氏のような幕府を支える大名が将軍の対大名政策を補完する意味で行ってきたものである。三好氏はむしろ、義輝の対大名政策（幕政参加そのものも）に消極的であったこともあろう。義輝は三好・松永氏を対大名政策に組み込もうとしたが（朝倉義景書状「竹内文平氏所蔵文書」『三好』参考六七）、これは継続しなかったようだ。その代わりに、周囲の大名勢力に対して調停への関与を促したのである。

＊

実際に調停を担ったのは、表向きの窓口である担当申次と近衛一門であった。申次は基本的には将軍に近侍しているため、現地に下向することはあまりない。毛利・尼子・大友間の調停では現地に下向した近衛一門に対して、京都では毛利氏担当の上野信孝、大友氏担当の大館晴光、尼子担当の大館晴忠・進士晴舎といった側近らが義輝に近侍しながら進めたのであった。しかし、申次もそれぞれの大名側の利益や意向を代表していることもあり、どこまで意見が一致していたかはわからない。場合によっては申次同士の意見の相違があったことも想定され、調整も必要であっただろう。義輝は直接には彼らの意見を踏まえて調停政策を進めたのである。

　またもちろん、義輝の和平調停すべてに近衛一門が関与したわけでもない。永禄五・六年の今川・松平間調停では、現地に下向して交渉を担当したのは、当時たびたび駿河に滞在していた三条西実枝《さんじょうにしさねえだ》と文次軒《もんじけん》であった（「真崎文庫文書」〔義輝：一八五〕ほか）。これは近衛一門より、今川氏との関係の深い実枝のほうが調停に適任と判断されたからであろう。義輝は申次、近衛一門を中心に、適任と思われるものも利用してこのような調停を進めたのであった。

大覚寺義俊の影響力

　特に幕府内での大覚寺義俊の影響力の強さは、永禄三・四年の浄土真宗高田派内の内部対立における相論からもうかがえる。詳細は高梨氏の研究に詳しいが、当時高田派は尭慧《ぎょうえ》（恵）と真智《しんち》が対立する関係にあった。そこで、尭慧は真智に対抗するために、その出自（父は飛鳥井雅綱）を利用して公武に働きかけをし、僧官や高田派の本拠である下野の専修寺《せんじゅじ》の住持職を永禄三年六月に得た（幕府奉行人奉書「専修寺文書」『奉書』三八二八）。そこでの幕府側の助力者が義俊であった。真智は越前に拠点を移すが、尭慧が越前に下向して真智派の切り崩しを行ったことで、新たな相論に発展した。当初は朝倉氏のもとに提訴されたが、両派が幕府関係者に工作をするなかで、朝倉氏内では判断できず、幕府に相論が移管されることとなった。そこで真智派が期待したのが、朝倉氏の担当申次でもあった大館晴光であった。晴光は尭慧に対する安堵を無効として、永禄四年九月には真智に安堵する義輝の御内書を得た（「法雲寺文書」［義輝：二九九］）。ところが、義俊は慶寿院や側室小侍従局、上野信孝らとも連携し巻き返しを図ったため（義俊書状『専修寺文書』）、同年十二月には再び堯慧に対して権利が安堵されたのである（幕府奉行人奉書「専修寺文書」『奉書』三八六四）。

この相論では、堯慧を支援する義俊らと真智を支援する晴光という幕府内での対立構図がみられた。結局、義俊の取りなしが優先されて結審したことから、近衛一門の幕府内での影響力の強さがうかがえる。義晴以来の幕府重臣とはいえ、将軍と主従関係のある晴光と、外戚である義俊とでは将軍への影響力に格差があったのである。また、一連のことはあくまでも晴光の「謀略」によるものとされ（石谷光政書状『専修寺文書』）、当初は安堵した義輝自身の面目には影響しなかった。ある意味では晴光が汚れ役を一手に引き受けたともいえる（ただし、晴光がこれで失脚したわけではない）。

義俊が幕府内での裁定に関与したのに対して、兄弟の道増はそのような例はなく、大名との交渉が主たる役割であり、一門内でもある程度は役割分担があった可能性が指摘されている（髙梨：二〇〇七）。ただし、先の長尾氏や大友氏の事例のように義俊も大名との取次を行うこともあり、相手側の期待によっては取次を行うこともあったのである。

このように、義俊は義輝政権内で枢要な立場にあったことが指摘され、ほかの兄弟とは異なる重要な存在であったと理解できる。大名側からすれば、幕府に対して自分たちの希望をより確かに実現させるためには、従来の申次だけではなく、近衛一門とも関係を結ぶ必要が生じたのであった。

永禄五年の礼拝講

義輝政権内部と義輝と大名との関係を同時に理解できる史料に、「御礼拝講之記」（『続群書類従』第二輯下神祇部）という記録がある。礼拝講とは仏徳を礼拝讃歎《らいはいさんたん》するための講会《こうえ》であり、特に日吉社《ひえしゃ》（大津市、現在の日吉大社《ひよし》）で行われる法華八講会《ほっけはっこうえ》を指す（『国史大辞典』「礼拝講」項）。義輝が天文七年（一五三八）にわずか三歳で新礼拝講を行っていたことは前述した。新礼拝講はこの礼拝講に続いて行われる十禅師宮前《じゅうぜんじぐうまえ》の八講会のことをいう（以下同記）。

永禄五年（一五六二）七月に礼拝講が行われることとなった。礼拝講に関する費用について仰せ付けられた円明坊兼祐《えんみょうぼうけんゆう》は、講衆と談合のうえ、二十一日に上洛し、春日局とこれについて談合した。その翌日には兼祐が義輝に対面したところ、上野信孝と進士晴舎が御前に召された。次いで春日局にて要脚（朝倉氏には国役として三百貫文）などについて信孝、晴舎らと談合を行っている。

まず、この礼拝講をめぐる幕府内での意思決定に注目すれば、春日局が諸事談合に加わっていたこと（御服の調進も行っていた）、さらに御前に信孝と晴舎が召され、春日局の在所にて談合がもたれていたこと、比叡山担当の山門奉行（飯尾貞広・松田藤弘）は当然として、さらに側近の彦部晴直も諸事の馳走を仰せ付けられていたことなどから、義輝が信孝らをはじめとする側近や春日局を差配して幕府運営をしていた姿が浮かび上がる。さらに、摂津晴門が春日局に対して関係する書状や案文など

伊勢	北畠具教	垂水が申次。他行の由返事あり。
能登	畠山義綱	物騒のため、調進なし。
近江	六角義賢	国役御免の由申し入れあり。
播磨	赤松義祐	国物騒の由あり。
伊賀	仁木義政	神馬２疋進上す。
越前	朝倉義景	２万疋進上。
出雲	尼子義久	同前。
河内	三好長慶	不参。
摂津	三好義興	不参。
美濃	一色義紀（斎藤義興）	代替御礼未だ申し上げざるにより、召し付けず。
大和	松永久秀	不参。
加賀	本願寺顕如	不参。

表４　永禄５年の国役賦課対象（「御礼拝講之記」）

を進覧するなど、後述する「春日局―摂津晴門」ラインがこのときには機能していたこともわかる。

次に大名との関係に目を向けると、国役を仰せつけられた大名は表４の通りである。ここで名前の挙がった大名こそ、義輝時代、幕府を支える大名として認識されていた人々であったといえるだろう。ただし、この国役は「俄のことであるので、近国少々」に命じられたものであった。そのため、大友氏や上杉（長尾）氏、毛利氏など遠方の大名が含まれていない（それでも尼子氏はある）。近国でも目を引くのが、若狭武田氏や京兆家が含まれていないことである。若狭武田氏については、このころ信豊《のぶとよ》と義統《よしむね》父子が対立して内乱状態となり、反三好派の牢人衆も国内にあった。さらに永禄三年には逸見《へんみ》氏の反乱もあり、このような国内の混乱が影響したのであろう。京兆家は、本来であれば摂津・丹波などの国役が賦課されるだろうが、摂津はこのとき三好氏に賦課されている。細川氏綱は国役を免除された六角氏のほか、国役賦課の対象外であった典厩家細川藤賢（御供衆）と西佐々木（越中・田中・朽木など七家）とともに神馬を進上している。京兆家はすでに守護（または国主）として機能していなかったのだ。

一方、それぞれの国役を賦課された面々は、いわば守護待遇である。本願寺はこれ以前から加賀国の国役を負担しているが、幕府側の意識としてはこの時代に新たに松永久秀が大和、三好氏が河内・摂津の守護相当とされたのである（ただし守護に補任された史料はない）。また、少なくとも永禄五年時点で幕府が音信できる畿内近国の大名たちはこのような面々であった。

しかし、朝倉氏と尼子氏を除けば実際に国役を納めた大名はいなかった（朝倉も当初より百貫文減の二百貫文を進上）。赤松氏と能登畠山氏は国内の騒乱によって未納であり（そもそも音信できなかった可能性も）、斎藤（一色）龍興《たつおき》の場合は代替わりの御礼をまだしていないということで、命じられなかったという（義龍は前年に死去）。さらに実際は三好氏も国役を負担しないなど、幕府を支えるという意味でも不完全な存在であることがみてとれる。もちろん、後述する騒乱による疲弊により余裕がなかったのかもしれない。当時の幕府は、大名らに国役を賦課することはできても、あれこれ理由をつけて実際に納入されることはほとんどなかったのだろう。すでに複数の大名らに支えられる幕府という構図は、現実的には限界にきていたのである。

帰洛後の義輝の栄典授与

義輝が、帰洛以前よりも各地の大名へ栄典を授与したことはすでに述べてきた。帰洛後も大名間調停など栄典授与が利用されていたことは変わらない。義輝のもとには「主家に代わった大名」が結集していたという（天野：二〇二〇）。このような大名が栄典を求めた。これは先の長尾氏や尼子氏、斎藤（一色）氏、さらに毛利氏などが当てはまる。

義輝による栄典授与の種類は、「義」「輝」「藤」の偏諱、官位の執奏、家格・役職、毛氈鞍覆・白傘袋、桐紋免許、裏書き御免、塗輿御免等である。官位の執奏と三好氏については後述するとして、それ以外のものをみてみよう。

【役職】義輝は多くの大名勢力に家格・役職を授与したが、主なものは表5の通りである。このうち、毛氈鞍覆・白傘袋については大名家の重臣、守護代相当の家格のものに与えたという（黒嶋：二〇二〇）。特に義輝の時代に、幕府最高の家格である御相伴衆への新加入が増加したことが特徴である。表5以外にも「永禄六年諸役人附」の後半には若狭武田氏・六角義弼《よしすけ》（義治《よしはる》）・大友義鎮・朝倉義景・今川氏真も御相伴衆として確認される。ただし、御相伴衆は自動的に世襲されるのではなく、基本的に授与された人物一代に限るとの指摘がある（小久保：二〇二一）。朝倉氏は先代孝景の代に御相伴衆となっているが、代替わりに改めて御相伴衆に加わったのであろう。

御相伴衆や御供衆などの身分は、基本的には大名方からの申請によるものではなく、将軍より褒美として与えられるものとされる。永禄三年（一五六〇）に加わった毛利元就・隆元父子の場合には、

役職・家格	名前
御相伴衆	尼子晴久
	斎藤義龍
	北条氏康
	北条氏政
	三好長慶
	三好実休
	六角義賢
	大内義長
	毛利元就
	毛利隆元
	伊東義祐
奥州探題	伊達晴宗
九州探題	大友義鎮
御供衆	三好長慶
	三好義興
	松永久秀
	由良成繁
因幡・伯耆・備前・備中・備後・美作・隠岐・出雲守護	尼子晴久
肥前・豊前・筑前守護	大友義鎮
安芸・備中・備後・長門守護	毛利隆元
陸奥国守護代	桑折景長
	牧野久仲
	石母田光頼

	名前	属性
毛氈鞍覆・白傘袋	長尾景虎	越後守護代
	石母田光頼	伊達晴宗被官
	桑折景長	伊達晴宗被官
	山県秀政	若狭武田氏被官
	内藤興盛	大内氏被官
	杉重矩	大内氏被官
	飯田興秀	大内氏被官
	山内隆通	備後国人
	大野直昌	河野氏被官
	松浦隆信	肥前国人

表５　義輝による役職・家格の授与

明確に「褒美として」加えるとの文言が見える（『毛利』二三二〔義輝：一六四〕ほか）。毛利氏の場合、当時の尼子氏との和平調停との関連で行われたものであった。

　これとは別に、弘治四年（一五五八）ころに甲斐の武田義信《よしのぶ》を「三管領」に准じた地位としている（今井昌良書状「大館文書」『戦国遺文武田氏編』五八七）。これは長尾・武田間調停に関わるものであろうが、異常な厚遇である。長尾景虎への裏書き御免の栄典はこれに合わせたのかもしれない。

　一方、守護職補任については、尼子氏以降では武田晴信を信濃守護に、大友氏を筑前・豊前・肥前を、毛利氏に備中・備後・安芸、その後周防・長門の守護に補任した例がみられる程度である。これは先の紛争調停に関わる補任である。大友氏の場合は積極的な補任運動による成果であり（大館晴光書状写『大友』ほか）、御相伴衆や御供衆のような将軍よりの恩賞という意味とは異なる。

【奥州探題と九州探題】　永禄二年には伊達晴宗を奥州探題に補任したほか（『伊達』二一九［義輝：五六］）、大友義鎮を九州探題に補任したうえで、すでに滅亡していた大内氏の家督を承認した（『大友』［義輝：一二〇］）。

　このうち奥州探題職は、幕府の奥州統治を担う職であった。本来は足利一門である斯波氏の流れを汲む大崎詮持《あきもち》以降、同氏が世襲してきた役職である。しかし、永正十一年（一五一三）に晴宗の父伊達稙宗が陸奥国守護となったことで、奥州探題の実態が消滅していた。大崎氏はその後、義晴の時代にも幕府との音信を続けていたが、義輝の時代に没交渉となっている。

　また、九州探題職についても南北朝期では今川了俊《りょうしゅん》や一色氏、十五世紀以降は将軍家御一家である渋川《しぶかわ》氏といったように足利一門が任命されていた。幕府側の記録では、義晴の時代における渋川義基《よしもと》が終見となっていた（『常興』天文十年十一月二十九日条）。大友氏の補任には、近衛一門である大覚寺義俊と久我宗入が仲介者として関与している。宗入の書状によれば、「存知寄せず」大友氏より音信があり、使者の宗可より依頼されたという（久我宗入書状写『大友』）。大友氏側の使者が上洛した際、晴光をはじめとする幕府関係者と交渉するなかで、近衛一門の影響力にも期待することとなったのであろう（翌年の義鎮の左衛門督任官にも関与）。九州探題の一件については、申次の大館晴光の関与はうかがえないため、大友氏は近衛一門を介した補任運動を行っていたと思われるが、基本的にどのルートで運動するかの判断は大名側次第であったといえる。しかし、この補任は前述したように大友氏と毛利氏との対立激化の要因となってしまった。

奥州探題、九州探題ともに足利一門が任命される職であるが、これがともに足利一門ではないその地域の有力勢力を探題に任命することとなったのである。足利非一門の新興大名勢力を奥州・九州探題職等に登用したことなど、これも「上からの改革」であった。これによって地域の有力者の取り込みには成功したであろうが、将軍自ら血の秩序を乱し、足利的秩序を貶めたと評価されるゆえんでもある（谷口：二〇一九・二〇二二）。一方で、義輝はわずかながらにも旧秩序を維持しようと努めていたのでは、との指摘もある（水野嶺：二〇一九）。大友氏に大内氏の家督を認めながら、大友氏と対立する毛利氏に、大内氏再興まで周防・長門の守護職を預け置くとして補任した（『毛利』三一八［義輝：二一二］）。これは一時的な補任ということにして、将来的に大友氏に吸収された大内氏の再興を実は期待したというのである。

義輝はこれまでの探題や守護などの枠組みを維持しつつ、実力を持つ新しい勢力を補任することで、幕府秩序を再編しようとしたのである。だが、義輝の秩序再編はリスクをともなうものであった。

【家格と書札礼】　家格・役職といった幕府の身分秩序と書札礼は連携しており、家格が上昇することで書札における上下関係も生じることとなる。

すでに述べたように、長尾景虎は裏書き御免という管領家並の免許をうけた。裏書き御免とは文書を包む封紙の裏面に自身の名字と官途通称（景虎であれば「長尾弾正少弼」）を書かなくてもよいというものであり、文書の受取手はそれを見て相手の家格を視覚的に確認することができるものである。先の武田義信も三管領に准じる地位となったため、裏書き御免も自動的に免許されたと思しい。景虎への免許は義信の待遇と合わせるためであったのであろう。また、三好氏も御相伴衆になったことで書札が変化したほか（後述）、さらに稙宗の代に陸奥国守護職であった伊達氏も奥州探題家である大崎氏と同等の書札の許可を求めている（黒嶋：二〇二〇）。

家格の上昇は書札礼に連動したため、各地の大名勢力は視覚的に相手側に自身の家格をアピールすることができた。互いに簡単に書札礼を変えることはできないため、家格・役職授与による家格の向上は、書札礼を即時に変更することができる有用なものであった。これは戦国時代にあっても将軍が各地の大名勢力より求心力を得ることのできた理由の一つといえよう。

【偏諱】義輝の偏諱を受けた主な大名勢力は、東北：伊達・最上、関東・中部：古河公方・甲斐武田、近畿：三好・六角・朝倉・赤松、中国：尼子・大内・毛利、九州：相良・大友・島津などである。東北から九州にかけて存在しており、前代の義晴期とほぼ変わらない構図であろう。

偏諱は基本的には申請により授与するものであるが、毛利輝元は当初は「義」の偏諱を得ていたにもかかわらず（『毛利』三三〇［義輝：三〇六］）、「義」ではなく「輝」の偏諱を使用した。「輝」より将軍家の通字である「義」のほうが価値は高い。「義」の字を遠慮したのであろうか。

さらに肥後の相良頼房《よりふさ》は、永禄七年に義輝より「義」の偏諱と修理大夫《しゅりのだいぶ》の官途を得、「義陽《よしひ》」と名乗った。ところが、大友義鎮がこの偏諱と官途に不満を表明した。大友氏は先代義鑑の官途が修理大夫であり、当主は代々「義」の偏諱を得ていた。大友氏からみれば、守護でもない一国人である相良氏が代々守護家である大友氏と並ぶことになるので抗議したのである。しかし、義輝は義鎮に「一度下したのだから承知するように」と申し下した（『相良家文書』五一七［義輝：一三三〇］）。

結局、相良氏は義陽という実名の利用を天正五年（一五七七）まで遠慮しなくてはならなかったという。これについて、義輝（将軍）の偏諱授与は、実際に行われていても、授与される人物の周辺状況によっては効力が極めて限定的であり、その点で将軍権威の限界性が認められると指摘されている（小久保：二〇二一）。これは偏諱・官途授与に限らず、役職・家格も同様であろう。地方の秩序と中央の秩序において、その認識には差違があるのである。義輝が事前に当該地域の政治情勢や秩序を理解していなかったことによるトラブルであった。

【申次の得分】これらの栄典においてもやはり、それぞれの大名勢力を担当する申次が活躍した。興味深い事例が、先の武田義信の准三管領の事例である。甲斐武田氏の申次は義晴時代以来、大館晴光であったが、武田氏の被官今井昌良《いまいまさよし》は晴光に対して、義輝への披露と尽力に感謝しつつ、礼銭二千疋と「兼ねてからの約束として、知行の事を追って調えてから進献いたします」と伝え、さらに「殿中の事について、御馳走をお頼みします」と述べている。

晴光は武田氏よりの依頼を義輝に披露し、その認可に尽力したわけだが、それ以前におそらく武田領国内での「知行」を求めていたのである。いわゆる取次給《とりつぎきゅう》（取次担当者に対して大名領内の所領を給付すること）とされるものであろう。晴光には別の機会には、「毎事殿中の儀、御馳走本望」として二千疋を贈っている（武田義信書状写『類聚文書抄』）。

また、大名勢力より義輝へ御礼をした際、将軍への進物とは別に申次にも別に礼銭を贈っている。例えば、永禄三年に吉川元春《きっかわもとはる》が義輝に御礼をした際に太刀一腰と千疋を贈ったが、申次であった上野信孝へは三百疋を贈っている（上野信孝書状『吉川』五二五）。経済的に疲弊する「将軍祇候型」の側近にとっては重要な収入源であったことは疑いないだろう。特に晴光や信孝のように、複数の大名の申次を担当するものにとっては、将軍との繋がりが自身の利益に直結するのである。

このほか、将軍への御礼を指南することもあった（『山内家文書』二二六～二三四）。幕府内の状況を知らない地方勢力にとって、将軍と交渉するためには彼らの存在は不可欠であったろう。また、将軍と大名との関係が継続されるということは、申次をつとめる彼ら側近の生活、収入が維持されることでもあった。

＊

以上、義輝はすでに将軍を頂点とする幕府秩序が崩壊しはじめているなかで、地域の有力勢力を先例にこだわらずに登用し、幕府の秩序内に入れ込むなど柔軟に対応していたのであった。これは帰洛以前より見られたことだが、帰洛後も継続された（むしろ拡大された）。秩序の再編は新興勢力を幕府の枠組みに入れる一方で、非足利一門を多く取り込んだことで足利氏の血の否定にもつながる危険なものであった。義輝の清濁併せのむような秩序再編は、当時それだけ幕府秩序が危機的な状況であった現れである。すでに在京する大名や幕政に参加する大名が消滅したなか、これまでの幕府体制は限界にあったのである。だからといって、義輝に代わって足利氏以外が将軍になろうとしたわけではない。将軍を頂点とする秩序はなお維持されていたものの、その再編は不可欠なものであった。

第四章　朝廷・公家衆との関係

日野家家督継承問題の解決

義輝の帰洛により、再び朝廷・公家衆との交流が再開した。朝廷はまずは義輝の帰洛を「めでたい」と表したが、実際の両者の関係がどのようなものであったのかをみてみたい。

離京中におきた日野家家督問題はどうなったであろうか。義輝は帰洛後、早速この問題の解決に動いた。日野家は「先々　上意として御進止」されているため（柳原資定書状写『日野家領文書写』）、義輝は日野家の後継については、日野流以外の他流相続例はないこと、同じ日野流であるとの理由で［文書：九三］、広橋国光の子とする旨を執奏した（『お湯殿』十二月十四日条）。義輝は三好長慶の推す飛鳥井雅綱の男子の相続を容認しなかったのである（実際は、日野晴光の父内光《うちみつ》〈はじめ高光《たかみつ》、澄光《すみみつ》〉は他流の徳大寺家より入嗣）。

翌年二月には、故晴光の父日野内光の内大臣贈官を執奏し勅許を得て（『お湯』二月十日）、日野家への義輝の執奏権を誇示した。そして、春日局に対して御内書が発給され、家督問題は解消された（『日野家領文書写』［義輝：九三］）。その内容は日野家の家督について、「他門（日野流以外）」よりの相続の先例はないので、同じ日野流の広橋国光の男子を家督とするとのこと、家領以下の進退と今後の奉公について述べたものである。一連の家督問題は、後室である春日局が主導したものであろう。この後、国光の男子は義輝の偏諱を得て、輝資《てるすけ》となる。

この一件は、帰洛後の義輝が昵近公家衆（日野家）の家督に対する進止権の確認を行ったものと評価できる。三好氏はこれに対して、特に拒否や非難をしていない。家督継承が問題とされたのが義輝の離京期間であり、長慶はその代わりに九条家を通して「執申」しただけで、日野家家督に関しては将軍家が進止権を持っていたとされていたこと、前述のように国光の妹は松永久秀の側室であり（神田：二〇一七）、国光の子という選択は、三好氏にとっては不満を持つものでなかったためであろう。この人選は日野家への進止権の確認と同時に、三好氏との関係も考慮したものと評価できる。

なお、義輝より偏諱を受けた公家衆は輝資ただ一人である（水野：二〇一四ほか）。父義晴の偏諱を得た公家衆は複数おり、義輝と公家衆との関係の希薄化をみてとることも可能だろうが、これまで偏諱を得ていた公家衆に、そもそも新たに偏諱を得る年代の公家衆がいなかったこともあるだろう（二条家や勧修寺家などはすでに「晴」を得ていた。九条家は敵対のためなし）。

参内に消極的な義輝

義輝の帰洛は、朝廷よりも好意的に見られた。ところが、義輝の帰洛後の参内に注目すると、帰洛より一年以上たった永禄三年（一五六〇）二月六日になって「上洛以来始め」て参内し（『言継』同日条）、同年六月に続いて永禄四年三月十三日を最後に参内をしたことが確認できなくなる。つまり、帰洛後はわずか三回しか参内しなかったのである。将軍就任後の義輝の参内は、これを含めて計五回確認されるにすぎない。父義晴は、大永二年（一五二二）二月二十三日の初参内から天文十八年（一五四九）正月十日まで史料（『お湯殿』『二水記』『言継』など）から確認されるだけで十五回参内している。参内回数の多さ＝勤皇であるとは評価できないが、歴代の現職将軍の参内回数を比較するまでもなく、義輝は極めて少ないといえる。

かつて義輝が天文二十一年（一五五二）に帰洛した際、多くの公家衆が参会を欠席した。だが、永禄三年の参内の参加者をみると、伝奏の廻文には二十五名の名前があるが、不参はそのうち三名であった（当日はさらに一名欠席）。公家衆への求心力をやや回復したとみてよいだろうか。義輝の御供には細川藤賢、大館輝氏、上野信孝、三好義興、伊勢貞孝・貞良《さだよし》父子、松永久秀、春阿弥《しゅんあみ》のほか走衆が随った。このとき、御供衆となったばかりの義興と久秀が初めて供奉している。これは、義輝が三好氏をしたがえているということを朝廷や周囲に視覚的にアピールする意味もあった。このときの義輝の出で立ちは、乗輿で烏帽子に香色の直垂であったという（『兼右』同日条）。

当日の参会者は、昵近公家衆らを中心に勧修寺尹豊・晴右・晴豊《はれとよ》の三代、中山孝親、万里小路惟房、広橋国光、山科言継・言経《ときつね》父子、飛鳥井雅教・雅敦《まさあつ》父子、正親町三条実福《さねとみ》、葉室頼房、竹内季治《たけうちすえはる》、高倉永相、柳原淳光《やなぎはらあつみつ》ら二十一名であった。

義輝の参内について吉田兼右は、「御代始めの参内が遅れたのは、もっともではない」と述べており、義輝が参内したのは遅すぎるという意識を持たれていた（『兼右』同日条）。さらに義輝は参内した際、天皇代始めの参内は七献であったものを、「窮屈迷惑」という理由で五献に減らして行った。義輝は参内の際の酒宴を快く思っていなかったのである。義輝期には儀礼的な面の低調化がみられるという指摘もあるが（水野嶺：二〇二〇）、この「窮屈迷惑」という意識が、義輝が参内に積極的でなかった一つの理由であろう。

幼少より近衛家の後見のもと参内をしてきたが、本心では参内は面倒なものという意識を持っていたのである。父義晴は息子の参内によって朝廷との関係をより密接にしようとしたが、これが裏目にでた。父の思いとは裏腹に、義輝は参内を「窮屈迷惑」なものと思っていたのだ。これは義輝本人の気質なのか、朝廷との儀礼面での関係を特別なものと認識しなくなったのかわからないが、これまでの将軍とは異なる姿勢であることは確かである。

昵近公家衆との関係修復

昵近公家衆のなかでも、高倉家は将軍家の衣装係として代々将軍家と密接な家であった。義輝の参内の参会者の中に前年に出家していた高倉永家はいないが、代わって子息永相が参会している。

永禄元年（一五五八）五月ころの義輝上洛作戦の際には、永相は義輝の出張のため「梅つのしろ《城》へこも（籠）」るために朝廷に暇乞いを行っている（『お湯殿』同五月三日条）。梅津城は三好方の城であり、永相は三好方として参戦しているのである。ただこのときは永相ではなく名代として、粟津《あわづ》修理亮が参加している（「惟房」五月十九日条）。このように、永相は昵近公家衆のなかでも三好方のための軍事活動を行っていた。同六月の如意嶽での義輝勢と三好勢との合戦でも、三好方として永相が加わったとされ（「惟房」六月七日条）、父永家が義輝より乖離させられたことに不満があるなかで、永相は三好方として軍事活動をするなど、家名の存続のための現実的対応を行っていたといえる。これには永相の母が伊勢貞陸《さだみち》の娘ということで、伊勢氏との繋がりも影響しているのかもしれない。

しかし、義輝帰洛後、初の正月参賀で永相は義輝のもとに出仕しており（『言継』永禄二年正月七日条）、義輝に赦免されている。これは永相を信任するというより、家職の衣紋道が将軍家の諸儀礼に欠かせないこともあっただろう。

同じく、義輝より離反していた飛鳥井家も関係を修復している。特に、永禄四年に飛鳥井雅教が奥羽の伊達氏のもとに下向した際には、義輝が雅教の身体保証者として伊達晴宗に馳走を依頼している（『伊達』二二四九［義輝：一七六］）。改元伝達の遅延で義輝に恥をかかせた広橋家も同様だが、義輝は離反していた彼ら昵近公家衆との関係を私怨にかかわらず修復させた。かつてのように対面を拒否することはしなかったのである。義輝は感情に任せて彼らを排除するようなことはなかった。義輝は彼らを赦免することで、将軍と公家衆との主従関係を再開させることを優先している。伊勢貞孝の赦免や三好氏との融和もそうだが、義輝は帰洛後、それまでに離脱したものたちを排除するのではなく赦すことで、幕府体制の再開を優先させる方針をとったのである。

ところで、先の参内参会者の家は義晴の時代よりおおむね変更はないが、このうち、竹内季治が加わっていることが注目される。彼は直廬衆《じきろのしゅう》＝昵近公家衆としても参加している。季治はもともとは久我家の諸大夫《しょだいぶ》であったが、弘治三年（一五五七）二月十八日に従三位に叙されて公卿に列していた（前年には昇殿も許可）。さらに義輝が参内する直前に、義輝は季治の堂上《とうしょう》加入を執奏し勅許を得ていた（『公卿』）。

なぜ彼はこの時期、新たに昵近公家衆の家格を得ることができたのだろうか。それは季治のこれまでの動向が関係していた。彼は弘治年間には義輝ではなく、もともと三好長慶に近い存在であった。彼は弘治二年に禁裏御料所山国庄《やまぐにのしょう》（京都市右京区）に入部したが、その際には松永久秀らが護衛をしている（「厳助」五月条）。このころには長慶に近侍していたようで、長慶への取り次ぎを依頼されることもあった（速水武益書状「鰐淵寺文書」『三好』参考四五）。さらに季治の弟秀勝《ひでかつ》は三好氏、のちに松永氏の重臣として活動している。季治は義輝への忠節ではなく、このような長慶との親近性を期待されて加入したのであろう。また、旧主である久我晴通との繋がりもあったのかもしれない。この後、季治は長慶と義輝との取り次ぎも行っており、季治は両属する立場とみてよいだろう。

以上、形式的にしろ、将軍と昵近公家衆の関係は修復されたのである。

正親町天皇の即位式を延期させる

弘治三年（一五五七）の正親町天皇の践祚により、朝廷としては即位式の挙行が重要な課題となった。戦国時代の天皇の即位式は遅れることが続き、後奈良天皇は大永六年（一五二六）に践祚したものの、その十年後に即位式を挙行できた。それ以前の後柏原《ごかしわばら》天皇にいたっては、明応九年（一五〇〇）の践祚より永正十八年（一五二一）の即位式まで約二十年もかかっている。本来、室町時代の天皇即位式には将軍家が各国に国役を懸けて徴収し、それを即位式費用に宛てることが通例となっていた。将軍家が天皇家を支える象徴的な行為である。

践祚より即位式挙行まで時間がかかったのは、すでに大名家との音信が限定されるようにもなっていた幕府にとって、その費用を負担することがむずかしくなっていたためであった。後奈良天皇の場合は、周防の大内義隆の支援（二十万疋＝約二億円）により即位式が挙行できたが、このとき義晴は費用負担はせず、警固役と掃除役を担っただけであった。通例であれば幕府に費用負担が期待されるが、正親町天皇の即位式において、帰洛した義輝が積極的に動いた形跡はない。義輝は帰洛前に代わり御礼を行ったものの、それ以前には朝廷との音信も途絶え途絶えとなっていた。三好氏が即位式挙行に動いた形跡もない。そのためか、朝廷は独自に地方の大名勢力に支援を求めていた（「惟房公記」永禄元年五月十二日条）。

しかし、義輝が帰洛したことにより、天皇の即位式挙行が本格化した。永禄二年六月三日に、はじめて義輝は朝廷に即位のことを申し入れた。それをうけて八月八日、義輝は即位式を行う禁裏の修理について命じられている（『お湯殿』十月十八日条）。その後、十一月二十六日になって義輝より警固役について申し入れがあった。警固役は即位式における幕府の役割の一つである。しかし、翌日に義輝は当年中の挙行の延期の旨を申し入れた。天皇はこれを受け入れ、候補日となった来年の正月二十一日の挙行については延期しないように申し入れた（同記十二月十八日条）。ところが、義輝は挙行予定日の十日前になって、「石清水八幡宮へ慰労に行く」という理由で正月二十七日にさらに延期するように申し入れた。自らの都合で即位式挙行を延期させたのは、朝廷軽視とみられてもおかしくない。それでも義輝は意図的に延期を申し入れたのである。

結局、即位式が挙行されたのは義輝の申し入れ通り正月二十七日であった。このとき門役をつとめたのは三好長慶であったが、これには子息の義長と伊勢貞助も同道した（『雑々聞撿書』）。先の後奈良天皇の即位式でも警固役は幕府に命じられたが、実際に行うのは将軍ではなく、大名やその被官であり、その例に倣ったものである（後奈良天皇の時は木沢長政が担当）。

また、費用を負担したのは今回も幕府ではなかった。毛利元就や三好長慶ら大名勢力の献金によって行ったのであった（正親町天皇綸旨『毛利』二九四、天皇は褒美として毛利元就・隆元父子に官位を授与している）。このときの献金は長慶が一万疋、伊勢国司北畠具教は二千疋であったが（『お湯殿』永禄二年十二月二十八日条など）、元就は二十万疋であった。特に朝廷は元就に申沙汰を命じており、今谷明氏も指摘するように、金額からみてもかつての大内氏（義隆）の後身と見なしていたと理解してよいだろう（今谷：一九九二）。すでに朝廷は、幕府に対して唯一の経済的支援者とはみなさなくなっていた。『日本史』（五九章）には禁裏がひどく破損したままという記述があるが、これは義輝らの将軍が「ほとんど気を配らなかった」ためという。これは即位式にも当てはまろう。

だが、金銭負担はしないものの、義輝は即位式と無関係であったわけではない。天皇は義輝の離京期間に、その頭越しに三好氏に即位式挙行を命じることはなかったように、あくまでも公武による国家事業としての即位式を求めていたのである。即位式における三好氏の立場（警固役）は、あくまでも将軍臣下としてのものであり、それが示されたものであった。なお、義輝の帰洛後の初参内は、前述のように二月六日であったが、これは天皇の即位式挙行を待ってのものであったのだろう。

禁裏大工職相論に介入する

義輝は帰洛後、朝廷の人事について介入することもあった。その一つが禁裏大工中務《なかつかさ》職の人事である。詳細については神田裕理《かんだゆり》氏の成果に詳しいが（神田裕理：二〇一五ほか）、義輝の朝廷政策がわかる事例なので、その成果に基づきながら少しみてみたい。

永禄二年（一五五九）に禁裏大工中務職をめぐり、惣官《そうかん》の右衛門尉《うえもんのじょう》定宗《さだむね》と中務職の鑓屋新左衛門《やりやしんざえもん》が相論に及んだが、これにかつての中務職の木子宗久《むねひさ》が加わり、対立は複雑化していた。もともと定宗は幕府の御大工であったが、足利義晴が朝廷に介入した結果（『お湯殿』天文十年九月四日条）、定宗が中務職に補任されたのである。しかしその後、朝廷は新たに新左衛門を中務職に補任したことで、定宗は数ヶ月で解任されていた。

今回の相論は幕府に提訴された。これは御前沙汰で審議されていることから、義輝が裁定に動いたことがわかるが、要因として定宗が幕府御大工であり、かつて義晴が贔屓したこともあるだろう。しかし、審議の過程などは義輝の側近大館晴忠より公家の柳原資定を介して朝廷に伝えられた（大館晴忠奉書案『京都御所東山御文庫所蔵地下文書』五三）。次いで、武家伝奏との伝達は上野信孝がつとめているが、将軍側近がこれらの相論の審議にも関与していたことがうかがえる。

当事者である宗久は不利な状況をみてか、資定を通して朝廷に自身の権利を主張しており（『お湯殿』三月二十七日・二十九日条）、朝廷の審議関与に期待した。ただこの後、なぜか相論の論点が惣官職と中務職の兼帯の是非に移っていったという。

義輝は幕府内での審議の結果、惣官定宗の中務職兼帯を認めるように朝廷に執奏している。禁裏大工職であるため、当然、最終的な認可は朝廷にあったためである。義輝がこのような執奏を行ったのは、将軍としての存在をアピールするためともいう。また当初、朝廷側はこれに難色を示したが、それは幕府の介入により、禁裏大工補任権を喪失するおそれがあったためだという（神田裕理：二〇一五）。

結局、義輝の執奏により定宗は惣官職と中務職の兼任が認められた（幕府奉行人奉書案「禁裏大工職相論文書案」『京都御所東山御文庫所蔵地下文書』一〇一ほか）。ただ、補任には公武の合意が必要であることが幕府にも確認されており、公武間の対立を意味するものではなかった。

義輝の帰洛後すぐに起こったこの相論は、定宗がこのタイミングをねらって起こしたものとみてよいだろう。禁裏大工惣官職や中務職への関与は将軍のみが行い得るものであったと指摘されているため、将軍離京期間では自身の要求が受け入れない可能性が高かったと定宗は認識していたのであろう。将軍の帰洛は、幕府に所縁のある人々にとっては都合のよい法廷の復活として意味があったといえる。

将軍と朝廷をつなぐ禁裏申次

公武間交渉において、武家伝奏や近衛家が関与していたことはすでに述べてきた。先の禁裏大工職での相論にみられるように、将軍と武家伝奏の間には将軍側近が上意の伝達者として存在した。特にそのような役割を担う幕府側の窓口として、「禁裏申次」というものも存在していたと思しい。

永禄八年（一五六五）三月十三日に山科家に関する内蔵寮率分東口のことについて女房奉書が発給され、武家伝奏勧修寺尹豊の代理である勧修寺晴右が銘を加えて幕府に伝達した。その際に晴右は「禁裏申次がいまだにいないので、内々に進士晴舎をもって申し入れるように」と述べた（『晴右公記』同日条）。つまり、朝廷方より幕府への幕府方の連絡窓口として「禁裏申次」が存在していたことが判

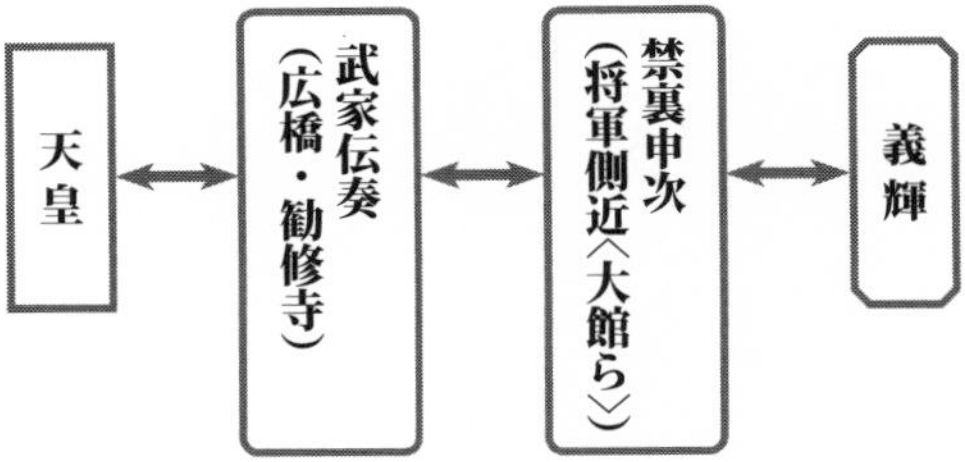

表６　義輝期の公武間交渉

明する。当事者である言継の日記『言継』永禄八年三月十三日条には、女房奉書を「大館某が所労しているので、こちらより晴舎方へ澤路《さわじ》筑後守をもって（女房奉書を）遣わした。晴舎が内々馳走していたからである」と見える。「いまだいない」「所労」と異なるが、二つの記録から、おそらく大館某（晴光か）が禁裏申次であったが、所労（病気か）であったために晴舎が代行したのであろう。晴光は同年の四月に没するから、ここでの禁裏申次は晴光の可能性が高い。

　また、永禄二年三月に言継が山科家領について、幕府への女房奉書を求め、武家伝奏が幕府に伝達した。同二十日条によれば、「今日大館輝氏の返事があった。義晴の時代、細川晴元・六角定頼が申沙汰にて進上されたので、問題ないという」と見える。禁裏申次はこのとき晴光の子輝氏がつとめていた可能性がある（輝氏は永禄五年に没）。

　しかし、将軍より武家伝奏への伝達については彦部晴直や上野信孝なども行っており（『言継』永禄六年正月十四日条ほか）、晴光・輝氏父子だけが関与したわけではない。そのため、「禁裏申次」が一名なのか複数なのかも不明である。そもそも「禁裏申次」が職名であるのか、単に禁裏との申次という意味なのかも不明であるが、内裏の屋根修理の催促について、武家伝奏が義輝のもとに派遣されたとき、中次が不在で伝達できなかったとあるから（『お湯殿』永禄三年四月十日条）、武家伝奏担当の中次が幕府内に設定されていたことは間違いないだろう。詳細は後考を俟ちたい。

昇進に興味がない義輝と官位の執奏

義輝は将軍就任の翌年、天文十六年（一五四七）に参議兼左近衛権中将に昇進して以来、官位に変動はなかった（従三位昇進の有無についての筆者の見解は前述の通りである）。

義輝は離京期間も長く、それが影響しているかとも思えるが、父義晴は朽木に動座していた享禄三年（一五三〇）に二十歳で従三位・権大納言に昇進しているように、必ずしも在京・離京が影響しているともいえない。義晴の場合は義晴側よりの内奏を経て、天皇による推任という形で昇進がなされたものである代わりに、天皇は公家衆の所領問題の解決を義晴に求め、その結果推任されたものであった（前書）。

義輝も父の先例に倣えば、動座していた弘治二年（一五五六）が二十歳であり、この年に昇進が行われることは可能であった。ただし、公家衆の所領問題の解決が当時の義輝は行いえないこともあって、義輝側も推任を要請しなかったのであろう。

だが、政権が安定化する永禄元年の帰洛後も官位の昇進がなかったのは、義輝自身がその必要性を感じていなかったためと理解できる。義輝は自身の官位昇進について優先度が低かったという指摘もある（水野嶺：二〇二〇）。少なくとも、義輝が可能である官位昇進をしなかったのは、意図的であることは間違いないだろう。外戚の近衛稙家も昇進に動いた形跡はないことは注目される。義輝本人のみならず、近衛一門も昇進に興味のない義輝を受け入れていたのである。その理由を無理に想像するならば、義輝が武家の棟梁として武家様花押にこだわり、将軍家の公家化の象徴ともいうべき公家様花押に変更したくなかったため、大納言昇進を拒否したとも考えられる（将軍家は中納言を経ない）。父義晴は権大納言昇進を契機に公家様花押に改めているように、大納言昇進が公家様花押への変更の基準とされていたからである。いずれにせよ、義輝はこの状態でよしとしたのだった。

その一方で、公家衆や大名勢力、直臣の叙任の執奏は多く行っている。執奏が行われた大名勢力は、伊達・長尾・三木《みき》（姉小路《あねがこうじ》）・三好・尼子・大内・毛利・吉川・小早川・河野・相良・大友・島津らで、中国や関東の国人勢力もある。そのなかで、もっとも高官なのは飛騨国司姉小路家を継承した三木良頼《よしより》の参議任官である。義輝はそれ以前に三木氏による飛騨国司継承についても執奏して、認可を得ていた（『お湯殿』永禄二年七月九日条）。その後、良頼の中納言昇進（義輝より上位）についても内々に執奏したが、これは「謂われがないので分別するように」とされ、承認されなかった（『御湯』永禄五年十二月十一日条）。これ以外に伊東義祐《よしすけ》への従三位昇進も執奏した（『お湯殿』永禄四年八月十八日条）。義輝より上位の位階である。武家の公卿化の執奏も行ったのである。

そもそも官位の執奏は、将軍が大名勢力らと主従関係を示す重要な権限であることは言うまでもない。そのため、叙任について、義輝は武家執奏を通じてのみ授与するように朝廷に求めていたという（水野嶺：二〇二〇）。義輝が在京していなかった時期に、美濃の斎藤（一色）義龍が伊勢貞孝を通して治部大輔に任官していたが、義輝の帰洛後には朝廷側の推任に対してもその確認を義輝に求めていたというから（『お湯殿』永禄五年七月二日条）、朝廷側は基本的に義輝の執奏権をそのまま認めていたことになる。

義輝は自身の昇進に無関心ながらもさまざまな武士の官位を執奏することで、官位叙任を幕府秩序（主従関係）のために活用していたといえるだろう。それだけではなく、武家の棟梁としての将軍を誇示するという意味でも叙任の執奏は必要なことであった。

改元を執奏しない義輝

義輝の生涯には二度改元が行われたが（弘治と永禄）、どちらも義輝が執奏したものではなかったことはすでに述べた通りである。ただし、「永禄」のときも義輝は朝廷が独自に改元することそのものを特に否定はしなかった。手続き通りきちんと伝達さえしてもらえればよかったのである。

帰洛後も永禄四年（一五六一）と永禄七年と二度、改元すべき状況となったが、このときも義輝は改元について動かなかった。永禄四年は辛酉《しんゆう》、永禄七年は甲子《かっし》にあたり、それぞれ辛酉革命、甲子革《かく》令《れい》（王朝の交替や変乱、災厄が起こる年）として、運気を改めるため平安時代より明治以前には改元することが通例であった。なお、甲子で改元しなかったのはこれが唯一で、辛酉で改元しなかった例は、この後の元和七年（一六二一）のみであり、今回の例は前代未聞である。

永禄七年には、改元の発議をしない義輝に代わって松永久秀が義兄弟でもある武家伝奏広橋国光を通して朝廷に改元を申し入れたが（『お湯殿』永禄七年三月十六日条）、義輝よりの執奏を待っていたためか朝廷はこれを黙殺し、改元は行われなかった。久秀の行為は将軍権力を侵食するものであるが、この点特に問題となっていない。

結局、朝廷は二度にわたる改元の機会がありながら、「弘治」「永禄」のように独自に改元することはなかった。前述のように、改元自体は必ずしも将軍による執奏が前提ではない。朝廷より改元を打診することもあった（前書参照）。改元の発議自体は高位の公卿にはあったとされるから、大納言や大臣まで昇進する公家としての将軍家（室町殿）も、その意味では特別なものではないとされる（久水：二〇一二）。今回も朝廷が独自に改元、または要請することも可能であったはずである。以前はともに将軍が離京していた時期の改元だが、今回は将軍が在京しているため、朝廷は義輝に遠慮したのだろうか。もちろん費用の問題もあろう（当時、国役も機能不全）。

義輝が辛酉の年、甲子の年となぜ二度も執奏しなかったのかについては、残念ながら知るすべはない。将軍としての権限を自ら放棄したようにも見える。永禄もそうだが、近衛一門が近侍し、改元が必要とわかっていながら執奏しなかったことは意図的とみなせる。かつて、父義晴は敵対する足利義維との対抗もあり、将軍としての正統性を主張するために二度、改元を執奏した。戦国期には幕府の分裂により、正統性維持のために権威補強として改元の執奏が行われていたのだ（久水：二〇一一）。

ところが義輝の場合、敵対するのは三好長慶であり、彼は将軍家の人間ではない。三好氏と相克したとしても、義輝にとって将軍職そのものを脅かす存在ではないのである。義輝にとってその正統性を揺るがしかねない存在は三好氏ではなく、同じ足利氏の人間（義維父子）であったのだ。

義輝が当時足利氏の人間と競合するのであれば、将軍家の分裂に対応するためその正統性を主張する手段として改元を執奏することは考えられるが、三好氏が相手であるため、その必要を感じなかったということになろう。しかも、三好氏はこの時点で表面上は幕府を支える大名として存在しており、敵対する存在ではない。そのようななかで、特に大きな経済負担をしてまで声高に将軍としての正統性をアピールする必要はないのである。少なくとも義輝はそれでよしとしたのだ。

数度も改元を執奏しなかった理由は官位昇進・参内への消極性、天皇即位式の延期の理由と共通するかもしれない。朝廷側も、官位昇進を望まず、参内もほとんどせず、改元の執奏もしないという、これまでの将軍と異なる価値観、姿勢を持つ義輝に対して困惑しただろう。織田信長が義輝の朝廷政策を否定したように、これは同時代の人々からしても理解できないことであった。

ただ、義輝によるこれらの対朝廷政策は意図的であった。これが何を目的とするものかは判然としないが、朝廷を支える将軍家、公家衆（室町殿）としての将軍家というこれまでの両者の関係の見直しを図ろうしたことは間違いないだろう。義輝は「足利―近衛体制」を利用しながらも、朝廷の権威に依存しない新しい将軍権力を構築したかったのかもしれない。これも新しい秩序形成であろう。のちに義昭も改元や参内などで朝廷との関係に距離を置いたが、これも義輝の方針を継承したともいえる。

だがこれは、他の武士とは異なる足利氏の特別性・貴種性を失わせかねないものである。参内や公卿化、改元執奏はともに足利将軍家に許されたものであった。これを意図的に放棄しようとしたのだ。義輝にとって朝廷は将軍権威に必須なものではなくなっていたのだった。義輝の時代は、将軍と朝廷との関係もこれまでと異なる関係に変化したことは間違いない。

第五章　三好氏と伊勢貞孝

三好氏を幕府の中に取り込む

永禄元年（一五五八）の和睦により、義輝と三好長慶との関係が一応改善するなかで、義輝は再び長慶の幕府での立場を上昇させた。長慶は天文二十一年（一五五二）の時点で御供衆に加わり、京兆家の被官から将軍の直臣の立場を得ていた。筑前守はもともとは自称であるが、御供衆となった翌年二月には従四位下となっている。これは義輝の執奏によるものだろうが、御供衆とはいえ、従四位下は破格の待遇である。

義輝は、帰洛後の永禄三年になって長慶を修理大夫に任官させ、御相伴衆に加えたのである。御相伴衆は幕府最高の家格であり、「大名」としての身分を承認したことになる。さらに、三好氏の主家である京兆家とならぶ存在となったことを意味する。前述したように、御相伴衆の待遇は授与された本人一代限りのものであることが指摘されており（小久保：二〇二一）、これは永続的に幕府の秩序のなかに取り込まれるものではないため、必ずしも幕府に屈服したことを意味しないという。ただし、一代限りであっても幕府秩序に取り込まれたという意味は小さくない。

官途の修理大夫も、本来は一色氏や赤松氏（ともに四職家）、大内氏、大友氏など足利一門の大名家や歴史のある守護家が任官するものであり、大館常興による武家官位の序列では上位に位置していた（「大館常興書札抄」）。御相伴衆や修理大夫という点からみれば、長慶はそれまでの四職家相当の家格となったといえる（大友義鎮はこれに反発したことで、さらに上位の左衛門督に任官した）。さらに義輝は翌年、長慶に対して将軍家の紋である桐紋の使用も免許した（実際は桐紋の御服の下賜）。大徳寺の聚光院《じゅこういん》（京都市北区）に残る有名な長慶の肖像にも桐紋が描かれている。

なお、義輝は長慶一人だけに栄典を与えたわけではない。嫡男の孫次郎には「義」の偏諱を与え、「義長」（のち義興、以下義興）となり、長慶の跡を継いで筑前守を受領させ、御供衆の地位を与えた。同時に松永久秀も御供衆とし、直臣の立場としたのである。同四年には義興は御相伴衆に、さらに久秀とともに従四位下に昇進し、彼らにも桐紋の使用が免許されている。義興と並んで久秀にも同様の待遇を与えたことは興味深い。久秀はすでに三好家中でも当主や一門に準じるような特別な存在となっていたと義輝が見なしていたのである。なお、このとき久秀は「桐紋は源氏のもの」という理由で、それまでの藤原姓より源姓に改姓し、改めて口宣案を受け取っている（同記）。さらに義輝は久秀に塗輿の使用も免許した。

続けて、長慶の実弟で阿波三好氏の実休も同年の閏三月に御相伴衆としている（同記）。当時、阿波にはまだ守護家の細川真之《さねゆき》がいたが、義輝は実休を幕府を支える大名に位置づけることで、「京兆家→長慶、阿波細川氏（御相伴衆）→実休」というように、すでに幕府にとって実態のない細川氏に代わる存在として三好氏を位置づけ、旧来の秩序を再編しようとしたのである。実際に前述のように、永禄五年の礼拝講の国役賦課の先からわかるように、三好氏は摂津・河内の守護、久秀は大和の守護相当となっていた。これらの三好氏の家格向上やその御礼については、やはり伊勢貞孝が申次として尽力した（同記）。貞孝も、三好氏を幕府秩序の内に正式に取り入れる役目を担ったのである。

長慶の御相伴衆加入と義興への偏諱授与を聞いた吉田兼右は、「末世の故だ」と述べている（同永禄三年正月二十二日条）。いくら実力があろうとも、長慶の御相伴衆加入は異例であったのだった。これはなお、京都の人々の意識に将軍を頂点とする旧来の幕府の儀礼秩序が強く残っていたことを意味する。一公家でさえこのような意識なのだから、三好氏は周囲より成り上がり者と意識されていたことは間違いない。このほかにも、大友氏や関東の国人らからも強く反発されていたことが指摘されており（北条氏康起請文写「歴代古案」、天野：二〇一四ほか）、地方でもなお足利氏の秩序が意識されていたことがわかる。しかし、義輝はそのような反発に関係なく、三好氏の家格向上を進めた。将軍を支える大名が低い家格のままではいけないのである。また、それにふさわしい待遇を与えるのと同時に、「義輝の臣下」としての三好氏の存在が明確化された（山田：二〇一八）。

さて、長慶が御相伴衆となったことで、同時に書札礼も変化することとなった。これまでの将軍直臣の御供衆と大名である御相伴衆では、その家格は歴然と離れている。家格向上による書札礼の変化は、文書を送る側、送られる側それぞれに上下関係を視覚的に確認させるものであった。しかし、書札の面でこれを認めないものもいた。本来管領家である畠山高政は、長慶の御相伴衆加入以降も御供衆待遇の書札を用いたという（小久保：二〇二一）。

元来、幕府秩序のなかでは低位であった三好氏は、伊勢貞孝や三好氏の顧問的な役割を担う伊勢貞助から、しきりに書札礼について指南を受けている（『雑々聞撿書』）。これは単なる官位ではなく、それまでの幕府秩序を元にしたものであり、三好氏が書札礼の面でも幕府秩序のなかに明確に取り込まれたことも意味する。なお、長慶は御相伴衆加入以降も貞孝には厚礼であったことから、書札礼については長慶が過渡期で、画期は義興に認められるという（小久保：二〇二一）。

義輝は帰洛後、これまでの方針を転換して、三好氏を大名として認め、幕府内の秩序に取り込もうとし、三好氏もそれに応じた。永禄二年に大名の上洛が続いたほか、探題職補任など新たな将軍と大名との秩序が形成されはじめたものの、在京して幕府を支える大名は現れなかった。義輝には期待できる大名はあとは三好氏しかいなかったのである。そこで、義輝は三好氏を幕府の秩序に取り込み、三好氏を幕府を支える大名として遇する覚悟を決めたといえるだろう。これを三好氏の敗北とみるむきもあるが、そもそも三好氏が本当に将軍に代わる新たな武家権力となろうとしたのかは留意される。前述のように、義輝にはそのような危機感はなかった。長慶の場合、もともと一番の敵対者は細川晴元とその支持勢力であり、義輝がそれを支持したことで関係が決裂した。晴元一派が排除され、義輝と切り離されたいま、長慶が義輝と対立し続ける理由はなくなった。そこで将軍からの栄典を受け入れ、かつての旧主京兆家の立場を継承しようとしたとみるべきであろう。

結城進斎と斎藤基速

義輝の帰洛により、将軍家への奉公を再開するものもあった。義晴の時代より将軍直臣だった結城進斎（国縁）については前書でも述べたが、彼は柳の御所や今出川御所などの造営奉行などをつとめたほか、義晴が死ぬ直前にみた夢に登場している。そこでは四、五年前に死去したとされていたが（「穴太記」）、実はこの時点で将軍家の奉公から離脱していた（天文十四、五年ころか）。いつの時点かは不明であるが、将軍直臣としてではなく、三好・松永氏の被官という立場を選択したのである（木下聡：二〇一七）。彼は先の『䜌拾集』でも、三好長慶方への窓口として現れる。さらに、前述の長慶が行った禁裏四方築垣の修造では、その奉行をつとめている（「厳助」弘治二年十月条）。

彼は、「山城入道」「進斎《しんさい》忠正《ちゅうせい》」などとして現れる（『雑々聞撿書』など）。彼は『日本史』（三七章ほか）にも登場し、学問・降霊術・天文学に精通し、剣の達人でキリシタンとなったことで知られる。なお、大永年間（一五二一〜）より活動していた彼はここで「老人」と記されている。

進斎は、これまでも造営奉行など幕府での実務をつとめてきた。三好氏がそもそも京都支配につい て素人であったことを踏まえれば、彼らのような実務に長けた旧将軍直臣を抱え入れたことは、三好氏の京都支配において大いに利することが大きかったことは簡単に想像できるだろう。

ところが、進斎は完全に将軍直臣としての身分から離脱したわけではなかった。進斎はその後もたびたび武衛御所の義輝のもとに出仕しており、直臣としての身分も継続していた（『言継』永禄七年二月二十四日条ほか）。武衛御所への移徙の日次勘進にも関与したように、その実態は直臣身分を維持しつつ、三好・松永氏にも属していたのであった。彼は決して将軍直臣の身分を放棄したわけではなかったのだ。

さらに、かつて堺公方足利義維の奉行人で、その後三好家の奉行人として活動した斎藤基速は、義輝帰洛後の幕府に出仕していることが確認できる（『雑々聞撿書』）。基速の父は十代将軍義稙に近侍した幕府奉行人斎藤基雄《もとかつ》であり、もともとは幕府奉行人の家柄（つまり直臣）であった。もちろん、彼が実際に幕府の奉行人として活動していたわけではないが、基速が幕府に出仕すること、そして直臣の待遇をうけることは必ずしも不思議ではない。

三好・松永氏のもとにありながらも、将軍の直臣という身分はやはり魅力的であったのだろうか。進斎も基速もともに義輝のもとにも出仕し、直臣としての身分も維持していたことは事実である。畿内の秩序において、将軍の直臣という身分はなお意味があったのである。

一方で、三好氏に接近した直臣もいた。代表的なのが、伊勢貞孝とともに三好氏の顧問のような活動をした伊勢貞助である。彼は貞孝や上野信孝、進士晴舎のような担当の申次ではないが、貞助が記した『雑々聞撿書』によると、彼が三好氏に対してたびたび幕府の故実や幕府関係者への御礼の指南していることが確認される（木下聡：二〇〇九）。彼は、三好氏と公的な申次である貞孝、信孝や晴舎らとのさらなる取次など行い、義輝と三好氏との関係を支えたのである。

特別だった永禄四年の三好邸御成

　当時の義輝と三好氏との関係をみるなかでの一つのイベントが、永禄四年（一五六一）の三好邸への御成である。御成は、将軍と将軍を迎える亭主との主従関係を確認するものとしても重要なものであった。さらに、御成される亭主への将軍からの栄典のような意味があり、名誉なことであったという（浜口：二〇一四）。つまり、三好邸への御成は三好氏への栄典の一種とみることができる。この御成の記録には、「三好《みよし》筑前守《ちくぜんのかみ》義長《よしなが》朝臣《のあそん》亭江《ていへ》御成之記《おなりのき》」（『群書類従』第二十二輯武家部）と「永禄四年《えいろくよねん》三好亭《みよしてい》御成記《おなりき》」（『続群書類従』第二十三輯下武家部）がある。実際に御成が行われる経緯については、これらの記録からみてみよう。

　すでに述べたように、永禄四年正月には三好義興は従四位下昇進、御相伴衆加入、桐紋の拝領といった栄典をうけている（『雑々聞撿書』）。そのなかで三月一日（三日とも）、義興が御所に出仕した際に、大館晴光・上野信孝・伊勢貞孝らから、「夏に御成をしていただくように申し上げるべき」と進言された。これは、二月二十三日に義輝より殿中に呼ばれ、そこで歓待されたことへの返礼という意味もあった。これに対して、松永久秀と三好長逸は「突然のことなので難しい」と意見したものの、重ねて晴光ら

「洛中洛外図屏風」に描かれた三好邸　米沢市上杉博物館蔵

より進言されたためそれを受諾し、義輝に対して御成を申請したのである。

田中信司氏は、晴光らが執拗に義興らに御成の申し入れを行ったことについて、「義長が義輝に対して礼節を示した」ことを周囲に印象づけるためとする。つまり、三好氏が幕府の秩序下に置かれている状況を象徴的に示そうとしたものという。一方で、三好氏としては礼節の示し方の手順に問題を感じながらも、義輝に礼節を示すこと自体には嫌悪感を持っていなかったという（田中：二〇〇九）。また、長慶ではなく義興が亭主となっていることについては、長慶が義輝と直接関係することを嫌ったためともされる（天野：二〇一八）。長慶は対義輝・幕府については義興を中心に対応させようとしたというが（天野：二〇一五）、若い義興としては、将軍を迎える御成は大名としての晴れ舞台であったに違いはない。義輝としても比較的年齢の近い義興に対して悪い印象はなかったのだろう。

ただ、三好氏が当時在京する存在でなかったことは前述した。義興も常に在京していたわけではなく、上洛した際には梅津《うめづ》の長福寺《ちょうふくじ》（京都市右京区）を宿所としていた。普段より邸宅を構えていなかったため、御成を迎えるために、おそらく三好氏の旧宅（古御殿）を急いで改修し、三月三十日に義輝を迎えたのである。このときに上杉本洛中洛外図屏風に描かれている冠木門や主殿の破風が増築された。

義輝は武衛路（勘解由小路か）を通り、三好邸に到着した。御供は細川藤賢（御剱持）、大館輝氏、細川輝経《てるつね》、上野信孝、伊勢左京亮、伊勢貞孝・貞良父子、万阿《ばんあ》、そして久秀である。久秀は三好氏方の人間として義輝を迎えるのと同時に、このときは将軍直臣としても供奉したのである。三好邸では亭主の義興のほか、父の長慶、本来の三好氏の主家である細川氏綱、公家衆では昵近公家衆で武家伝奏でもある勧修寺尹豊と広橋国光、同じく昵近公家衆の飛鳥井雅敦と高倉永相が相伴した。

義輝の帰洛以後、寺社への御成や方違えのための御成を除けば、正式に御成した武家は結果的には義興と側近細川藤孝邸のみであった。京兆家の氏綱は当時淀に居住していたものの、京都の邸宅も式日への御所への参礼のためにも維持していたはずである（死後に荒廃）。その氏綱に対しては一度も御成がなかったことを考えれば、三好邸への御成がいかに特別なものであったか、京兆家がいかに零落していたかがわかるだろう。御成はトラブルもなく無事に終了し、義輝と三好氏（義興）との良好な関係（主従関係）を世間にアピールすることができたのである。

上野信孝の転身と三好氏

義輝から三好氏への各種栄典授与や三好邸御成は、両者が良好な関係であることを世間にアピールするものであった。義輝と三好氏との関係が良好となるなかで、三好氏と伊勢貞孝の間にも変化が起きていた。これまで三好氏担当の申次として、義輝との仲介や各種の栄典授与にも尽力してきたが、永禄三年ころより長慶の披露状の宛先に貞孝だけでなく、上野信孝が加わるようになったのである（三好長慶書状案「雑々書札」『三好』六七二）。この披露状は、永禄三年にこれまで沈黙していた細川晴元が近江で挙兵したことに対して、長慶が山門と近江の六角氏に御内書を発給してくれるように依頼したものである。思い出してもらいたいのが、もともと信孝は反三好氏の筆頭格で、晴元に近い存在であったことだ。この披露状の要望が無視されそうであれば、信孝ではなく貞孝のみに宛ててもよいだろうが、信孝にも宛てられていることから、この時点で長慶と信孝の関係の改善がうかがえる。

おおよそ担当の申次は、御内書の「猶～可申」という文言から推測できる。通常、「～」の部分には副状発給者の名前が記載され、多くはその大名の担当申次であった。同年九月の松永久秀宛の御内書には「猶信孝・晴舎」（「雑々書札」［義輝：一六一二］）、長慶宛のものにも「猶季治卿・信孝・晴舎」とあり、信孝のみならず進士晴舎も加わっていることがわかる。さらに、将軍家と三好氏に両属していたともいうべき昵近公家衆の竹内季治の名前もある。つまり、これまで貞孝が独占していた義輝と三好氏との間に、義輝の信用する信孝・晴舎らが参入したのである（拙稿：二〇一八③）。申次は相手の大名が指名するものであるとすれば、信孝らの加入は長慶側が指名したということになる。

　その最初の関わりと思しいのは、永禄二年の楠《くすの》木《き》氏の勅免であろう。楠木氏は旧南朝の遺臣であり、北朝の流れを汲む現在の朝廷からみれば朝敵であった。久秀の被官にその末裔を称する大饗《おおあえ》正虎《まさとら》がおり、久秀は楠木氏の勅免を朝廷に申し入れたのである。これは受け入れられ、正虎は楠木姓に復し、さらに任官したのであるが、この一件は義輝にも伝えられた。それを取り次いだのが信孝であった（上野信孝書状「楠文書」『三好』五九六）。ここに、三好・松永方と信孝の最初の接点が見いだせる。なお、天野氏はこの楠木氏の勅免について、将軍家の正統性を失わせかねないものと評価するが（天野：二〇一五ほか）、すでに何の脅威もない過去の存在である楠木氏の勅免にそこまでの影響力をみるのはむずかしいだろう。むしろ、楠木氏の北朝（現朝廷）・足利方への投降といえる。

　また、三好義興の御相伴衆加入の際も、信孝は義輝のもとで大館晴光とともに談合に加わり、裁許されていた（『雑々聞撿書』）。信孝は義輝の三好懐柔政策に関与していたのである。

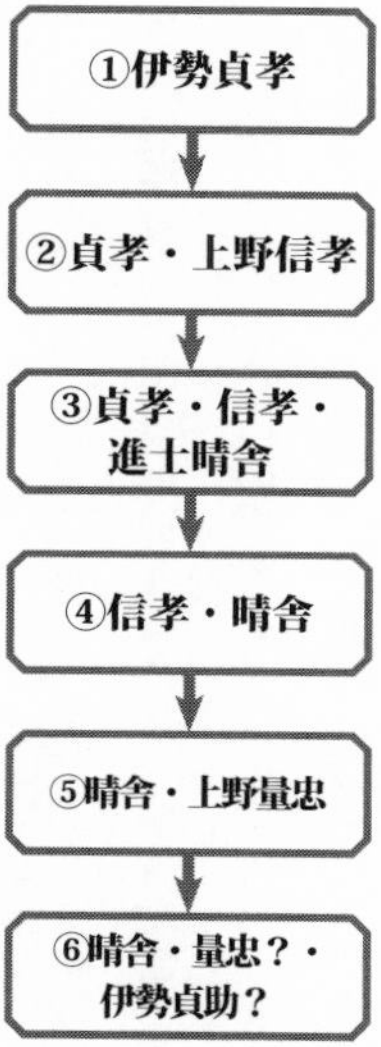

表７　三好氏担当の申次の変遷①

　信孝と三好・松永氏の接近をどのように考えるべきだろうか。筆者は、帰洛後の義輝と三好氏との関係改善の一つの成果であると評価する。義輝の政策転換により、それまで反三好派の筆頭格であった信孝もそれに従い、三好氏との対立関係を解消しようとしたのであろう。

長慶のほうも、何度も離反したことにより義輝やその周辺より白い目で見られていた貞孝より、義輝の信任厚い信孝らを仲介者として期待するようになったとみられる。信孝と長慶の相互不信が解消され始めたのがこの時期であったのだろう。長慶はそれまで反三好氏であった信孝らをあえて三好氏側に取り込むことで、三好側は、自らに近い貞孝と義輝に近い信孝らの二つのルートを利用しようとしたのかもしれない。

これは結果的に、三好氏と良好な関係にあった貞孝の幕府内での独自性、義輝が貞孝の帰参を許した理由の一つがなくなったことを意味する。反対に、義輝としては三好氏との関係改善のなかで、より義輝と意思の疎通がとりやすい信孝らが窓口となったことで、三好氏との協調関係をより推し進めることが可能になったといえるだろう。

異例の政所沙汰への介入

三好氏との関係改善を進めるなか、義輝は幕府内においても、これまでとは異なる姿勢を示しはじめた。基本的に政所での審議決裁は将軍の直接関与するものではなかったことはすでに述べた。あくまでも頭人伊勢氏の管轄であったが、義輝は政所法廷（政所沙汰）に介入するようになったのだ。

義輝による政所沙汰への関与は、帰洛後の永禄二年（一五五九）八月からみられる。それは、奉公衆沼田光兼が三条家からの買得地の安堵を政所に求めたことから始まる。三条家は売却した事実を認めず、光兼と相論となった。その後、三条家に対して権利を認める奉書が政所より発給されたが、これに義輝が介入したのである。義輝は一方的な裁許に対して、「糺明を遂げるように」と政所に命じた。結局、三条家による訴訟とその手続きが不適当ということで、改めて光兼に安堵されている。

この問題は、政所代蜷川親俊の取次による齟齬も影響していたようで、伊勢貞孝は訴訟の詳細については知らなかったらしい。義輝はこの一件について、奉行人を介して貞孝に尋問したものの、貞孝からは返事がなかったようで、政所代の親俊に状況が確認されている。貞孝は自らが直接知らないところで一件が進んだことに不信をもったのか、親俊に起請文の提出を求めた（以上、『蜷川』七〇三〜七）。買得地安堵やそれに関わる訴訟は、本来は政所沙汰に帰属する案件であり、将軍が介入するものではなかった。直接的にはおそらく、光兼が義輝に嘆願したために介入したのであろう。

ところがその後、義輝と政所との間にトラブルが発生した。事の発端は、永禄二年十月の八幡巣林《すりん》院《いん》領をめぐる相論であった。当初は同院造営方であった祖連《それん》（連首座《しゅそ》）に対して、御前沙汰にて安堵の下知が発給されたが、将軍直臣の大和貞勝《さだかつ》が買得したものとして提訴したのである。巣林院は上意に任せるとしたため、義輝は買得分は貞勝に、造営方については巣林院に安堵するという裁定を下した。だが、貞勝はそれに不服を持ち、御前沙汰での裁定が下されたにもかかわらず、政所に提訴したのである。政所は御前沙汰での裁定を知らなかったためか、提訴を受け付けた。それを知った義輝が、審議の中止を命じた（上野信孝・進士晴舎連署奉書『蜷川』七一七）。これに対して貞孝は、今回は貞勝の縁者であろう大和晴完が春日局や大館輝氏に審議を申し入れたために御前沙汰で審議されたが、本来は政所で審議すべき内容であり（買得地相論は政所担当）、提訴されたならば、同じ判決となろうとも審議を尽くすのが「古今の御法」であると反論した（伊勢貞孝書状土代『蜷川』七一八）。

義輝としては内容にかかわらず御前沙汰に持ち込まれた以上、御前沙汰で審議をして決裁するのは当然であり、それを再度政所で審議するのは自身の裁許を否定されたのと同じという気持ちであっただろう。一方、貞孝としては本来政所で審議すべきものであり、いったん政所に提訴された以上、判決の相違にかかわらず審議を尽くすべきという認識であった。認識の相違とはいえ、義輝は将軍裁許の否定につながる貞孝の反論を認めるわけにはいかない。

その後も、義輝は上野信孝を通じて、政所で飛鳥井雅教の借金免除を認める下知を発給するよう命じたこともあった。この結果、銭主《せんしゅ》（債権者）である土倉や寺院らに対して借金棄破を命じる奉書が政所より発給された（以上『蜷川』七一九〜七二一）。これらは直臣や昵近公家衆といった将軍に奉公するものたちに関わるものであり、彼らの主人としての行動ともみえる。

また、同時に御前沙汰では春日局や大館輝氏などの側近が提訴（内々か公式かは不明）を受け付けていたことも判明する。前述のように、義輝期の御前沙汰運営には不明な点が多いが、やはり側近を主体に運営していたことは間違いないだろう。

義輝が介入した目的はなにか

義輝の政所への介入で複数の点から注目されるのは、永禄五年（一五六二）の加賀国冨塚庄《とみづかのしょう》（石川県加賀市）の公事をめぐる曼殊院《まんしゅいん》と北野社松梅院禅興《しょうばいいんぜんこう》の相論である（曼殊院は北野社の別当）。この相論は政所に提訴され審議されていたが、二月二十八日付けで曼殊院勝訴の奉書が発給された（幕府奉行人連署奉書案『蜷川』七六六）。しかし、問題はここから複雑化する。

勝訴した曼殊院方が奉行人に裁許の奉書への加判を求めたのだが、これに義輝が待ったをかけたのである。これは、敗訴した禅興が政所での裁許を「あまりにも片手打ち」であると御前沙汰に訴え出たことにはじまる。義輝は上野信孝を介して奉行を呼び、政所での伊勢貞孝の不義を確かめようとした。これに対して、異議を唱えたのが松永久秀である。久秀は、信孝と進士晴舎を介していったん政所で結審したのだから、将軍が再び審議することはふさわしくない。貞孝の面目を失う行為となると抗議した。それに対して義輝は、訴訟は審議を尽くすのが当然であること、審議の様体を詳しく知る必要があることを述べた。久秀はそれでも同じ理由で義輝の介入に抗議したのである。

義輝は久秀の抗議に激怒し、「それならば久秀の勝手にすればよい」と返事をした。久秀は「公方様が若いので、（中略）ご意見をしたまで」と述べたようで、信孝と晴舎はそれに諫言をしている。これをうけて久秀は、「只今のことは承知しました。政所で結審されたことを再び審議するのはふさわしくないと思って言ったまでです」と述べ、さらに「貞孝に不審をもたれたのは当然で、奉行人による尋問も当然であり、詳細は貞孝にお尋ねください」と、義輝の意向を承認した。しかし、この当時、義輝は八幡に移座し貞孝は京都にいたため（後述）、糺明は帰洛後にされることになった（左衛門督局奉書『蜷川』七七四）。

今回の義輝の介入は、先の買得地相論での貞孝の反論、「提訴されたからには審議を尽くすべき」との理由と同じである。先の事例と同じように、その審議過程に不審があることでそれぞれが再審議をしたわけだが、そもそもの審議過程が極めて不透明であったことが前提としてあったことは忘れてはならない。今回の介入は、単純に義輝による将軍権力強化のためだけとはいえない。義輝は基本的に幕府裁判の正確性、信用性確保のために真偽の追求にこだわっていたことがわかるだろう。そのため、自身の把握しない「片手打ち」が疑われるような貞孝主催の政所沙汰の審議そのものに不審を抱き、それを解消するために、これまでの前提を崩してでも直接介入を続けたのであった。これらの介入は義輝の政治姿勢を知るうえでも重要な事例である。基本的に貞孝に対する信用がなかったのだ。

義輝は、政所沙汰の存立そのものを否定したわけではない（御前沙汰に吸収しようとしたわけではない）。ただ、先の巣林院領の事例にしても、御前沙汰と政所沙汰は同等ではなく、御前沙汰が優先であったのだ。そのため、政所での審議決裁に介入することはあっても、その反対に政所が御前沙汰の判決を否定（または再審議）することは許さなかった。

問題はなお続いた。奉行人の松田藤弘は、曼殊院宛ての奉書に署判しようとしたところ、慶寿院が義輝が奉書発給を知らないため、署判をしてはいけないと命じられた。藤弘は御内書で奉書を発給するように命じられているとして、慶寿院の命に困惑した。藤弘は署判をしなかった（できなかった）ことで、奉行衆から「非分」と批判されている現状に対して、慶寿院よりの命を実行しているだけであると申し開きを行っている（松田藤弘書状『蜷川』七七五）。

これについて、文書のプロである奉行人藤弘が義輝の御内書の真偽を見抜けないわけがないから、義輝の御内書発給は事実であろう。義輝は再審議の結果、政所と同じ曼殊院勝訴の判決を下したが、審議が尽くされれば判決が同じでもかまわなかったのだ。今回義輝が介入した背景には、幕府内での禅興支持派による扇動があったのかもしれない。慶寿院による署判停止命令は禅興支持派による最後の抵抗だったものと考えられる。なお、この相論と久秀についてはさらに後述する。

畠山高政と連携した六角氏の挙兵

「足利―三好体制」に大きな影響を与えたのが、永禄四年（一五六一）にはじまる畿内の騒乱である。六角義賢と河内の畠山高政《たかまさ》が連携し、三好氏に対抗したのである。

もともと、これまで高政は長慶を支持していたが、永禄元年に重臣安見宗房との対立により、一時居城高屋城《たかやじょう》（大阪府羽曳野市）を出奔し紀伊に逃れていた（「両家記」）。そのなかで、高政を支援したのが長慶であった（畠山高政書状「畠山雄三郎氏所蔵文書」『三好』参考五三）。ところが、永禄三年に至り、高政は宗房と和解して長慶と対立するようになったのである。さらにこの時点では、六角氏と三好氏との関係は悪くなく、それが悪化したきっかけは翌四年の細川晴元と長慶との和談であったという（村井：二〇一九）。ただし、永禄元年より両者の間は微妙な関係になっていたという指摘もあるため（天野：二〇一四）、実際のきっかけはわからない。

このような高政の動きをみてか、細川晴元も永禄三年に挙兵の動きを見せた。しかし、翌四年は五月六日に摂津の普門寺《ふもんじ》（大阪府高槻市）にて長慶と人質に出していた六郎と対面して、御料所である富田庄《とんだのしょう》を隠居料とした（「両家記」「季世記」）。細川氏綱には男子がいないため、長慶が保護する六郎が次期当主を継承するのは既定路線であったが、義賢はそれに危機感を抱いたという（村井：二〇一九）。この時期、畿内においてその存在感が低下し、幕政に参加することはなくなっていたものの、京兆家はなお畿内における重要な大名家と認識されていたのだ。

義賢は長慶と晴元の和睦をみて、晴元の次男晴之を擁立して三好氏との対立を決め、勝軍山まで出陣した（「両家記」）。六角勢は「法華衆を打ち払う」ことを名分に京都に侵入し（「厳助」六月条）、高政がこれに呼応した。高政勢には宗房のほか紀伊衆・根来衆《ねごろしゅう》が加わった。彼らは和泉の岸和田《きしわだ》（大阪府岸和田市）周辺に陣を置いたため、長慶は東と南より攻められるかたちとなった。三好氏が六角氏の挙兵に対応し、まず義興が梅津に、松永久秀が西院に陣を構え、六角勢に対処した（「両家記」）。

しばらく大きな動きはなかったが、十一月二十三日には久秀の攻撃により、白川口にて六角勢と合戦に及んだ。六角方は永原安芸守らが討ち死にしたというが、結局三好勢が勝利をおさめることはできなかった（「季世記」）。

京都近郊では戦闘は硬直状態となったのか、年が明けた翌五年正月には六角勢が京都に攻め入ったほかは（「厳助」正月十日条）、特に大きな動きはなかった。

一方、和泉方面では長慶の実弟実休が軍事を担当していたが、三月五日に和泉の久米田《くめだ》（大阪市岸和田市）での合戦にて、畠山・根来勢と交戦していた実休が討ち死にした（「厳助」三月六日条、「季世記」など）。三好勢は最終的に五千ばかりが討ち死にしたというから大敗であろう。畠山方の湯川春定《ゆかわはるさだ》は「天下の御勝」と述べている（同書状「海南市尾崎林太郎家文書」『三好』参考」七九）。阿波・讃岐・淡路衆なども没落したというが（「季世記」）、三好方の岸和田城は維持された。

六角勢はこの大勝をうけてか、義賢が勝軍山より清水に陣を移して京都中を放火して廻っている（「厳助」三月六日条）。そして京都は六角勢が実効支配することになる。義輝が避難した翌日には自発的に禁裏の警固を行い、四月二十四日には天皇より盃を賜っている。翌月十八日には義賢父子は武家伝奏勧修寺尹豊を介して朝廷に太刀と馬を献じているなど（以上『お湯殿』同日条）、朝廷との関係を築いている。義賢は将軍不在のなか、京都の守護者として振る舞ったのである。さらに三月ころに六角氏は徳政令も発布した（六角氏家臣徳政定書案『蜷川家文書』七七二）。六角氏による洛中での徳政に先立って、移座先にて幕府も忠節によって徳政を認める奉書を発給した（幕府奉行人奉書案『蜷川』七七二）。本来、洛中で徳政を行える武家権力は幕府だけである。

五月、河内の教興寺《きょうこうじ》（大阪府八尾市）にて畠山勢と三好勢が合戦に及んだ。この合戦では三好勢は義興を大将に一門の安宅冬康《あたぎふゆやす》ら、摂津・阿波・讃岐衆などが参戦し、畠山勢では大将の高政のほか、大和衆・河内衆・和泉衆・雑賀衆・湯川衆などが参戦した。戦闘は十九日より始まり、翌日には勝敗が決した。畠山勢が大敗したのである。高政は居城である高屋城から落ち、堺へ逃れた。高屋城は三好方が接収した。

六月二日、義賢は教興寺での畠山の敗北を聞いて、いったん三好勢と和睦して勝軍山より二万の兵を率いて近江に帰国した（「両家記」「季世記」）。義賢の撤退については当時、三好氏と美濃の斎藤氏が接近する関係にあったためこれが影響したとみられているほか（天野：二〇一六）、擁立していた晴之が死去したという可能性も指摘されている（村井：二〇一九）。いずれにせよ、六角勢の撤退によりこの騒乱はいったん終結したのである。

ところで、このような騒乱のなかで義輝には嫡男輝若丸が誕生した。輝若丸の生母は伝わらないが、前述のように小侍従局であった可能性もある。四月十一日に誕生した若公に対して、早速朝廷は祝いの太刀・馬を下賜している（『お湯殿』同日条）。だが、まだ混乱が残る七月十三（十五とも）日に輝若丸は夭折してしまった（『東寺過去帳』）。待望の嫡男の死に、義輝は悲嘆したに違いない。その後、義輝に男子は生まれなかった。弟の鹿苑院周暠はしばしば慶寿院のもとにおり（周暠の生母はおそらく慶寿院ではない）、後継者が誕生しなかった場合のストックとされたのかもしれない。

騒乱に中立であろうとした義輝

この騒乱における義輝周囲の反応はどうだったのであろうか。この騒乱と義輝についてはこれまでいくつかの評価がされているので、少し長くなるがこの件について考えてみたい。

永禄三年（一五六〇）の畠山氏の挙兵の際には、長慶の依頼により畠山高政の重臣でもあり「畠山」姓を得ていた紀伊の在国奉公衆でもあった湯川直光《ゆかわなおみつ》に対して、長慶に味方するように御内書を発給した（「雑々書札」［義輝：一七九］）。これには大舘晴光・輝氏父子が申次をつとめたが、その実態は長慶の依頼をうけた伊勢貞孝が主導したものであった（三好長慶書状写「雑々書札」『三好』六五七）。さらに、直光宛ての輝氏書状は松永久秀が案文を作成したというから（大舘輝氏書状写「雑々書札」『三好』参考六三）、直光の参陣については三好方が主導したものであったことは間違いない。

義輝はその後の六角氏の挙兵後も武衛御所にあったが、六角氏が挙兵した時点では義輝に対して、「公儀に対し奉り一切別義はございません」と述べ（上野信孝書状写「河野文書」）、あくまでも三好氏に対する挙兵であると説明していた。さらに六角氏と三好氏との和睦は義輝が仲介したというから（上野信孝副状写「河野文書」）、義輝はこの騒乱に対しては当初は京都に留まり、中立であろうとしたことがうかがえる。畿内の騒乱にはできる限り中立であろうとした、父義晴の政治姿勢に回帰したものといえる。

ところが、永禄五年の三好実休の討ち死にの報を聞いて、義輝は京都より義興の居城芥川山城に近い八幡に避難した。警固をつとめたのは石成友通《いわなりともみち》であり、三好方よりの申し入れのために避難したのであった（上野信孝書状写「河野文書」、「厳助」三月六日条）。将軍の離京は京都の安全保証に反するものであり、できるだけ避けるべきものであったが、義輝が六角・畠山方に寝返ることを危惧して、三好方が義輝の避難を主張したのかもしれない。これにより、三好氏は将軍の庇護者としてあることを宣伝することができ、三好勢＝幕府軍と位置づけることができるのである。

なお、これまで将軍家の避難先は慈照寺であった。これは近江への避難、また六角氏よりの支援を期待するために好立地であったからだが、今回は六角氏が騒乱の中心人物となったことで、三好氏の拠点に近い八幡へ避難している。六角義賢は義輝に対して挙兵したわけではないが、三好氏と現在連携関係にある義輝も無関係でいられなかったのだ。

さて、六角氏は前述の騒乱後の礼拝講で国役賦課の対象となっていることは注目される。敗れた河内の畠山氏は没落したため、国役の対象に含まれていないのは当然だろうが、六角氏はこの騒乱によって幕府より排除されたわけではなかった。もちろん、開催地が近江ということもあるだろうが、この騒乱後も義輝は六角氏を幕府を支える大名と認識していたのである。さらに、河内の国役が三好氏に賦課されたように、義輝はこの騒乱後、長慶を公式に河内守護（もしくは国主）とみなしたと思しい。翌年には三好氏は六角氏と音信しているように（三好義興書状「尊経閣文庫所蔵文書」『三好』八八二）、両者の関係も断絶したわけではなかったことは注目される。

大館晴光の複雑な立場

この戦乱を「幕府分裂戦争」と評価し、伊勢貞孝・大館晴光・大覚寺義俊が河内畠山氏と連携し敗北したメンバーだったという意見がある（小谷利明：二〇〇五、天野：二〇二〇）。これに対して、この三者が畠山氏と連携したと評価するのは検討が必要であるとの指摘もある（髙梨：二〇〇七）。伊勢氏の場合は六角氏との連携は確認されるものの、畠山氏との連携を示す一次史料は確認されないためという。

この騒乱における幕府側でのキーパーソンが大館晴光であったことは間違いないだろう。これまでも述べてきたように、彼は元より河内畠山氏担当の申次であり、遊佐氏などとの繋がりも深い。

晴光が越前の朝倉景隆《かげたか》や能登畠山氏の被官遊佐続光《つぐみつ》に宛てた書状によれば、この騒乱のなか、幕府勢として出陣していた嫡男大館輝氏が討ち死にし、義輝の八幡避難の際には「老足」のため京都に残り、嫡孫輝光《てるみつ》を義輝に供奉させていたという（晴光は両家担当の申次）。さらに教興寺での畠山勢の敗戦を聞いて、伊勢貞孝父子をはじめ京都に残っていた奉公衆らは坂本へ逃れたこと、大覚寺義俊は越前へ下向するということ、自分は禁裏の周辺にいることが記されている。義俊はこれまでも義晴と細川氏綱との連携について、遊佐長教と音信したように、河内の畠山氏と関係があった。

坂本に逃れたものたちは六角氏の挙兵に賛同（内通）し、義輝より離反したものたちであろう。義輝の周辺には明確には現れないが、かつてのように反三好派がなお健在であった可能性はある。このとき、晴光は「老足」のため彼らに同道しなかったが、言い換えれば老足でなければ同道するつもりであったということであろう。これは、晴光が畠山・六角氏と繋がっており、三好方より危害が加えられる可能性があったものと考えられる。だが、晴光は合戦の様相について詳しく景隆に知らせるなかで、情報は「風聞」であり、実否は確かでないと述べており、その情報源については曖昧である。晴光が畠山氏と連携しているのであれば、より確かな情報を得られただろう。さらに輝氏が三好方として出兵し、輝光を八幡の義輝のもとに付けているように、貞孝らとは明らかに違う対応をしている。

従来の申次である晴光が、心情的に畠山勢を贔屓にしていたことはいえるだろうが、この騒乱で晴光が長慶と敵対していたという評価には疑問が残る。これまでも述べてきたが、そもそも晴光は三好氏に対しては穏健・友好的であった。永禄三年から河内・和泉方面で合戦を続ける三好・松永方より、晴光に宛てたたび戦況報告をしているなど（三好長逸書状写「古簡雑纂」『三好』六七八ほか）、将軍周辺にあって、三好氏との関係も悪くない。

もちろん、晴光も担当する畠山氏の没落を期待していたわけではないだろう。晴光としては三好氏との関係もあるものの、畠山氏の没落は避けたかったと考えられる。晴光は畠山氏担当の申次であるものの、畠山氏と連携したのではなく、あくまでも申次としての職掌の範囲内の活動であったという評価（高梨：二〇〇七）が適切なのではないか。三好方のなかに、「老足」で義輝に供奉しなかった晴光を畠山方に通じた存在と見なして危険視していたものがいたことは否定できない。晴光が坂本に避難しようとしたのは、それを不安視したためだろう。晴光は三好氏と畠山氏の対立というなかで、板挟みとなっていたのではないだろうか。

この騒乱後、晴光は幕府内で失脚したわけでも、三好・松永氏との関係が断絶したわけでもない（松永久通書状「木村文書」『三好』九五八）。また、出陣している輝氏に代わって輝光を供奉させているように、基本的には晴光は反三好、親畠山方という単純なものではなかったとみるべきである。義俊もこの騒乱に関与したとされるが、その後もその地位に変わりはない。しかし、義俊はこの後も河内畠山氏との関係は継続していたようだ（安見宗房書状「河田文書」『三好』参考九三）。その意味ではこの騒乱で敗北したのは、貞孝父子やそれに連携した一部の奉公衆といえるだろう。

また、この騒乱における三好氏の本当の敵は六角氏らではなく、義輝であったとも指摘される（天野：二〇一四）。六角・畠山氏が義輝に敵対するつもりがなかったとしても、義輝がその背後にいたことにはならない。義輝はこの騒乱に対して、これまで幕府を支えてきた六角氏と、現在幕府を支えている三好氏との間で、一方に肩入れをせずに中立であろうとしたとみたほうがよい。これに対して、貞孝ら一部の直臣は六角・畠山氏と連携することを選んだ。三好氏への反発を持つものは少なくなかったのである。結局、長慶が早々に義輝より支援者を求める御内書を得たこと、義輝の八幡避難を主導し将軍の庇護者を演出したことで、大名同士の抗争ではなく、六角・畠山両氏を将軍の敵と位置づけ、反三好派を牽制しようとしたのである。

三好氏がこの騒乱に勝利したことにより、畿内周辺で義輝を支える存在が三好氏に限定されるようになった。三好氏が単独で義輝を支える体制がより確固たるものとなったといえる。別の見方をすれば、義輝は幕府の維持のために三好氏に大きく依存せざるえないことになったともいえよう。

伊勢貞孝、最後の離反

ところで、六角氏の挙兵は別の影響を与えた。前述のように伊勢貞孝が離反したことである。貞孝は六角勢が京都に進軍するなかで、義輝に供奉することなく、再び義輝より離反して六角氏と連携した。貞孝は、永禄三年（一五六〇）の畠山氏の挙兵には三好方の支持者としてあったが、六角氏が挙兵するとそれに呼応したのである。

六角氏は義輝が八幡に避難するなか、三月・四月と京都で徳政を行ったが、この徳政令は貞孝と共同で行われた（『纔拾集』）。政所は徳政も管掌するため、その事務能力が期待されたのであろう。

貞孝が義輝より離反したはっきりした理由はわからないが、六角氏と連携した一つの要因として、

「政所執事の権限を過信するあまり独自のふるまいに出た」ためとされる（今谷：一九七五）。しかし、その背景には義輝と貞孝との確執があった。ちょうどこのころに加賀国冨塚庄をめぐる相論と義輝の介入があり、自身の権限が侵食されていくなかでの決断だったのかもしれない。また、三好氏が幕府内に取り込まれていくなかで、敵対勢力としての実力を漸減させ、相対的に将軍権力が向上していったことで、政治的位置が微妙なものとなっていったとの指摘もある（松村：一九九九）。

これまでの貞孝の行動をみていれば、義輝と貞孝との間に信頼関係があったとはいえない。しかし、それでも義輝が貞孝の帰参を許したのは、三好氏との関係改善を優先するという実利のためであった。ところが、上野信孝らが畠山氏の挙兵のころより三好氏との申次に加わったことで、貞孝の存在意義がなくなってしまった。さらに、義輝にとって貞孝は不正が疑われる政所沙汰を主催する存在であり、幕府の訴訟審議における公平性、正確性を求めるためには早晩排除すべき存在となっていた。貞孝はそれに気付いたことで、新たな活路を求めたのであった。

ところが、連携した六角義賢は義輝を「敵」として否定はせず、新たな将軍候補を擁立しなかった。仮に六角氏が勝利し、三好氏が幕府より排除されても義輝が将軍であることに変わりはなく、貞孝はいずれ帰参するしかない。その意味では意外な行動であるが、貞孝は実は義輝より離反（謀叛）したのではなく、三好氏との関係を清算するために、これまで親密であったはずの三好方より離反しようとしたとみてよいだろう。貞孝は自己の家中の利益を第一に考え、これまで三好氏と連携して行動してきたが、三好氏が義輝により近い上野信孝らに接近するなかで、自己の利益を保証する存在として期待できなくなった。貞孝は、六角氏によって三好氏やそれと繋がる信孝などが排除されれば、そののち、義賢の口添えで再び幕府に帰参することを考えていたと思しい。もちろん、義輝にとってみれば、貞孝の思いに関係なく、貞孝の裏切り行為でしかない。貞孝が六角氏へ味方したのは義輝の賛同を得たものでなかったことは、その後の義輝の対応からみても間違いない。

貞孝が六角氏との連携を選んだのもつかの間、六月に六角氏は近江に帰国してしまった。それをうけて義輝は六月二十二日に帰洛したが、京都に残って六角勢と結んだ貞孝を許さず、その所領を没収して御料所とした（幕府奉行人連署奉書写「東寺百合文書て四」『奉書』三八八二）。義輝は、貞孝の離反を自分への謀叛と見做したのである。進退極まった貞孝は丹波に逃れたようであり、貞孝・貞良父子はここに「牢人」となった（『お湯殿』八月二十五日条）。

「御敵」伊勢貞孝の死

八月になると、伊勢貞孝に味方する牢人衆（一部奉公衆、柳本・薬師寺など京兆家の旧被官層を含む）はたびたび京都に攻め入った（『お湯殿』八月二十五日条ほか）。貞孝は帰参の可能性が消滅したことで、ただの反逆者となったのである。そこで、義輝は三好・松永に命じてそれに対処させた。さらに義輝は、義輝・三好方に忠節を尽くすものには徳政を承認する姿勢を示すのと同時に、貞孝が発給した徳政に関わる公験《くげん》の一切の効力停止を通達した（幕府奉行人連署奉書案『蜷川』七八〇）。義輝は、六角氏・伊勢氏による徳政を否定しながらもそれを利用して、味方の増加を図ったといえよう。

特に義輝が問題としたのは、貞孝の幕府法よりの逸脱行為であったという（松村：一九九七）。それは先の徳政に関わって、貞孝が勝手に安堵状を発給したことが問題視されたのである。この越法行為は、貞孝の重臣で政所代の蜷川親俊からも非難されるほどであった（蜷川親俊書状『蜷川』七八四）。親俊は「政所沙汰に傷が付けられた」「貞孝の御書を取り返すべき」、貞孝の行いは「御法の外である」と強く非難している。身内からも非難されるような貞孝の行為を、義輝がなおさら許すわけがない。

貞孝は九月十一日、三好義興・松永久秀を中心とした三好勢（幕府軍）に敗北し、「御敵」として近江の杉坂にて討ち死にした（『お湯殿』同日条ほか）。このとき、嫡男貞良が自害したほか、将軍直臣としては本郷判官・有馬重則《ありましげのり》・結城将監が討ち死にしたという（「年代記抄節」同日・『後鑑』）。幕府内でも一部の直臣が義輝より離反していたのである。彼らは三好氏との協調関係を受け入れられなかったのだろう。義輝はこの勝利に対して、九月十七日付で松永久秀にその戦功を賞する御内書を発給している（『雑々聞撿書』［義輝：一九七］）。

貞孝の敗死によってその所領はすべて没収された。これらは御料所とされ、細川藤孝や一色藤長らの将軍側近らに配分された（「幕府奉行人連署奉書案」『一色家古文書』［奉書：三八八七、三八八八］）。伊勢守家はここに断絶させられたのである。

だが、貞孝の遺臣らは早速御家再興に動いた。貞孝とは行動を別にしていた蜷川親俊らが起草したと思しき条書案には、伊勢守家について貞良の子で当時四歳の虎福丸《とらふくまる》の擁立を願ったが、幼少ということもあってか、義輝は「当分は用いない」と述べたという。さらに、名代についても遺臣より上申されている。貞孝の血脈のものの登用の有無や、伊勢守家が絶家となるのかなど、義輝の内意を求めていた遺臣らは、貞孝の行動のみで伊勢守家の断絶は忍びないとして再興運動を行っていたのである（伊勢貞孝遺臣等同家再興歎願条書案『蜷川』七九四）。ここで義輝は、「当分は用いない」と、いずれ登用することを示唆していたことは興味深い。これは単に直臣としての出仕を許すのか、政所頭人職につけることも含めて出仕を許すのかは判断しづらいが、義輝の目的が伊勢守家そのものではなく、貞孝個人の排除であったことをうかがわせる。

なお、御家再興に動いたのは遺臣のみではない。かつて貞孝が申次であった美濃の斎藤（一色）氏も、虎福丸による伊勢守家再興を支援した（斎藤龍興家臣連署状「尊経閣所蔵文書」『三好』参考八三）。騒乱のなか、貞孝が離反したことで六角氏と対立する斎藤龍興は伊勢貞助を介して三好氏との接近を試みていたが（斎藤龍興書状写「古簡雑纂」『三好』参考八二）、同時に伊勢守家を通した幕府との繋がりにもなお期待したのであった。

しかし、再興は結果的に義輝の生前には許されなかった。伊勢守家は名代を立てることも許されず、事実上絶家となったのである。これは同時に、その被官らが牢人となることを意味していた。被官にとって主家が再興するかどうかは死活問題でもあったのだ。なお、貞孝とともに三好氏の指南役としてあった伊勢貞助は貞孝と行動を共にしなかったため、この後も活動を継続している。

新たな政所頭人・摂津晴門

伊勢貞孝が義輝より離反したことで、政所頭人職には義輝側近の一人・摂津晴門が就任した。晴門は義晴の内談衆であった摂津元造の息子であり、はじめは「晴直《はるなお》」、次いで「晴門」を名乗る。享禄元年（一五二八）に従五位下・中務《なかつかさの》大輔《たいふ》に叙任されていることから（『歴名土代』）、一五一〇年ころの生まれであろうか。すると、永禄五年（一五六二）当時は五十歳ほどであったと思われる。義晴の時代は父が健在だったこともあってか（元造は永禄四年までは健在）、あまり史料に現れないが、義輝の元服や義晴の死の際には近侍していた。実弟には、内談衆海老名高助の養子となった海老名頼雄《よりかつ》がいる。

晴門の頭人就任は、足利義満の時代以来、伊勢氏がほぼ独占してきた政所頭人職の世襲がこれで断絶したことを意味していた。摂津氏は鎌倉幕府以来の吏僚の家柄であり、家格は御供衆より上位の外様衆で、室町期には評定衆・地方頭人・神宮方《じんぐうかた》頭人・官途奉行《かんとぶぎょう》など要職をほぼ世襲していた。しかし、これまで政所頭人職に就任した前例はない。伊勢氏のほかには同じ評定衆の二階堂《にかいどう》氏が頭人職をつとめたことがあり、この当時も二階堂氏は幕府に出仕しているので、先例だけみれば二階堂氏が頭人職に就任しても不思議ではない。これについては、頭人就任の先例がある二階堂氏が、当時は義輝と疎遠となっていたこと、三好氏との関係性から摂津氏が登用された可能性が指摘されている（木下聡：二〇一八）。さらに、晴門が就任した背景には春日局の存在があったとみられる。たびたび述べたように、春日局は晴門の父元造の養女であった。その義理の兄妹（姉弟）関係から、「義輝―春日局―頭人晴門」という意思伝達ルートが成立し、義輝が政所に介入しやすい状況になったとされる（山田：二〇〇〇）。

晴門が実際に政所内談に奉行人とともに参加して裁許を行った事例もあり、頭人の裁許の独立性が後退していたことで、晴門期と貞孝以前の政所の変質も指摘されている（髙梨：二〇〇四）。義輝による政所沙汰への介入は、頭人の変更により成功したといえよう。これまでの義輝の政所沙汰への介入は、審議の正確性や透明化が目的であり、晴門を頭人とすることで、審議内容を義輝が直接総覧することが可能になったのである（御前沙汰に吸収されたわけではない）。

だが、晴門が具体的にどの時点で頭人となったのかはわからない。活動の初見は徳政免除に関するもので、貞孝の生前である永禄五年（一五六二）八月二十日というから、晴門がこの時点では頭人に就任していたことなる。これについて、晴門の登用を伊勢氏排除のための暫定的な処置である可能性が指摘されている（髙梨：二〇〇四）。ただし、実際にすでに晴門が正式に就任していたのか、六角氏の発布した徳政令に対抗するための暫定的な処置であったのかは断定できない。暫定的な処置であれば、その時点では貞孝の帰参の可能性もあったといえよう。貞孝は義輝よりたびたび離反したが、義輝帰洛の都度赦免され帰参していたため、今回も同様の可能性はあったであろう（貞孝もそれを期待か）。しかし、貞孝がまだ生存していた八月の時点で晴門が正式に就任していたのであれば、義輝は今回は貞孝の帰参を決して許さないという断固たる態度を示したといえる。

すでに述べたように、貞孝の死後、その嫡孫の直臣としての登用については考慮していたようだが、頭人として起用するには幼すぎるため、いずれにしても新たな頭人が必要であった。そこで晴門が適任者として抜擢されたのである。なお、伊勢氏の遺臣の多くは牢人化したと思しいが、政所代であった蜷川親俊は出家しながらも（出家して「道哉《どうや》」）、そのまま政所の業務に従事していたようだ（竹内秀勝書状『蜷川』八〇〇ほか）。そもそも摂津氏やその被官で政所業務に精通したものはいないから、一部は摂津氏に登用されたのかもしれない。

伊勢氏排除のデメリット

伊勢氏を排除する利点だけではなく、排除したことによるデメリットもあったはずである。政所沙汰での差配や、御料所の支配、大名との繋がり、京都での土倉酒屋との繋がり（伊勢氏と被官関係にあった土倉も多い）、さらに忘れてはならないのは軍事力である。当時の直臣のなかでも多くの被官を抱える伊勢氏は、将軍直属軍の三分の一以上を占める最大規模の軍事動員を可能としていた。つまり、伊勢氏被官の牢人化は将軍直属軍の軍事力の低下を意味していた。だが、直属軍の再編が必要となるにもかかわらず、実際に義輝が再編しようとした形跡はない。

義輝による貞孝の排除は、単なる将軍権力の強化（伊勢氏の勢力削減、幕府への訴訟の総覧）、メリット、デメリットという理由のためというよりは、個人的な嫌悪が大きいようにみえる。「御親」でありながら、天文二十年（一五五二）の拉致未遂事件にはじまり、幾度の離反など義輝への裏切り行為をしていたこと、さらに貞孝が義輝の将軍としての器量を否定して、対抗する足利義維の擁立にすら動こうとしていたことを読者は覚えているだろう。義輝はこれまでの貞孝の行動を忘れてはいなかったのである。

また、貞孝が排除されたことは三好氏にも影響があった。三好方は義輝最側近の上野信孝と進士晴舎に接近していたものの、親三好氏派であった貞孝とも関係を継続することで両方のルートを義輝への窓口として維持していた。しかし、貞孝が排除されたことで、信孝・晴舎がほとんど唯一の義輝への交渉窓口となったのである。これはこの後の両者の関係にも影響することとなる。

なお、政所頭人職改任について、結果的に政所の信頼が低下したことで奉行人奉書の発給が減少し、その目論見は失敗であり、義輝の意向も反映されなかったという評価がある（天野：二〇一五・二〇一六）。しかし、この改任により政所関係の奉行人奉書の発給数が減少したことを示すものはなく、現存数＝当時の発給数とはならないことからも、慎重に考えなければならないだろう。

さらにこの後も、三好氏側が政所での審議内容を把握していないことから、三好方に専断されたわけではなく、義輝の意向が反映されたという（山田：二〇一八）。貞孝の排除によって、将軍権力が新しい段階に移行したのである。これも秩序の再編同様に、義輝による「上からの改革」の一つであろう。

第六章　永禄の変での死は偶然か必然か

将軍側近と松永久秀の関係

フロイスは当時の京都における政治状況について、都の支配は義輝と三好長慶、松永久秀に依存していたが、久秀が「天下の最高統治権を掌握し、専制的に支配していた」（『日本史』三七章）、「絶対命令を下す以外何事も行われな」かった（同五四章）、「諸事は彼が欲するままに行われた」（同六五章）と記す。長慶自身はすでに京都の支配に直接関与しなくなっていた代わりに、久秀が京都の支配権を掌握していたと評価している。これは、先にみた永禄五年（一五六二）からの曼殊院の相論からも、久秀が京都で権力の一端を担っていたことがわかるだろう。

久秀については、幕府（特に義輝）との関係において、それと対峙した存在として評価されている（天野：二〇一八）。だが、御供衆という将軍直臣身分を得た久秀は、将軍権力に反する存在であったのであろうか。ここでは久秀と幕府との関係についてみていこう。

前述の曼殊院と松梅院の相論では、本来政所と関係がないはずの久秀が義輝の政所介入を停止させようとした点が注目される。この訴訟に敗訴した松梅院禅興は、進士晴舎と竹内季治に対して、曼殊院への申し入れを依頼しているように（禅興書状『筑波大学所蔵文書　北野神社文書』一六四）、義輝がなおこの審議を総括していたことがみてとれる。さらに、久秀の被官竹内秀勝より政所代蜷川親俊に対して、この相論について問い合わせをさせているように（竹内秀勝書状『蜷川』八〇〇）、久秀側に相論の子細が伝えられていなかった（山田：二〇一八）。

そもそもなぜ、久秀はこの政所への一件に意見したのであろうか。三好氏の協力者であった伊勢貞孝を守ろうとしたともみえるが、最後は貞孝への尋問は止むを得ないという立場を取った。これについては、久秀は直臣（当時は御供衆）として義輝に意見を述べ、影響を与えることができるが、義輝は絶対的に拘束されるわけではなかったことが指摘されている（田中：二〇〇八）。しかし、義輝に意見（諫言）する行為自体は誰でもできるわけではない。いわば外様の新参者である久秀がこのような意見を行い得た背景には、久秀が普段在京しない三好氏の代弁者という面もあったためと思われる。

また、今回の義輝上意の伝達者が信孝と晴舎であった点も注目される。義輝は信孝のようなもっとも信頼できる側近を通して政所沙汰に介入したのだった。さらに前述のように、彼らは三好・松永氏との申次であったこともあろうが、ここでは義輝と久秀との調整役、または牽制役としてもあった。久秀は直接義輝に諫言できたわけではなく、信孝らを介さなければならなかった。御供衆とはいえ、その立場は信孝や大館晴光のような政権内部の義輝側近の御供衆とは異なり、あくまでも部外者と同じものであったのだ。

人質に出された義輝の姫君

この時期の義輝と松永久秀との関係をみるうえで、重要な出来事として特に注目されるのが、永禄六年（一五六三）、義輝の姫（総持寺殿、当時八歳）が久秀のもとに人質に出されたことである（『言継』三月十九日条）。相手が直臣身分とはいえ、将軍の姫君が人質に出されるということは前代未聞の出来事である。この異例の出来事については、永禄五年の騒乱での義輝方への不信が要因であったとされ、義輝と三好氏との力関係を露骨に世間に示したものという指摘がある（天野：二〇一六）。ただし、見方を変えれば、三好方はこのような強硬手段を使ってでも、義輝との関係を継続させようとしたともいえる。

これ以前の二月三日には、長坂より敵として旧細川晴元勢の柳本の兵が西京まで出兵していた。いったん柳本勢は退散したが、その後も三月にかけてたびたび出兵し、三好勢がそれに対応している（『言継』三月二十二日・二十五日条ほか）。この挙兵が柳本による単独行動か、その背後に別の誰か（細川晴元など）がいたのかはわからない。その後、京都周辺でも大きな展開はなく一段落するが、この当時、京都周辺で軍事的緊張状態が発生していたことがわかるだろう（奉公衆は具足を着けて御所の警固に行っている）。

義輝姫君の人質は、このような状態のなかで行われた。柳本勢の出張が影響していたことは間違いないだろう。これは、義輝が敵方へ内応することを阻止するため、またその疑念があった可能性が高いと松永方に認識されていたのだと思われる。基本的に久秀の行動は独自の活動ではなく、あくまでも三好氏の政策を担ったものであったと評価されている（天野：二〇一八）。この人質問題も三好氏の代行として請け負ったのであろう。義輝としては、自身の姫を人質として送った事実は、義輝が柳本勢による京都への侵攻に関与していなかったことを証明する手段として行ったものと思われる。ただし、この人質が松永方からの要求なのか、義輝側の自発的な行動なのかについては残念ながら判断できない。義輝が三好・松永方に対してかなり譲歩した結果であることは間違いない。

なお、人質が三好長慶ないしは義興のもとではなく、久秀のもとに送られた点も注目される。先の相論もそうだが、当時は三好方では直臣身分の久秀が義輝・幕府関係を担当していたのだ。先の礼拝講の国役については、久秀は守護（国主）相当として賦課されているため、久秀は三好氏の被官、将軍直臣、大和守護相当（国主）という複合的な立場であった。

また、隣国近江では十月に、当主六角義治《よしはる》が重臣後藤賢豊《ごとうかたとよ》らを殺害したことにはじまる内紛（観音寺騒動）で六角氏は打撃をうけたため、これ以降、義輝を支援できる余力はなくなった。すでに幕府を支える大名が三好氏しかいない以上、彼らとの関係決裂はどうしても避けなければならなかった。ただし、確実にいえることは、かつての義晴と六角定頼のような信頼関係ではなかったことである。義輝と三好氏は協調関係にあってもそれは友好的なものではなく、妥協的な協調関係であったのだ。

いったん関係が不安定化すると、相互に緊張が発生してしまう脆いものであった。

本国寺と清水寺成就院との相論

永禄六年（一五六三）の人質問題に前後して、御前沙汰で審議された清水寺成就院《じょうじゅいん》と本国寺《ほんこくじ》の間で材木伐採をめぐる山地所有権の相論が起こった。この相論で本国寺方についたのが松永久秀であった。久秀は御前沙汰とは別に審議をして、清水寺に圧力をかけたのである。この相論については、久秀に関連してこれまでも注目されてきた（天野：二〇一五ほか）。久秀は本国寺の檀越であったため、この一件は基本的には三好氏の意見を代弁するものではなく、久秀の個人的の介入とみてよい。

この相論審議で義輝は奉行衆に意見を尋ねたところ、奉行衆は「久秀の内訴はもっともではなく、審議を尽くすべき」と答えている。しかし、提訴者である成就院が久秀と事を構えたくなかったのか、提訴を取り下げてしまったため、最終的に「是非なし」として、永禄六年十月二十四日付けで「久秀が執り申す旨に任せて」本国寺の進退が安堵されたのである（奉行人奉書案「後鑑所収広布録」『奉書』三九〇四）。

最終的に久秀の意向が反映された判決となったことから、奉書の発給に関して、義輝の意向が必ずしも反映されず、幕府・将軍の権威が回復したとは評価できないこと、三好長慶を中心とする裁許体制がなお京都や山城国内で継続していたことが指摘されている（天野：二〇一五ほか）。ただし、久秀の介入があったとしても、奉行人奉書すべてがこのような経緯で発給されたわけではない。むしろ例外であったため、奉書にわざわざこの経緯が記載されたと理解すべきだろう。これまでの訴訟審議において、六角定頼など有力者が「執申」という形で一方に肩入れして幕府に口添えすることはあり（西島：二〇〇六）、久秀が例外というわけではない。

久秀は八月に、「先年両寺が「申結」んだのに、まだ審議を続けていることは曲事」であり、「たびたび上野信孝と進士晴舎に申し入れたのに」、「このようなことは上意を軽んじているもので、言語道断」として、両名に「咎がある」と強く非難し、審議の中止を要求していた（松永久秀書状案「清水寺文書」『三好』九一五）。久秀はこの件において、自身の申し入れを義輝にきちんと伝えないとして、上野信孝と進士晴舎を非難したのであるが、この両名が審議における元凶と見ていたようだ。つまり、信孝と晴舎の両名が久秀の申し入れを恣意的に正確に義輝に伝えなかったとみていた。久秀が御前沙汰での審議に介入したとしても、それはあくまで部外者としての立場であり、幕府内部（御前沙汰関係者）の存在としてではない。久秀は審議そのものに参加することはできず、基本的には部外者なのである。曼殊院の事例と同様に、久秀は部外者として直接義輝に申し入れることはできず、担当申次である信孝らを通して申し入れるしか手段はなかった。なお、この件は信孝が途中で死去しているため、晴舎がほとんど一

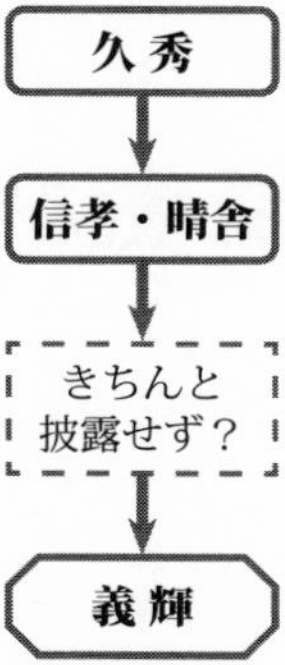

表8　本国寺相論の披露

人で対応することとなる（進士晴舎奉書案「清水寺文書」『三好』九一一）。

義輝も久秀の介入に対して、法の専門家である奉行衆の「審議を尽くすべき」という意見をもとに、自身の審議の正当性を示そうとした。義輝は久秀の介入を排除しようとしたものの、当事者間の事実上の提訴取り下げには為す術もなかった。結局、久秀の抗議が受け入れられる形となったことで、御前沙汰の審議は「是非もなく」結審したのである。義輝にとっては、幕府の審議そのものが軽んじられたことで強い不満を持ったことは疑いない（ただ、久秀が判決を覆したわけではない）。

義輝は同年末、本国寺を門跡寺院とするように執奏した（『お湯殿』閏十二月六日条）。これは久秀の意向が大きいようで（松永久秀書状「東山御文庫所蔵文書」『三好』九六三）、義輝が久秀の要求を聞き入れて行われたものとみられる。義輝は久秀に対して不満があったとしても、その私的な要求に対してもかなり妥協することがあったといえるだろう。これも最終的に三好方との協調関係を継続しなければならなかった義輝政権の限界でもあった。

一方、久秀が「上意を軽んじている」と述べていることから、久秀は義輝側近がしかるべき申次を行なわず、不必要な審議の継続がなされることで義輝の権威が傷つくものとみていたようだ。もちろん、方便もあろうが、信孝や晴舎といった義輝側近が審議を専横していたとみていたに違いない。久秀（ひいては三好氏）よりみれば、恣意的に申次を行う彼ら側近は、自らの不利益にくわえ、義輝の将軍権威を害する存在とも映っていたのである。また、直臣身分とはいうものの、基本的には義輝側近を通してでしか、自らの意向を義輝に伝える手段のない久秀（または三好氏）の限界でもあった。

上野信孝の死と京兆家の終焉

永禄六年（一五六三）の義輝と三好氏方との緊張状態のなかで、三月一日に京兆家の前当主細川晴元が摂津普門寺で没した（「東寺過去帳」「季世記」）。先代の義晴の時代より畿内の騒乱の中心人物であり、将軍家の動向を左右するような人物であったが、永禄元年の義輝と三好氏との和睦以来、ほとんど世間からは忘れられていた存在であった。ただし、先の柳本勢の挙兵はもしかしたら、晴元と連携したものであったのかもしれない。

さらに四月二十九日には、義輝の最側近でかつて反三好派の筆頭格、そして今は三好氏の申次となっていた上野信孝が死去した（『言継』同日条）。このタイミングでの死には何か騒動と関係がありそうだが、彼の死は今回の騒動に関係ないようで、四月十九日には危篤状態にあった。義輝は回復のために泰山府君祭を行うように吉田兼右に命じている。側近とはいえ、このようなことは異例で、義輝の信任がうかがえよう。兼右は信孝の病状について「十死一生」と述べているほどだから、相当に危険な状態であったようだ（『兼右』同日条）。結局、泰山府君祭も効力なく、信孝は死去した。

信孝の死後は、その後継者である量忠《かずただ》が三好氏の担当をはじめ、それまで信孝がつとめていた大名家の申次などを引き継いでいる。だが、まだ経験の浅い量忠にこれまでの信孝と同じ活動ができる保証はない。特に対三好・松永の申次において、年長の進士晴舎への比重が高まることは不可避で、義輝と三好・松永氏との関係に影響を与えることは必須である。前述の本国寺と成就院との相論でも、信孝は晴舎とともに関与したが、久秀に非難された時点では信孝は死去していたため、その矢面に立ったのは晴舎であった。

この年末には京兆家の当主細川氏綱が淀城で没した（「厳助」同二十一日条）。すでに氏綱に幕府への政治的な影響力はなく、氏綱の死は幕府には何も影響を与えなかった。ちなみに晴元の子六郎は三好氏が保護しており、京兆家を継承するが、義輝時代の京兆家は事実上断絶したといってよい（彼を最後の管領とする向きも一部にあるが、高国以来、管領就任者はいない）。一方の晴元は、これまでも畿内の動乱の当事者として、将軍家にとってはトラブルの根源であったが、将軍家を支えた京兆家の当主としては最後の人物であったといってよいだろう。晴元と氏綱の死は、これまで幕府を支えてきた京兆家の没落と、三好氏の権勢を象徴するような出来事であったといえるだろう。

三好・松永氏の代替わり

永禄六年（一五六三）・七年と、三好氏にとっても大きな変化が続いた。まず、永禄六年八月二十五日に、これ以前より病を得ていた義興が芥川山城で没した。義輝も御成や各種栄典により義興を幕府を支える大名として遇したほか、六月には直臣の大和晴完を見舞の使者として芥川山城に下向させていた（大和晴完書状『醍醐寺文書』一七七八）。義興は三好氏のなかで、幕府との関係の要でもあった。その死は、義輝と三好氏との関係に結果的に暗雲をもたらすこととなる。

義興の死後、三好氏の家督を継いだのは長慶の弟十河一存《そごうかずまさ》の子重存《しげまさ》（のち、義重《よししげ》、義継《よしつぐ》。以下義継）であった。しかし、問題は義継の母で、彼女は前関白九条稙通《たねみち》の養女であった。九条家は天文年間（一五三二〜）以来、将軍家と近衛家と対立して堺公方足利義維と繋がるなど、当時の幕府に敵対する存在であった。それについて、三好氏は外戚九条家を将軍家の外戚近衛家に対する牽制役として利用しようとしたとみられている（天野：二〇一四ほか）。ただし、これにはリスクもあった。義輝への諸事の連絡や依頼などで、近衛一門を介したルートやその支援を今後、ほとんど期待できないことである。

翌七年六月二十二日に義継は家督御礼のために上洛し、翌日に長慶の「次男」として義輝に代替わりの御礼を行った（『言継』同日条）。義輝は義継の家督継承を承認したのである。ところが、この御礼の直後である七月四日に、長慶自身が飯盛城で没してしまった（「両家記」ほか）。その死は隠蔽され、三年間は秘匿とするようにとされたという。義輝が長慶の死を知ったかどうかはわ

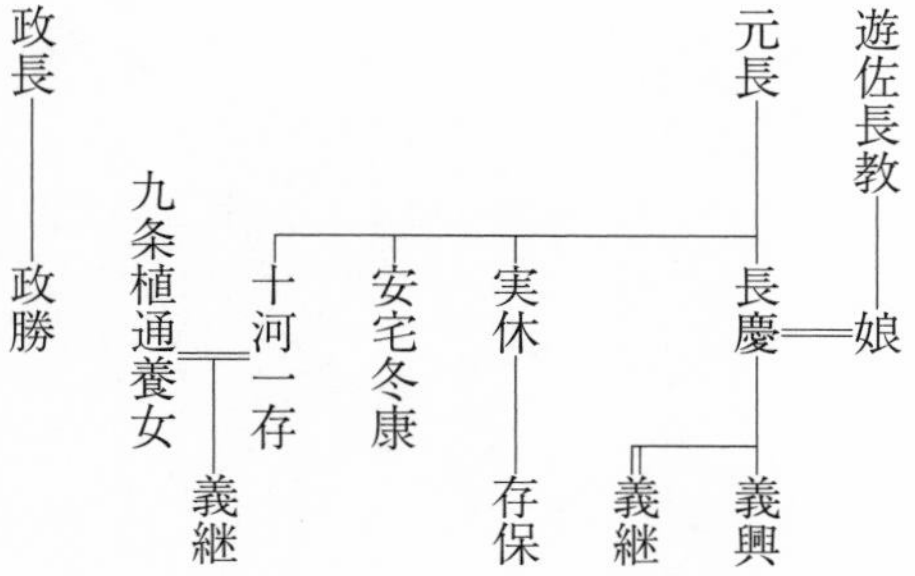

系図５　三好氏略系図

三好義継画像　京都市立芸術大学芸術資料館蔵

からない。すでに長慶は幕府に出仕しておらず、直接義輝と長慶が対面する機会もなくなっていた。少なくとも、義輝はこの後も長慶の死を意識した行動はとらなかった。

さらに、松永氏にも変化があった。同六年閏十二月十四日に、松永久秀も家督を息子の久通に譲ったのである（「厳助」同閏十二月二十一日条）。これは、久秀が義興の後見的立場であったこと、義継の家督継承と久通の家督継承を合わせることで、両者の人的関係性を醸成させる目的であったとされる（天野：二〇一八）。

久通は家督継承に先立ち、閏十二月一日に右衛門佐《うえもんのすけ》、従五位下に叙任された。それにともなって上洛していたようで、それには大館晴光が対応した。叙任の手はずを整えたのも彼であろう。久通は今後の指南を晴光に求めているため（松永久通書状「木村文書」『三好』九五八）、晴光が久通の担当申次をつとめることになったと思われる。一方で、三好氏の担当申次は義継の家督継承以降も変わらず、進士晴舎と上野量忠であった（三好義継書状写『雑々聞撿書』ほか）。これまで進士・上野が三好・松永氏とも担当であったのが、ここに担当が分かれる状況となった。義継の代替わり御礼の際には、晴舎と量忠とならんで晴光にも太刀と馬が進上されている（『雑々聞撿書』）。

これ以前の進士晴舎の対応に不信を持った久秀（久通）が、代替わりを機会に担当の申次を晴光に変更しようとしたのかもしれない。しかし、義輝に極めて近い存在である晴舎を今更担当より外すことは、晴舎からの不満だけでなく、義輝が不満をもつ可能性もある。一方、晴光はもともとは対三好穏健派であった。義輝との連絡などについて、不信はあるが義輝に近い晴舎をそのまま継続させることでいらぬ確執をつくるより、新たに三好氏とは別個の松永氏担当という形で晴光に申次を依頼したのだろう。これは、万が一晴舎を介したルートが機能不全となった場合（晴舎がきちんと披露しなかった場合）、近衛家を介したルートが期待できないこともあり、晴光を介したルートも確保することで、三好・松永方の意向を義輝に伝えやすくしようとする一種の保険であった。

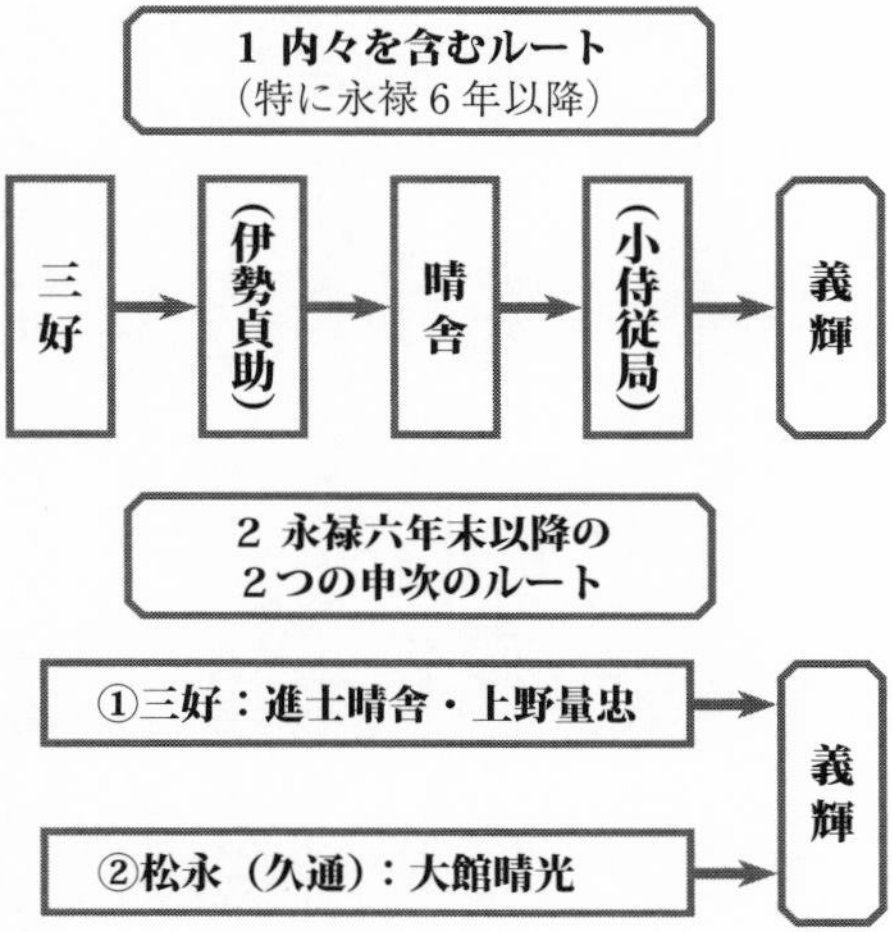

表9　三好氏担当の申次の変遷②

側近衆の世代交代と大館晴光の死

永禄八年（一五六五）には、義輝の周辺でもいくつか出来事があった。一つは、フロイスの訪問である。彼は正月に幕府内の最有力者である進士晴舎父子とともに御所を訪問し、義輝に初めて謁見した。

晴舎は宣教師とも良好な関係であった。それもあってか、義輝はフロイスらを丁重にもてなしたという。フロイスは前述したように、このときに訪問した御所の様子を書き残している。その後、慶寿院にも御礼を行うが、彼女は「身体つきが大きい婦人で、年老い、はなはだ威厳があった」と記す（『日本史』五七章）。慶寿院の容姿がわかるのはこの記事だけである。

四月五日には、側近の細川藤孝邸に御成をした（『言継』同日条）。前述のように帰洛以降、寺社や方違え御成を除けば、三好邸以来の御成である。なぜこの時期に側近の藤孝邸に御成したのか、その目的はわからない。藤孝は前年には相良氏への偏諱などの栄典授与に関与するなど、側近としての活動を本格化させていた。特に「藤」「輝」の偏諱を持つ、若い世代の側近が当時、活動を活発にし始めていた。側近も世代交代がはじまっていたのである。

さらに同十七日には、小侍従局が女子を出産した（『言継』同日条）。史料で確認できる小侍従局出生の子としては二人目である。フロイスが「奥方」としたように、彼女への寵愛は変わっていない。また同二十七日、義晴の内談衆の最後の一人で、先代の遺臣ともいうべき大館晴光が没した。没年齢は不詳だが、六十代であったと思われる。当時は高齢であったためか、すでに一線を退いて、幕府への出仕は嫡孫の輝光が中心になっていた。彼は幕府の重臣として、義晴以来将軍側近として常にあり、三好氏との関係も穏健であった。松永久通からも殿中などへの指南を求められていたように、晴光は将軍重臣として期待されていた。久通からすれば、晴光に替わる新たな申次を設定する必要もできた。三好・松永氏は進士晴舎と晴光という両方のルートを確保していたが、晴光の死により仕切り直しが必要となったのだ。続けて輝光に申次を依頼することはできるだろうが、輝光はまだ若く経験も浅い。晴光と同じような活動や、晴舎への牽制役も期待できないだろう。

晴光はこれまでみてきたように、死の直前まで上杉氏をはじめとする各地の大名との申次を行う存在であった。遠方の大名からみれば、晴光は将軍側近を代表する存在であり、義輝への代表的な窓口であったのである。晴光の死は一つの時代の終わりでもあった。この後の事件を思えば、このタイミングで死去したことは、晴光にとってはある意味では幸せだったのかもしれない。

さて、義輝周辺で吉凶交わるなか、一つ気がかりなこともあった。それは、正月の年頭御礼において、三好義継が慶寿院、春日局らに御礼をしたものの、別に指南役としてあった伊勢貞助の助言にもかかわらず、晴舎の娘とされる小侍従局には御礼を行わなかったのである（『雑々聞撿書』）。

運命の五月十九日

四月三十日に三好義継は上洛して、翌五月一日に義輝に御礼をした。義輝より「義」の偏諱をうけて、重存から「義重」と改名し、さらに左京大夫に任官した（『雑々聞撿書』）。左京大夫は長慶の任官した修理大夫よりは幕府内の秩序では上位であり、三好氏の家格がさらに上昇したといえる（ただし当時は左京大夫の任官例は増加）。これらについては申次であった進士晴舎が調整した。

ところで、申次からは上野量忠がはずれ、伊勢貞助が加わったという指摘もある（馬部：二〇一九）。貞助はこれまで三好氏の顧問のような活動をしており、ある意味で都合のよい彼が加わることに不思議はない。だが、申次の名前が記載された該当部分では、「貞助」の名前の部分は抹消されており、貞助が正式に申次となったのかどうかは確証がない。これまで貞助は三好氏よりの伝達を晴舎へさらに取り次ぐ存在としてあった（「三好→貞助→晴舎→義輝」）。大館晴光の死により、義輝との音信を確かなものとするため、若輩の量忠より旧知の貞助に変更した可能性は大いにあろう。

さて、義継の御礼が滞りなく終わって数日後に事態が急変する。五月十九日に義興や三好長逸、松永久通らの軍勢が御所を包囲し、その後戦闘状態となったことで義輝は殺害された（自害とも）。慶寿院は自害したという。永禄の変である。現職の将軍の殺害は戦国の世とてなく、嘉吉《かきつ》元年（一四四一）の嘉吉の乱（変とも）で、足利義教が赤松氏によって殺害されて以来の大事件であった。

この事件を聞いた山科言継が記すには、辰刻（およそ午前八時）に三好・松永らが一万ばかりの兵で将軍御所を包囲襲撃し、その戦闘により午初点（およそ午前十一時）ころに義輝以下が討ち死にしたという。襲撃の理由については、「阿州の武家（足利義維・義栄父子）」が上洛するためではないかと噂があったという（『言継』同日条）。さらに、当時武家伝奏であった勧修寺晴右の日記『晴右公記』の同日条では、単に「上意へ三好義継・松永久通が取り懸け、義輝が自害した」と、義輝が襲撃されたことで自害したことが記されているが、襲撃の理由に対しての記述はない。ともに、当時の一次史料であるものの、三好方が義輝を襲撃した理由についてははっきり記述していない。

この襲撃により、義輝・慶寿院をはじめ、奉公衆は畠山九郎・大館岩石《がんせき》（晴忠息）・上野兵部少輔・同与八郎・摂津糸千代（晴門息）・細川隆是《たかよし》・一色輝喜《てるよし》・同又三郎・彦部晴直・同孫四郎・荒川晴宣《はるのぶ》・進士晴舎・同藤延・沼田光兼ら、奉行衆は治部藤通、同朋衆は福阿《ふくあ》・台阿《たいあ》・松阿《しょうあ》・林阿《りんあ》・慶阿《けいあ》、御末衆、足軽衆のほか、慶寿院内衆、春日局内衆の多数が討ち死にした。晴舎や晴直、晴宣のほかは比較的若い直臣も多い。一方で、三好・松永勢も数十人の討ち死にや手負い者を出している。さらに、義輝の弟鹿苑寺周暠とその内衆も殺害された（『言継』右同）。殺害された奉公衆らは当時当番で御所に出仕していたのであろう。義輝側近でも、非番であった摂津晴門や大館晴忠・細川藤孝・三淵藤英・一色藤長らは難を逃れている。乳母春日局も負傷しながら御所を逃れたほか、義輝の同母弟の一乗院覚慶は奈良にいて無事だった。

武衛御所跡地周辺　京都市上京区

武衛御所は、慶寿院や春日局の御殿を含めてこの襲撃によりことごとく焼失した。一方、将軍家伝家の重宝である御小袖と御旗、御護などは伊勢貞助が禁中に退避させたため無事だった（『晴右』同日条）。義輝の側室である小侍従局は、事件ののち久我家の被官の邸宅にいたところ、二十四日になって三好氏によって捕らえられて殺害された。

戦闘の様子は、『日本史』や「季世記」に詳しい。『日本史』（第二三章）では、最初に長刀で抗戦し、次いで刀で戦ったが、その姿は驚歎されるものであったとされる。義輝は隠れて死ぬのではなく、一同の面前で公方らしく戦死したいと述べたという。むろん、これが史実であるかどうかは定かではない。ただ、事件ののち、朝倉氏の被官山崎吉家《やまさきよしいえ》と朝倉景連《かげつら》が上杉氏に宛てた連署状によれば（山崎吉家・朝倉景連署状『上杉』五〇四）、義輝自身が数多を討ち取ったという。「比類無き働きといっても無勢であったため腹を切った」というから、奮戦したのは事実であろう。また、周暠は路次で殺害され、慶寿院は殿中で自害したことで、吉家らは前代未聞で言語道断であると非難している。朝の八時頃包囲より終焉まで三、四時間ほどあったことから、義輝のみならず御所に詰めていた直臣らが一万ほどの兵に対して奮闘したのは間違いないだろう。さらに、当時城郭化されていた御所自体の防衛能力もあったにちがいない。この襲撃のとき、将軍家伝家の御小袖が安置されていた「御小袖の間」が鳴《めい》動《どう》したという。「御小袖の間」が鳴動したのは、義教が殺害された嘉吉の乱のときと義政の時代にあったといい、義政のときは鳴動したことでいったん御所を避難したら、その直後に常御所が倒壊したという。御小袖（またはその安置所）の鳴動＝凶事の前徴とされていたのである。それが今回の襲撃の際も鳴動したというのであった（『言継』六月十五日条）。

三好方の襲撃によって武衛御所のほとんどは焼失したが、七月九日に慶寿院の御殿は方々に、御対面所は相国寺広徳軒《こうとくけん》に、御小座敷・御茶湯所・御風呂は嵯峨の鹿王院《ろくおういん》に、御蔵・雑舎は本国寺にそれぞれ曳かれたされる。このうち広徳軒は光源院、鹿王院のものは慶寿院と号したという（『言継』同日条）。御所内のすべてが焼失したわけではなかったようだ。また御所の堀は、のちに三好氏によって埋められた（狩野宣政等連署状「松尾大社文書」『三好』一一五九）。

なお、義輝の辞世の句、「五月雨は 露か涙か 不如帰《ほととぎす》 我が名をあげよ 雲の上まで」についても、同時代の史料より確認されるものではないため、実際に義輝が詠んだ辞世か、真偽は不詳である。

三好氏はなぜ御所を襲撃したか

それではなぜ、三好氏らは御所を襲撃したのであろうか。先の公家衆の日記にはその理由が特に記されていない。山科言継が足利義維・義栄を擁立するためではないかと記したのみである。さらに近衛一門に近い梅仙軒霊超《ばいせんけんれいちょう》も同じく、伊予の河野通宣《こうのみちのぶ》に対して襲撃の理由を「阿州公方（義維・義栄）」の擁立ではないかと推測している（梅仙軒霊超書状写「河野文書」『三好』参考九二）。しかし、三好氏は当初、将軍候補を擁立しようとせず、実際に義栄を擁立するのは翌年である（天野：二〇一六ほか）。

『信長公記』には、義輝が三好氏に「御謀叛」を企てたため、それに先んじて三好氏が義輝を襲撃したとある。だが、先の山崎吉家らの連署状によれば、三好義継らが訴訟といって御所の門外まで入ったとある。ここから、三好方の目的は義輝への訴訟であったことが知られる。しかし、その訴訟の内容までは記されていない。その詳細について、フロイスの『日本史』には、三好方が義輝に対して「数ヶ条の書付」を提出したことが記されている。それをうけて、三好担当の申次である進士晴舎が対応したが、その要求は義輝の寵愛する「夫人（小侍従局）」とそのほかの多数の「殿たち（奉公衆、特に側近衆）」の殺害であった（具体名はなし）。それに対して、晴舎はその内容に衝撃をうけて取次を拒否して自害してしまった。その後、三好氏が御所を襲撃し、義輝が殺害されたという。これらを事実とすれば、現在この事件で判明していることは、三好氏が軍勢で御所を包囲したうえで義輝へ訴訟を行い、それが拒否された後戦闘状態に突入して、義輝が殺害（自害）されたということである。

さらに、三好氏の目的についてては、当初より義輝を殺害、排除しようとしていたというものと、御所巻により側近らを排除しようとしたという説がある。山田氏は「二つの将軍家」の解消のためとし（山田：二〇〇二）、さらに義輝への警戒心の高まりとする（山田：二〇一八）。天野氏は、三好氏は義輝を「真の敵」と認識したうえで、三好氏を継承したばかりの若い義継家中の権力掌握を焦ったことで、将軍殺害に及び、自らが将軍家を継ぐという意識を持ったためとする（天野：二〇一四ほか）。

そのなかで、柴氏は『日本史』の記述から目的は側近の排除であり、そのために、南北朝期に幾度も行われてきた「御所巻《ごしょまき》」という、大名が武装して将軍御所を包囲したうえで、将軍に異議申し立てをし、自らの要求を受け入れさせるという訴訟方法をとったとされる。そして、義輝が包囲する三好勢の排除に動いたことで、三好氏の反撃をうけて死に至ったという（柴：二〇一六）。かつて、父義晴の時代、細川晴元と手切りして対立した際に、籠城先の北白川城を六角定頼が晴元を支援して包囲したことがあったが、これも義晴・晴元の和解を促す一種の御所巻であろう（このとき義晴は受け入れた）。しかし、今回の場合、これまでの御所巻と異なり、三好氏はどの大名とも連携せず、誰の支持も求めず単独で行ったのである。

このように、三好氏の目的については、当初より義輝を殺害しようとしたという意見と、衝動的な結果という意見に分かれているのが現状である。筆者はかつて柴氏の意見に加えて、担当の申次である晴舎が訴訟の内容に反発して自害したことで、それをこれまでの義輝―三好氏の連携関係の手切りとみなした三好氏側が強硬手段に出たものと指摘したことがある（拙：二〇一八②）。仮に三好氏の目的が義輝の殺害、または排除であれば、わざわざ訴訟という手続きを経ずに、早朝、ないしは夜中に御所を包囲襲撃すればよい。それにもかかわらず、三好方がわざわざ訴訟を行った点を重視すべきだろう。仮に義輝が要求を受け入れたら、襲撃する理由がなくなるためである。やはり、当初の目的の第一は義輝の殺害ではなく、特定の側近排除を目的としたものであったとみてよいだろう。

側近排除の現実性

側近の排除が訴訟の内容であれば、この事件での幕府側のキーパーソンが進士晴舎と意図的に殺害された小侍従局であることになる。その前兆は正月の御礼にあり、三好氏は小侍従局を意図的に御礼の対象から外していた。これまでの晴舎らの申次行為だけではなく、晴舎に連なる小侍従局にも三好方の不満が向かったことは間違いないだろう。彼らは三好氏にとって、義輝との関係維持の障害であったのだ。なお、『日本史』ではさらに小侍従局が当時懐妊していたことも殺害された理由としているが、前述のように四月に出産したばかりであってこれは当てはまらない。

義輝側近の筆頭格、側室の父という立場にある晴舎を簡単に申次（または側近として立場）から排除することは難しい。幕府内で晴舎を牽制しうる存在として期待した大館晴光もすでに亡く、そのため御所巻という強硬手段に訴えたともいえる。ただし、三好氏側が御所巻という室町初期に行われた訴訟行為を知っていたのかはわからない。偶然同じような訴訟行為となった可能性もある。

ところが、殺害（排除）対象である小侍従局の父、さらに排除対象であろう将軍側近である晴舎がその訴状を担当者として受け付け、義輝に披露しなければならないという極めて矛盾した状況となる。対応した晴舎も三好方の要求に対応できるわけがないだろう。申次はほかに上野量忠がいたが、当日は御所に不在であったと思しい。仮に量忠（または伊勢貞助）が訴訟を受け付けていれば、状況は変わったかもしれない。そこで注目されるのが、先ほどの貞助への申次の交替である。貞助が新たに申次となっていたということであれば、三好氏はこの訴訟のための布石として量忠から担当を変更させたといえる。貞助は政権内で晴舎を牽制できるような影響力はないが、伊勢貞孝の死後、幕府内で三好氏にもっとも近い存在であった。貞助はこの事件中、御小袖を朝廷に預けに行っており、御所内にいたと思しい。本来は彼が三好氏の訴訟を受け付ける予定だったのではないか。

仮に、事件の直前に死去した大館晴光が生存していれば、晴光を介して訴えるルートもあっただろう。しかし誰が申次であろうとも、義輝が手足ともいうべき側近や寵愛する小侍従局を殺害（排除）することを承認する可能性は極めて低いと考える。そのため、三好氏は御所巻という強硬手段に訴え出たのであろう。これまでも本書でみてきたように、義輝の政権運営において、側近の役割は極めて大きい。もし、義輝が三好方の訴訟を受け入れて、晴舎ら側近たちを排除したとなれば、義輝の将軍権力に大きなダメージとなることは明白である。将軍権力と側近は不可分なのである。

だが、将軍側近の再編という点に注目すると、まず義輝の側近すべてが殺害されたわけではなかった（摂津晴門や大館晴忠、細川藤孝らは事件後も襲撃されず生存）。そのため、当初は貞助を含め、彼らを晴舎に替わる存在としようとしたのではないか。さらに、当初より将軍候補を擁立しなかったことは、そもそも義輝を排除・殺害するつもりでなかったからと説明できるだろう。

三好方は、晴舎ら特定の側近たちの完全な失脚と、それによる義輝側近の再編、または三好・松永方が申次を介さず直接義輝とやりとりできる環境の構築を目的に御所巻という訴訟をしたが、排除対象の晴舎が想定外に取り次いだことで事態が悪化、さらにこのような経験のない事態に直面した義輝が三好氏の謀叛とみて、その要求を拒否し抵抗したことで、戦闘状態となり、そのなかで義輝が殺害されてしまったと考えられる。その意味では側近排除の訴訟は必然としても義輝の死は偶発的であった。

また、義輝の弟の周暠が殺害されたのは、将軍家自体を断絶させる意図の一環ともみえる。しかし、それであれば、やはり奈良の覚慶も同時に襲撃すべきであろう。三好・松永方は事件後、一乗院覚慶との和睦を模索しており、義輝は否定しても将軍家自体は否定しなかったとされる（山田：二〇一八）。義輝の思いがけない死によって、急遽将軍後継のストックとされていたと思しい周暠を擁立しようと身柄を確保しようとしたが、義輝の死を知った周暠らが抵抗・拒絶したことで殺害（または自害）したのではないだろうか。だが、事件の目的についてはなお決定打となる史料があるわけではないため、なお議論はあろうが現時点での筆者の仮定の意見としてみていただきたい。

義輝死後の三好氏の対応

事件直後、義継は「義重」より「義継」に改名したが、これは義継が将軍家を継ぐという意味があったと指摘される（天野：二〇一四）。ただし、山科言継や梅仙軒霊超らが当初、三好氏が足利義維・義栄を擁立する可能性を疑ったように、将軍候補も擁立せずに将軍を殺害することは当時の人々の理解の範囲外であった。足利氏こそが武家の棟梁という意識がまだ生きている世間から、その主張が受け入れられる可能性は低いだろう。

一方で、この事件に直接関与しなかった松永久秀は、事件直後には奈良にいた義輝の実弟一乗院覚慶（還俗して義秋、次いで義昭、以下義昭）に誓紙を送ったうえで保護した（覚慶書状「円満院文書」『三好』一一五三）。義昭が襲撃されなかったのは、奈良興福寺を敵に回したくない（奥野：一九六〇）、または反三好勢力に対抗するために傀儡として擁立するつもりであったのではないかと推測されている（天野：二〇一八）。

事件後、三好家中の有力者となっていた三好長逸、同宗渭《そうい》、石成友通ら三人衆（三好三人衆）と松永久秀らが対立したのち、両者は義昭に対して和睦を申し入れている（三好三人衆は十月ころに成立）。

足利義昭画像　東京大学史料編纂所蔵模写

その際に、三人衆はこの事件は松永の所行であり自分たちは悪くない旨を、一方の久秀は阿波三好氏の重臣篠原長房《しのはらながふさ》らのせいであり、自分は関係ない旨を主張している（義俊覚案「謙信公御書集」）。むろん、それぞれの自己弁護であろうが、これについて、三好・松永方は義輝の殺害は義輝個人の否定ではあっても将軍家自体を否定したわけではないと指摘されている（山田：二〇一八）。

事件直後の五月二十一日には、三好長逸がお見舞いとして禁裏に赴いた。これは自己弁護のためでもあろう。長逸は小御所において、天皇より御酒を下された（『言継』同日条）。これには勧修寺や高倉などのかつての昵近公家衆も参加した。朝廷は早速三好氏に懐柔されたのである。また、三好・松永方は、高辻長雅と昵近公家衆東坊城盛長の勅免を申し入れるなど、公家衆の支持獲得にも動いていた（『言継』六月四日日条ほか）。

六月七日、義輝に左大臣、従一位が贈られた（『言継』同日条）。義輝は参議であったため、生前に大臣に昇進しなかった将軍の先例によって左大臣を贈られたのである（父義晴も同じ）。さらにこの日より三日間、朝廷は天皇が喪に復して政務を行わない廃朝《はいちょう》を決定した。しかも、各別ということで、親王・大臣の場合と同じように清涼殿《せいりょうでん》の階間の御簾を下げるという対応を行っている。

九日寅の刻には、義輝の葬儀が北山の等持院《とうじいん》にて行われた。院殿号は光源院殿《こうげんいんでん》贈左大臣従一位融山《ゆうざん》道円居士《どうえんこじ》。葬儀には公家衆が一人も参加しなかったようだ。彼らは三好氏に遠慮したのであろう。さらに、比丘尼御所や五山らの諸宗の諷経《ふぎん》（読経のこと）もなかったという。山科言継は「義輝には喪主となる子孫がいなかったためか」と述べている。参加したのは相国寺の僧と、生き残った将軍直臣たちであった。また、相国寺の広徳軒を「光源院」に改称して、同所を義輝の菩提所とした。当時と立地は変わっているが、相国寺内に現在も光源院は残る。さらに遺骨の一部はこれも将軍家の先例に任せて、源氏ゆかりの摂津の多田院に納められた（飯尾盛就奉納状「多田院文書」『奉書』三九二六）。

一方、このような義輝の葬儀に対して、翌年の三好長慶の葬儀では五山の長老らが出席して盛大に行われ、さらに五山と大徳寺との和解を演出するなど、新しい宗教秩序を作り出そうとしていたという（天野：二〇一四）。

ところで、言継は義輝に「子孫がいない」としたが、義輝と周暠の死により、義晴の血を引く男子が断絶したわけではなかった。すでにみたように、義輝には同じく慶寿院を母とする弟の義昭がいた。義昭は前述のように久秀の保護をうけるが信頼せず、七月に奈良を脱出して、次期将軍候補として活動するようになる。彼は将軍および近衛家の血を引く男子として義輝と同じ貴種であり、後継者として正統な立場にあった。

三好・松永方はこれ以上混乱が拡大しないために、事態の沈静化を図った。しかし、三好氏に対抗する畠山勢は義輝を「天下諸侍の御主」であり、「弔い合戦をする覚悟である」と述べている（安見宗房書状「河田文書」『三好』参考九三）。将軍殺害が世間や諸大名に与えた衝撃は大きく、三好・松永氏は「世間を敵に回した」とされる（山田：二〇一九）。上杉輝虎は三好・松永らの「悉く頭を刎ねて将軍を取り立てる」と述べている（上杉輝虎願書『上杉』五一五）。戦国の世とはいえ、将軍殺害は許されぬことだったのだ。だが、実際に大名が一致団結して三好氏を討伐するようなことはなかった。永禄十一年の足利義昭の上洛まで、実際に弔い合戦に動いた（動けた）勢力はなかった。

将軍直臣に残された三つの選択肢

義輝の死によって、「幕府」は将軍を失い実態を失ったが、完全に消滅したわけではない。幕府を構成していた直臣がすべて殺害されたわけではなく、三好氏は側近の排除を一応の目的としたものの、重要な側近は当日死去した進士晴舎や彦部晴直、次いで殺害された小侍従局のみであり、それ以上襲撃されることはなかった。同じく側近で政権を支えた摂津晴門、大館晴忠、三淵晴員・藤英父子、細川藤孝、一色藤長、春日局らは生存した。また、当日御所にいなかった将軍直臣の多くも健在だった。生存した将軍直臣（奉公衆・奉行衆）らは、五月二十五日に三好・松永氏のもとに参礼に赴いた（『晴右公記』同日条）。将軍殺害という緊急事態のなか、自身の保身に動いたのである。将軍殺害という凶行に及んだ両者に対して、異議を述べることはできなかったのだ。

しかし、すべての直臣が三好・松永氏に媚びたわけではなかった。義輝死後の直臣には三つの選択肢があった。一つめは義昭を次期将軍候補として支持すること。二つめは在京しながら三好氏との関係を優先し、のちに三好三人衆によって擁立されることとなる足利義栄を新しい将軍として支持すること。三つめとしては、どちらの支持も明確にせず、一時的ないしは永続的に将軍家への奉公を離反することである。義輝の時代において、直臣は減少傾向にあったが、義輝の死はその分裂・減少をさらに促したのである。

幕府の実務や訴訟審議を担ってきた幕府奉行人もなお残存し、義輝の死後もわずかながらも奉行人奉書が発給されているが、誰が主体となっていたのかは判然としない。奉行人のうち、京都に残っていた飯尾貞広は山科言継より、朝廷内で行われた相論審議における証拠文書の取り扱いについて質問をうけており、彼らの知識技能は京都でなお尊重されていた（『言継』永禄八年十二月四日条ほか）。

【義昭支持派】義昭支持を選択したのが、義輝の側近であった三淵藤英・細川藤孝兄弟（父の三淵晴員も）、一色藤長、飯川信堅らである。彼らはこの後も義輝、そして義晴の上意を尊重し続けながら（『鹿苑日録』永禄九年六月十六日条）、義昭の将軍就任にむけて尽力することとなる。

くわえて注目されるのが、京都に残った春日局である。彼女は事件に巻き込まれ怪我を負ったが生存し、剃髪して陽春院《ようしゅんいん》と称していた。彼女は義晴の乳母であった宮内卿局の邸宅を買い、武衛御所内にあった自身の屋敷からその地に移っていた。彼女の周辺には、義兄弟であり義輝側近で政所頭人であった摂津晴門、その実弟海老名頼雄がいたほか、彼女の邸宅には義昭の使者となった諏方俊郷《としさと》がたびたび訪問しており、春日局邸は義昭支持勢力の拠点となっていたのである（拙稿：二〇一四）。三好方はそれを知ってか知らぬか、春日局には手を出すことはなかった。これは、彼女は日野家の後室であり、公家社会にも属する存在であったことから、三好方も無碍にできなかったのである。

晴門の場合、義輝の死後、幕府が機能不全となったこともあり、政所頭人としての職務はみられない。さらに息子の糸千代丸は永禄の変に遭遇し、元服前の十三歳で死去していた。義栄の将軍就任には先例にともなってその儀礼にも関与したが、同時に義昭方としても行動したように、晴門が義栄・三好陣営を支持する可能性はそもそもなく、基本は春日局の行動と連動していたのである。実務を担う奉行衆も諏方晴長、同俊郷、飯尾盛就《もりなり》、同貞遙《さだのぶ》、松田秀雄《ひでかつ》、同頼隆《よりたか》などが義昭を支持して京都を離れ、義昭の元に下った。彼らは義昭を主体とする奉行人奉書を発給している。

義昭支持派は、各地の大名へ使者として派遣されたほか、義昭に近侍して、近江、若狭、越前と行動を共にしていた。そして、最終的に織田信長を支援者とすることに成功し、永禄十一年九月に上洛戦を開始するのである。なお、春日局はその後、義昭の将軍宣下にも関与し、将軍家の衰退をみながら、天正十二年（一五八四）に七十二歳で没した（『多聞院日記』天正十二年七月十七日条）。

【義栄支持派】　一方、三好家中は義輝の死後混乱した。松永久秀父子が内部対立のために三好氏より離脱したのである。はじめは久秀と三好三人衆が対立し、さらに当主三好義継も三好三人衆と対立して分裂状態になった（義継は久秀と連携）。

三好氏は当初、将軍候補を擁立しなかったが、三人衆が義昭との和睦に失敗したこともあり、永禄九年になって、阿波三好氏重臣篠原長房らと義栄を将軍候補として擁立したのである。義栄の父義維は、大永七年（一五二七）に当時の将軍義晴と対立する「堺公方」として歴史の表舞台に現れたが、堺政権の崩壊によってその望みは絶たれていた。しかし、その後も永く将軍職を望んで活動していたことは、前書や本書でみてきた通りである。義輝の死とともに、それが現実味を帯びたのであった。将軍職自体は息子の義栄が候補であり、義維は大御所として後見役となっていた。

義栄擁立をうけて、その陣営は急遽、義栄の幕府体制構築に動いた。もともと三好氏に近い伊勢貞助はもちろん、義輝の生前には再興が認められていなかった伊勢守家を再興して、伊勢貞良の嫡男であった虎福丸（のち貞為《さだため》）を義栄陣営に取り込んだほか、大館輝光・小笠原稙盛《たねもり》などの故実に精通した直臣も陣営に取り込んだ。本来、義晴・義輝に近い大館氏が対立する義栄方に属したのは、所領問題に関わってであろうか。このほか幕府の実務を担う奉行人では、松田藤弘と中澤光俊が義栄陣営に属し、義栄を主体とする奉行人奉書を発給したほか、義栄の側近らと政務の談合も行っている（拙稿：二〇一四）。

また、直臣とは別に義栄の父義維の側近もいた。その代表が畠山安枕斎守肱《あんちんさいしゅこう》（維広）である。しかし、その数は多くなく、これまでの幕府の運営とも関係がなかったため実践力は乏しい。義栄陣営に属した直臣の数は、義昭を支持した直臣と比較すれば少ない。これは、義栄陣営に将軍を殺害した長逸がおり、彼に対する反発が根強かったためでもあろう。

しかし、有利とはいえないなかで、義栄は永禄十一年二月十九日に、摂津の普門寺にて第十四代将軍に就任する。これは伊勢貞助らが尽力した結果という（斎藤：一九七八）。かつて、義維の果たせなかった夢がここに果たされたのである。そしてこれまでの義澄系の将軍（義晴・義輝）から義稙系（義稙・義維）へと将軍家が代替したのである。

ところが、義栄と義維は結局京都に入ることができなかった。義昭派が京都になお存在するだけでなく、仮に入京しても幕府（狭義）を構築するだけの人材がいなかったためである。義栄は人員の不足もあり、長逸を御供衆に加えるなど、三好一族を含めた体制の整備を行い、新しい幕府の構築を目指すが、義昭から離反する直臣は皆無であった。その支持は一部に留まったのである。義輝を殺害した一人である長逸への反発もあっただろうし、義維・義栄への正統性そのものへの不信もあろう。そして、九月になって義昭が織田信長らの支援を得て上洛すると、三好三人衆は敗退し、義栄陣営はあっけなく崩壊するのである。これに前後して義栄は死去し（死去の月日、場所は史料により異なる）、義維は阿波へ戻り、天正元年（一五七三）に死去したのであった。

＊

将軍家の分裂状況は永禄十一年十月の義昭の上洛、同十八日の将軍就任によって解消された。義昭は義栄陣営に属した直臣の帰参を赦さず、若い輝光や虎福丸らは義昭期の幕府から排除された（伊勢氏は虎福丸の弟貞興《さだおき》が再興）。義昭支持派を中心とする人材と新規登用者によって、幕府は再興されるのである。そこには、先の晴門・藤孝・藤長といった人物だけではなく、義晴期以来の大館晴忠・三淵晴員といった老臣など義輝の側近たちがあり、義昭は彼らをいわば人的遺産として義輝より引き継いだのであった。これまで幕府の政務に縁の無かった義昭にとって、彼らは財産であっただろう。

将軍家の重宝・御小袖のゆくえ

さて、将軍家家督を象徴するレガリアである「御小袖」は永禄の変の際に、伊勢貞助によって禁裏に預けられたことはすでに述べた（その日の夕方には御旗も禁裏に預けられた）。「御小袖」は尊氏以来の足利氏の重宝であり、朝敵退治のような大事の際に将軍が着用するものとされる（『明徳記』）。かつて、足利義尚が近江の六角氏征伐のために親征した際にも御小袖唐櫃を所持していたし、義稙の六角氏成敗の親征の際にも所持された。明応の政変の後には義稙より没収され、家督の象徴として義澄が引き継いだ。しかし、義澄が永正五年（一五〇八）に京都を没落した後は、義澄が所持し、次いで義澄を保護していた近江の九里《くり》氏が保管し、その後、大永四年（一五二四）に義晴に返却された（前書）。義輝はそれを引き継いだのであった。

御小袖唐櫃は永禄の変後、同年十月になって、武家伝奏広橋国光と松永（久秀か）の要求があったことで、朝廷から彼らの使いに引き渡された（『お湯殿』十月二十六日条）。この引き渡しは三好氏が将軍家を継承することを朝廷が承認したともされる（天野：二〇一四）。もしくは、将軍家の進退を三好氏に委ねたともいえるだろう。だが、そもそも御小袖は将軍家のレガリアとはいえ、朝廷に進退する権利はないため、そのまま保管することも、引き留める理由もないのである。

だが、御小袖の引き取りを願い出たのは三好氏ではなく、久秀（または久通）であったことは注目される。なぜなら松永父子は、この直後に三好義継やいわゆる三好三人衆と断交するからである（『多聞院日記』十一月十六日条）。三好家中が主導権をめぐり不穏となるなか、久秀が義兄の国光とともに御小袖を接収して将軍家家督の進退権を得ることで、家中で主導権を握ろうとしたとも考えられる。

前述のように、当初は久秀や三人衆は義昭との和睦・擁立を図ろうとしていた。久秀が御小袖を引き取ったのは、義昭が三好・松永氏らと決別し、奈良を脱出したあとであったことも関係するかもしれない。義昭が久秀から離反して三好・松永氏を敵として独自に将軍候補として活動することに対して、御小袖を保管することでそれを牽制し、さらに三人衆に対しても将軍候補の擁立において優越した地位を得ようとする意味もあったのであろう。

ただし、御小袖のその後のゆくえは知られない（現存しない）。実際にこの後、久秀が御小袖を所持し続けたのかも不明である。のちに上洛戦を進める義昭が、久秀と義継を赦免した際に御小袖を引き継いだ可能性はあるがこれも確証はない。

その後の正室近衛氏と近衛一門

義輝の死後、近衛家はどうなったのであろうか。慶寿院は自害したが、御台所については、直接動向を記したものはない。しかし、「両家記」では、三好氏によって保護されて実家に送られたという。彼女が義輝の死後に落髪したとの史料は確認されず、史料上ではその痕跡が失われてしまう。御台所が再び現れるのは義昭が京都を没落した後、天正三年（一五七五）であり、それは「御霊殿《ごりょうどの》」としてである（『言継』天正三年八月一日条）。「御霊殿」とは近衛家の邸内にある代々の御影が祀られた場所で、近衛家の女性がその祭祀を担っていたため、その女性のことも「御霊殿」と呼んだという。彼女は義輝の死後に御霊殿となり、天正十八年九月に寂したという。院号は「大陽院《たいよういん》」という（渡辺：

二〇〇五)。彼女が義輝の死後、将軍家の菩提ではなく、実家の近衛家の祭祀を行っていたことは注目される。御台所は事実上、将軍家との関係を切っていたのである。彼女は叔母である慶寿院の庇護下にあるものの、義輝の寵愛をうけ、さらに実子を出産した小侍従局と異なり、義輝との実際の関係はよくなかったのであろう。

事件直後は、近衛家に対して「雑説」があったらしいが、これは何もなく無事であったという(『言継』五月二十日条)。義輝のみならず、近衛一門も被害を受ける可能性があったのであろう。しかし、実際に近衛一門が三好氏に襲撃されることはなかった。

近衛前嗣はこの後、三好三人衆と関わり、義栄の将軍就任を支援したため、永禄十一年(一五六八)十一月に義昭の上洛によって京都を逐われ(『公卿』ほか)、義昭執政下では排除された(家督は子の信《のぶ》尹《ただ》に安堵)。その父で慶寿院の兄弟であり、義輝を支えた前関白近衛稙家は永禄九年七月十日に死去していた(『公卿』)。これらによって、これまでの「足利―近衛体制」が終焉したともみえる。

しかし、一門の大覚寺義俊は早速義昭の擁立を図った。義俊はこれまで上杉方との仲介をしてきたこともあり、越後の上杉謙信に対しては、河内の畠山氏を巻き込みながらその上洛が「天下御再興の御名誉」になるとして、上洛を促している(安見宗房書状「河田文書」『三好』参考九三)。ここでの「天下」は、将軍家(特に義澄系)を中心とした幕府秩序であろう。義俊はそれだけではなく、若狭や越前、尾張も含めた反三好同盟の形成にも動いた。

義俊は義昭の上洛以前の永禄十年正月十二日に死去するが（「華頂要略」）、兄弟の聖護院道増や久我宗入も義昭を支援した。彼らは義昭の将軍就任以後も、将軍による和平調停を担ったように、その後も「足利―近衛体制」はなお終焉することはなく、継続したのである（金子：二〇一五）。先の直臣団同様に、義晴の残した遺産は義輝に次いで義昭の時代まで将軍家を支えたのである。

義輝の時代とは

義輝の死は、その後の織田信長の上洛、室町幕府の終焉、豊臣秀吉の統一に至る起点となったという意味で、重要な歴史の転換点となった。

すでにこれまでの大名に支えられる幕府体制・秩序が崩壊しつつあるなかで、三好氏というこれまでにない新たな勢力が幕府と対峙することとなった。足利氏の将軍候補を擁立せず、従来の家格によらず、実力のみで京都や畿内に勢力を拡大し、将軍を明確に敵として戦ってきた三好氏は、これまでにない価値観を持ち、これまでの将軍が対峙したことのない、まったく新しい敵であった。義輝の生涯の多くはそれに対応しなければならなかったのだ。三好氏の台頭自体が、幕府秩序が限界にあった象徴かもしれない。

旧来の足利一門の守護・大名が没落し、京兆家など在京して幕府を支える大名がいなくなるなかで、義輝は新しい秩序を模索した。実力に裏付けられた三好氏に対して、軍事的・経済的な裏付けのない義輝は、既存の幕府秩序の枠組みを利用しつつ新興勢力を取り入れ、秩序を再編することで生き残りを図ったのだ。当時衰退し、限界をむかえた幕府を維持するためには、それ以外の選択肢はなかった。

一方で、対立した三好氏が別の将軍候補を擁立しなかったため、ある一面では危機的状況ではなかった。それは直臣の離反などで義輝の権力・権威が動揺したとしても、自らの将軍としての正統性は維持されたからである。かつて父義晴は兄弟の義維の登場により、自身の将軍としての正統性が揺らぐこととなったが、義輝には将軍職を喪失するという危機意識はなかった（義維はいたが）。そのため、長慶が将軍の権力・権威を侵食しても、朝廷を利用した正統性のアピールは必要ないとみなしたのであった。官位昇進や参内、改元の執奏など、同時代の人々の支持を得られるものではないにしろ、これまでの将軍とは異なる姿勢を示したのはこのような理由であった。

義輝はこのような対大名、対朝廷において従来にない新しい方針を試行錯誤しながら示したが、その政策を支えたのが、近衛一門や大館晴光をはじめとする義晴時代の遺臣や上野信孝ら新規の将軍側近であった。特に、京兆家など在京して幕府を支える大名が消滅する義輝期には、このような身近な側近こそが将軍権力維持のための重要な手駒であった。彼らは父義晴が義輝のために残した遺産でもあろう。ところが実際は、三好氏との関係をめぐって分裂するなど、義輝の側近、または直臣ら求心力にも限界があった。それだけではなく、側近の存在が義輝と三好方とのひずみを生み、結果的に自身の死を近づけたのだった。

摂津晴門や三淵藤英・細川藤孝兄弟、一色藤長をはじめとする義輝の側近は次代の義昭期に引き継がれた。これは義輝の人的遺産といえるだろう。義昭の将軍就任やその時代の幕府の実務運営などは彼らが義輝の遺志を引き継ぎ支えたのであった。だが、その義昭の時代も織田信長との関係をめぐり側近たちが分裂する状況が繰り返された。そのなかで、天文二十二年（一五五三）の義輝と三好氏との断交同様に、反信長派の意見を受け入れて信長との対立を選び敗北し（久野：二〇一七）、結局、将軍家は終焉していくことになる。彼ら側近は戦国期の将軍権力を支える存在であるのと同時に、その終焉を導かせたもろ刃の剣でもあった。

あとがき

筆者にとって、足利義輝はある意味で研究の原点でもあった。以前の拙著でも述べたが、学生のときに最初に関心を持った将軍は足利義栄であった。それは義輝の死から義栄の将軍就任、次いで義昭の将軍就任までの直臣の去就などに関心を持ったからである。これは筆者の卒業論文のテーマにもなった。その意味で義輝(その死)とは自分の研究の起点ともいえる。そこで、本書を終えるにあたって、義輝の死で終わるだけではなく、その後の幕府関係者の分裂状況についても補足的に述べた。

卒業論文以来、将軍とその側近について関心を持ってきたが、それは「はしがき」で述べたように、権力は個人で遂行できるものではなく、権力者を支える人々の存在が不可欠だからである。特に戦国期の将軍をみるうえで将軍個人の動向だけをみてもその本質には迫れないだろう。そのため、特に本書では昨年の大河ドラマでも登場しなかった伊勢貞孝と大館晴光、上野信孝や進士晴舎、春日局、小侍従局などに注目してみた。この中でも貞孝と晴光の好対照の生涯に注目してもらいたい。彼らの動向は良くも悪くも将軍義輝の時代を象徴していると思う。側近それぞの事象などについては、いつか別の機会に述べられたらと思う。

さらに、前書でも戦国期の「幕府」「将軍」とは何かという問題について少し述べた。本書でも改めてこの点に触れているが、まだまだ筆者の力不足により、不十分なものとなっている。それだけではなく、永禄の変をはじめ、なお検討が必要であろう点など、今後も筆者の課題として検討を続けたい。

さて、義輝の生涯をみると、義輝の性格・生涯は相当屈折したものであったに違いない。今でいうところの思春期に、京都没落、父の自害、反逆する「御父」伊勢貞孝、将軍を敵とする三好氏、離反者の続出する亡命生活を経験など、めまぐるしく変化する環境に義輝自身がついていけなかったのではないかと思える。そして無力感を感じていたに違いない。そのような複雑な人格形成が、当時も困惑したであろう新旧交わった義輝の政策に影響を与えたに違いないだろう。

また、本書を執筆中に改めて思ったことは、戦国期の将軍のなかでも義輝の生きた世界は狭いことである。山城国内でも京都とその周辺、離京時でも近江の坂本や朽木谷などの西部が主である（ほとんど唯一の例外が摂津の有馬温泉への湯治である）。義輝はこのような狭い世界のなかで、実際に顔も見たことのない全国の大名との音信を継続していたのである（天皇も同じだが）。本書では特に述べなかったが、普段の活動範囲が義輝の政策にどのように関係するかも気になるところである。京都にいるからといって、すべての情報が集約されるわけではないだろう。

本書の地理的な範囲は、右のように基本的には京都と近江が中心だが、筆者は東京生まれ、埼玉育ちの完全な武蔵国住人で、京都はおろか近畿には一切地縁はない。そのため、前書もそうだが、地理的な理解に誤解や限界がある可能性もある。この点、不安もあるがご了解願いたい。

ところで義輝に対しては、いまだに「剣豪将軍」というイメージをもたれているが、これは本書でも述べたようにあくまでも史実ではない。義輝を少しでも調べればよくわかることである。だが、一度ついたイメージを覆すのはむずかしい。義輝に武勇があることは否定しないが、それがイコール剣豪であるわけではない。武勇＝剣豪なら、戦国武将の多くは「剣豪」となるだろう。残念なことにおそらく、本書でいくら否定してもなお、義輝は「剣豪将軍」、または刀剣を好む将軍というイメージで語る人は減らないだろう。そのほうがよりキャッチーだからでもあろう。義輝に関心を持つきっかけとしてはそれもよいが、せめて本書を読まれた方だけでも、剣豪像が虚像であることを理解してくれることを期待したい。

最後に、本書によって、『シリーズ・室町幕府の研究　足利義晴』から続く一連の執筆も一区切りとなった。義晴・義輝父子の論集と評伝の計四冊が無事に刊行できたことに正直安堵している。出身校であり勤務校でもある大正大学歴史学科の関係者はもちろん、院生のころより参加している研究会の方々、そしてこれら一連の執筆の機会をいただいた黒田基樹氏や、前書ともども編集を担当いただき、原稿のチェックなど刊行に尽力いただいた編集長の丸山裕之氏に感謝したい。

二〇二一年九月　与野の自宅にて

木下昌規

【参考文献一覧】

※学術雑誌などに掲載された論文については、同一著者による単行書に収録されている場合は、そちらをあげた。また、復刊されたものについては初出年を本文では掲げた。

浅野友輔「戦国期室町将軍足利義輝による和平調停と境目地域―尼子、毛利氏間和平と石見福屋氏の動向―」(『十六世紀論叢』四、二〇一五年)
天野忠幸『三好長慶』ミネルヴァ書房、二〇一四年
同『増補版　戦国期三好政権の研究』清文堂出版、二〇一五年
同『三好一族と織田信長』戎光祥出版、二〇一六年
同『松永久秀と下剋上』平凡社、二〇一八年①
同『列島の戦国史4　室町幕府分裂と畿内近国の胎動』(吉川弘文館、二〇二〇年)
同「三好政権と足利幕府との対立をどう評価するか」(今谷明・天野忠幸編『三好長慶』、宮帯出版社、二〇一三年)
同「政治秩序にみる三好政権から織田政権への展開」(『織豊期研究』一九号、二〇一七年)
同「足利義輝」(平野明夫編・日本史史料研究会監修『室町幕府前将軍・管領列伝』星海社新書、二〇一八年②)
天野忠幸編『松永久秀』宮帯出版社、二〇一七年

天野忠幸・高橋恵編『三好長慶　河内飯盛城より天下を制す』風媒社、二〇一六年
池　享『戦国・織豊期の武家と天皇』校倉書房、二〇〇三年
今谷　明『戦国時代の室町幕府』講談社学術文庫、二〇〇六年、初出一九七五年
同『戦国時代の貴族』講談社学術文庫、二〇〇二年、初出一九八〇年
同『室町幕府解体過程の研究』岩波書店、一九八五年①
同『戦国三好一族』洋泉社、二〇〇七年、初出一九八五年②
同『京都　一五四七年』平凡社ライブラリー、二〇〇三年、初出一九八八年
同『戦国大名と天皇』講談社学術文庫、二〇〇一年、初出一九九二年
同「上杉本洛中洛外図の制作者と景観年代」(『文学』五二―三、一九八四年)
今谷明・天野忠幸編『三好長慶』宮帯出版社、二〇一三年
上島　有『中世花押の謎を解く』山川出版社、二〇〇四年
奥野高廣『足利義昭』吉川弘文館、一九六〇年
加栗貴夫「足利将軍家重代の鎧「御小袖」に関する一考察―「御小袖御拝見」の再検討を通じて―」(『青山史学』三五、二〇一七年)
金子　拓『織田信長権力論』吉川弘文館、二〇一五年
亀田俊和「室町～戦国期の彦部氏」(『十六世紀論叢』八、二〇一七年)
河村昭一『若狭武田氏と家臣団』戎光祥出版、二〇二一年
川岡　勉『室町幕府と守護権力』吉川弘文館、二〇〇二年

川口成人「畠山政近の動向と畠山中務少輔家の展開」(『年報中世史研究』四五、二〇二〇年)
河内将芳「足利義輝の祇園会見物について―天文一七年六月一四日をめぐって―」(拙編著『足利義輝』戎光祥出版、二〇一八年、初出二〇一三年)
神田千里『顕如』ミネルヴァ書房、二〇二〇年
神田裕理『戦国・織豊期朝廷の政務運営と公武関係』(日本史史料研究会、二〇一五年)
同『朝廷の戦国時代』吉川弘文館、二〇一九年
同「久秀の義兄・武家伝奏広橋国光と朝廷」(天野忠幸編『松永久秀』)
神田裕理編・日本史史料研究会監修『伝奏と呼ばれた人々』(ミネルヴァ書房、二〇一七年)
木下　聡『中世武家官位の研究』吉川弘文館、二〇一一年
同『室町幕府の外様衆と奉公衆』同成社、二〇一八年
同『斎藤氏四代』ミネルヴァ書房、二〇二〇年
同「『後鑑』所収「伊勢貞助記」について」(拙編著『足利義輝』、初出二〇〇九年)
同「幕府奉公衆結城氏の基礎的研究」(戦国史研究会編『戦国期政治史論集西国編』岩田書院、二〇一七年)。
木下聡編著『若狭武田氏』戎光祥出版、二〇一六年
木下昌規『戦国期足利将軍家の権力構造』岩田書院、二〇一四年
同『足利義晴と畿内動乱』戎光祥出版、二〇二〇年①
木下昌規編著『足利義晴』戎光祥出版、二〇一七年
同『足利義輝』戎光祥出版、二〇一八年②

木下昌規「足利義輝・義昭期の将軍御供衆一色藤長」（戦国期研究会編『戦国期政治史論集　西国編』岩田書院、二〇一七年）。
同「足利義輝側近進士晴舎と永禄の変」（『戦国史研究』七六号、二〇一八年①）
同「大阪歴史博物館所蔵「伊勢貞孝連署状」紙背について」（『戦国史研究』七九、二〇二〇年②）
同「足利義輝期幕府女房衆と永禄の変―春日局と小侍従局を中心に―」（『国史学』二三〇、二〇二〇年③）
木村真美子「大覚寺義俊と近衛家―将軍足利義晴と朝倉孝景との関係を中心に―」（『室町時代研究』三、二〇一一年）
久野雅司『足利義昭と織田信長』戎光祥出版、二〇一七年
黒嶋　敏『中世の権力と列島』高志書院、二〇一二年
同『天下人と二人の将軍』平凡社、二〇二〇年
同「はるかなる伊達晴宗―同時代史料と近世家譜の懸隔」（遠藤ゆり子編著『戦国大名伊達氏』戎光祥出版、二〇一九年、初出二〇〇二年）
黒田日出男『謎解き　洛中洛外図』岩波新書、一九九六年
同「歴博甲本の主人公と注文主そして制作年―初期洛中洛外図屏風の読み方―」（『立正大学文学部研究紀要』二八、二〇一二年）
桑山浩然『室町幕府の政治と経済』吉川弘文館、二〇〇六年
同「「副状」小考―上杉家文書の綸旨・御内書をめぐって―」（『東京大学史料編纂所報』一七、一九八二年）
小久保嘉紀『室町・戦国期儀礼秩序の研究』（臨川書店、二〇二一年）

小島道裕『描かれた戦国の京都』吉川弘文館、二〇〇九年
同『洛中洛外図屛風』吉川弘文館、二〇一六年
小谷量子『歴博甲本洛中洛外図屛風の研究』勉誠出版、二〇二〇年
同「上杉本洛中洛外図屛風注文者近衛氏の生涯」(『日本女子大学大学院文学研究室紀要』二三、二〇一六年)
同「「穴太記」の成立について」(『ヒストリア』二七五号、二〇一九年)
小谷利明『畿内戦国期守護と地域社会』清文堂出版、二〇〇三年
同「判物と折紙―三好長慶文書の研究―」(矢田俊文編『戦国期文書論』高志書院、二〇一九年)
同「畿内戦国期守護と室町幕府」(『日本歴史』五一〇、二〇〇五年)
小谷利明・弓倉弘年編『南近畿の戦国時代』戎光祥出版、二〇一七年
斎藤(瀬戸)薫「足利義栄の将軍宣下をめぐって」(『国史学』一〇四、一九七八年)
設楽　薫「足利将軍が一門の「名字」を与えること―将軍側近職制の展開と関連において―」(『姓氏と家紋』五六、一九八九年)
同「大館尚氏(常興)略伝―将軍義晴登場まで―」(科学研究費補助金研究成果報告書『室町幕府関係引付史料の研究』一九八九年)
柴　裕之『戦国・織豊期大名徳川氏の領国支配』岩田書院、二〇一四年
同「永禄の政変の一様相」(拙編著『足利義輝』、初出二〇一六年)
清水克行『室町社会の騒擾と秩序』吉川弘文館、二〇〇四年
下川雅弘「上洛直後における細川氏綱の政治的役割」(『戦国史研究』五一、二〇〇六年)

同　「三好長慶の上洛と細川氏綱」（今谷明・天野忠幸編『三好長慶』）
同　「『上杉本洛中洛外図屏風』の注文時期とその動機に関するノート―近年の戦国期畿内政治史研究の成果に学ぶ―」（『駒沢女子大学研究紀要』二二、二〇一五年）
水藤　真『落日の室町幕府』吉川弘文館、二〇〇六年
末柄　豊『戦国時代の天皇』山川出版社、二〇一八年
菅原正子『中世公家の経済と文化』吉川弘文館、一九九八年
瀬田勝哉『増補 洛中洛外の群像』（平凡社ライブラリー、二〇〇九年）
髙梨真行「将軍足利義輝の側近衆―外戚近衛一族と門跡の活動―」（拙編著『足利義輝』、初出一九九八年）
同　「永禄政変後の室町幕府政所と摂津晴門・伊勢貞興―東京国立博物館　所蔵「古文書」所収三淵藤英書状を題材として―」（拙編著『足利義輝』、初出二〇〇四年）
同　「戦国期室町将軍と門跡―室町幕政における大覚寺義俊の役割―」（五味文彦・菊池大樹編『中世寺院と都市・権力』山川出版社、二〇〇七年）
同　「将軍足利義晴・義輝と奉公衆―大和孝宗書状「兎ニ角ニ、一人之諸行、天下滅亡にて候」をめぐって―」（『小此木輝之先生古稀記念論文集　歴史と文化』青史出版、二〇一六年）
瀧澤逸也「室町・戦国期の武家昵近公家衆―その構成を中心として―」（『国史学』一六二、一九九七年）
田中信司「松永久秀と京都政局」（拙編著『足利義輝』所収、初出二〇〇八年）
同　「御供衆としての松永久秀」（『日本歴史』二〇〇九年）
同　「松永久秀と将軍足利義輝」（天野忠幸編『松永久秀』）

谷口雄太　『中世足利氏の血統と権威』吉川弘文館、二〇一九年
　同　　『〈武家の王〉足利氏』吉川弘文館、二〇二一年
長　節子　「所謂『永禄六年諸役人附』について」（『史学文学』四―一、一九六二年）
中西裕樹　『戦国摂津の下克上』戎光祥出版、二〇一九年
　同　　「三好義継と三好三人衆」（今谷明・天野忠幸編『三好長慶』）
　同　　「霊山城」（中井均監修・城郭談話会編『図解　近畿の城郭Ⅱ』戎光祥出版、二〇一五年）
仁木宏・中井均・中西裕樹・NPO法人摂河泉地域文化研究所 編『飯盛山城と三好長慶』（戎光祥出版、二〇一五年）
西島太郎　『戦国期室町幕府と在地領主』八木書店、二〇〇六年
　同　　「室町幕府奉公方と将軍家」（『日本史研究』五八三、二〇一一年）
馬部隆弘　『戦国期細川権力の研究』吉川弘文館、二〇一八年
　同　　「足利義輝殺害前の三好義継」（『戦国史研究』七八、二〇一九年）
羽田　聡　「室町幕府女房の基礎的研究―足利義晴期を中心として―」（拙編著『足利義輝』、初出二〇〇四年）
浜口誠至　『在京大名細川京兆家の政治史的研究』（思文閣出版、二〇一四年）
　同　　「戦国期管領の在職考証」（『日本史学集録』三十九号、二〇一八年）
濱本裕史　「大館家被官富森氏に関する一考察」『法政史論』四五、二〇一八年）
東島　誠　「「幕府」論のための基礎概念序説」（『立命館文学』六六〇、二〇一九年）
久水俊和　『室町期の朝廷公事と公武関係』岩田書院、二〇一一年
平山敏治郎「春日局考」（『民俗学研究所紀要』二二号、一九九八年）

平山　優　『武田信虎』戎光祥出版、二〇一九年
福田豊彦　『室町幕府と国人一揆』吉川弘文館、一九九五年
松村正人　「室町幕府政所頭人伊勢貞孝―その経済基盤と行動原理をめぐって―」（拙編著『足利義輝』、初出一九九七年）
水野智之　『室町時代公武関係の研究』吉川弘文館、二〇〇五年
同　『名前と権力の中世史』吉川弘文館、二〇一四年
同　「足利義晴～義昭期における摂関家・本願寺と将軍・大名」（久野雅司編著『足利義昭』戎光祥出版、二〇一五年、初出二〇一〇年）
水野　嶺　『戦国末期の足利将軍権力』吉川弘文館、二〇二〇年
宮本義已　「足利義輝の芸・豊和平調停　上・下」（拙編著『足利義輝』、上下とも初出一九七四年）
同　「足利義輝の芸・雲和平調停―戦国末期に於ける室町幕政―」（拙編著『足利義輝』、初出一九七五年）
村井祐樹　『六角定頼』ミネルヴァ書房、二〇一九年
同　「戦国期における六角氏と小笠原氏との関係について」（『日本史研究』六四三、二〇一六年）
村石正行　「小笠原長時の外交活動と同名氏族間交流」（花岡康隆編著『シリーズ・中世関東武士の研究　第一八巻　信濃小笠原氏』戎光祥出版、二〇一六年、初出二〇一三年）
山田康弘　『戦国期室町幕府と将軍』吉川弘文館、二〇〇〇年
同　『戦国時代の足利将軍』吉川弘文館、二〇一一年
同　『足利義輝・義昭』ミネルヴァ書房、二〇一九年

同　「将軍義輝殺害に関する一考察」（『戦国史研究』四三、二〇〇二年）
同　「戦国期における将軍と大名」（拙編著『足利義晴』、初出二〇〇三年①）
同　「戦国期大名間外交と将軍」（拙編著『足利義晴』、初出二〇〇三年②）
同　「戦国期栄典と大名・将軍を考える視点」（『戦国史研究』五一号、二〇〇六年）
同　「細川幽斎の養父について」（『日本歴史』七三〇号、二〇〇九年①）
同　「戦国時代の足利将軍家と本願寺・加賀一向一揆」（『加能史料研究』二一、二〇〇九年②）
同　「戦国時代の足利将軍に関する諸問題」（天野忠幸・片山正彦・古野貢・渡邊大門編『戦国・織豊期の西国社会』日本史史料研究会、二〇一二年）
同　「戦国期足利将軍存続の諸要因―「利益」・「力」・「価値」―」（『日本史研究』六七二、二〇一八年）
湯川敏治『戦国期公家社会と荘園経済』続群書類従完成会、二〇〇五年
弓倉弘年『中世後期畿内近国守護の研究』清文堂出版、二〇〇六年
渡辺悦子「御霊殿―室町・戦国期近衛家の邸宅と女性たち―」（『同志社大学歴史資料館館報』九、二〇〇五年）
若松和三郎『戦国三好氏と篠原長房』戎光祥出版、二〇一三年
令和二年京都文化博物館総合展示『明智光秀と戦国京都』図録

足利義輝略年表

年号	西暦	事項
天文三	一五三四	六月八日、近衛尚通女、義晴の御台所となる。九月三日、義晴、帰洛する。建仁寺に入り、次いで南禅寺聴松院を仮御所に定める。十一月、佐子局義晴の御所を退所し、八瀬に移り、清光院と称す。
天文四	一五三五	十一月一日、御台所懐妊により、御産所が定められる。これ以前に乳母が定めされる。
天文五	一五三六	二月二十六日、後奈良天皇即位式。三月十日、義晴嫡男菊幢丸（のちの義輝）が誕生する。四月二十六日、義晴、南禅寺門前に仮御所の修造を行う。七月～比叡山と法華衆が対立し、軍事衝突する。（天文法華の乱）。七月二十七日、洛中での騒乱収まる。八月二十七日、義晴、「隠居」を宣言し、菊幢丸に御代を譲る。内談衆を設置する。十二月十一日、義晴、南禅寺の仮御所をたたみ、洛中の伊勢貞孝邸に仮寓する。菊幢丸も同道。
天文六	一五三七	正月十九日、菊幢丸、はじめて参内する（義晴と同道）。四月十九日、細川晴元、六角定頼の女と婚姻。十一月三日、義晴次男誕生する（のちの義昭）。九月、翌年の新礼拝講のために諸国に段銭を賦課する。
天文七	一五三八	正月十三日、菊幢丸、義晴に一献を催す。十一月二十三日、菊幢丸の髪置の儀あり。
天文八	一五三九	二月三日～、義晴、新御所（今出川御所）の造営をはじめる（～天文十一年ころまで）。二月四日、義晴三男（周暠）誕生か。三月五日、義晴、菊幢丸とともに六条八幡宮に参詣す。五月二十九日、義晴の女子誕生する。六月二日、三好長慶（当時は利長）が御料所河内国十七カ所代官職を望む。閏六月、三好長慶と三好政長・晴元が対立し、畿内が騒動する。閏六月十六日、菊幢丸、義晴御台所とともに八瀬の清光院に避難する。義晴は京都を動かず。七月七日、菊幢丸、一旦帰洛する。翌日、八瀬へ戻る。八月十三日、菊幢丸、帰洛する。十月十八日、義晴、菊幢丸ともに定頼の宿所万松軒へ御成。十二月三日、義晴、菊幢丸ともに細川邸へ御成。
天文九	一五四〇	七月十一日、義晴次男を一乗院に、女子を三時知恩寺に入寺することを決定する。同十六日、細川晴元、菊幢丸のために盆踊りを催す。十一月、菊幢丸、乗馬始。十二月九日、菊幢丸、深曽木の儀あり。
天文十	一五四一	九月～木沢長政、細川晴元と対立。三好政長の不法を晴元に訴える。十月二十九日、晴元、北岩倉へ退去する。晴元、義晴との同道を望むが、義晴は拒否。同三十日、義晴・御台所、菊幢丸らと慈照寺に移座。翌日定頼の意見により坂本に移座。（実際は定頼は存知せず）。

天文十一	一五四二	三月十七日、木沢長政、河内太平寺にて戦死する（太平寺合戦）。同二十八日、義晴と菊幢丸ら、坂本を発して、帰洛し、相国寺法住院に移座。四月八日、義晴と菊幢丸ら、今出川御所に還御。十一月二十日、義晴次男、近衛稙家の猶子となり、奈良興福寺一乗院に入室する。十二月二十三日、菊幢丸、単独でのはじめての参内。
天文十二	一五四三	この年、細川氏綱の勢、和泉で軍事活動を進める。
天文十三	一五四四	正月十日、菊幢丸、参内する。五月二十二日、菊幢丸乳母春日局侍女による、御所放火未遂あり。捕らえられる。七月以前、義晴と晴元、不和になる。七月六日、義晴、晴元と和睦する。八月十一日、春日局侍女と三好被官和田新五郎、処刑される。八月二十六日、菊幢丸の祖父、前関白太政大臣近衛尚通薨去。
天文十四	一五四五	この年、氏綱、細川国慶、内藤国貞らと挙兵する。六月、菊幢丸、病に伏せる。吉田兼右、平癒の祈祷をするに即平癒する。
天文十五	一五四六	二月、義晴、菊幢丸の元服費用を諸大名に国役賦課する。七月二十七日、菊幢丸、叙爵し、実名「義藤」を名乗る。九月十二日、義晴と義藤ら、慈照寺に避難する。同十四日、晴元、丹波に退去する。同二十二日、晴元、丹波にて氏綱勢に敗れる。同二十五日、氏綱方の細川国慶、上洛する。同日、遊佐長教、大館晴光に音信し、戦況を報告する。これ以前に義晴、長教と接触する。十月五日、土一揆が発生する。同七日には禁裏に向かう。同三十日、義晴、徳政令を出す。十一月ころ、義晴、北白川（勝軍山）に城郭を築く。十一月十九日、義藤、左馬頭、従五位下に叙任。このころ、義晴、定頼に義藤の加冠役を命じる。十二月十六日、義晴、近江坂本日吉社神職樹下成保宅を義藤元服の場と定める。同十八日、義晴・義藤父子、慈照寺より坂本まで移座。同十九日、義藤、元服する。加冠役の定頼は管領代となる。同二十日、式三献に乗馬始あり。同日、義藤、将軍宣下あり。御評定始、御判始あり。同二十三日、義藤の「御父」に伊勢貞孝が定められる。同二十四日、義晴・義藤父子、坂本より慈照寺に戻る。このころ、内談衆が終焉する。
天文十六	一五四七	正月二十五日、義藤参内し、次いで義晴参内する。二月十七日、義藤、参議兼左近衛権中将、従四位下に叙任。同十八日、義藤、日野晴光の昇進を執奏する（執奏始）。同二十五日、足利義維の近臣畠山維広、堺に派遣される。三月二十九日、義晴、近衛一門や直臣らと北白川城に入る。四月一日、晴元勢、北白川城を包囲し、城下を焼き払う。七月十二日、晴元、京都に進軍する。定頼これに味方し、北白川城を包囲する。同十五日、定頼、義晴に和睦を進言する。義晴、直臣に諮る。同十九日、義晴、定頼の意見を受け入れ、北白川城を自焼させ、坂本に移る。同二十九日、晴元、坂本で義晴・義藤に出仕し、義藤、晴元を「赦免」する。義晴は対面せず。

		閏七月五日、晴元勢、細川国慶の籠もる高雄城を攻め、落城させる。　十月五日、細川国慶、山城国内野西の京にて晴元勢と戦い、討死する。
天文十七	一五四八	四月二十四日、晴元、三好長慶、河内高屋城を攻め、畠山政国、遊佐長教らと和睦する。長慶、長教の婿となる。　五月六日、池田信正、晴元の命で自害する。これに摂津国衆ら反発する長慶彼らに頼られる。　六月七日、義晴・義藤ら、坂本より帰洛して、今出川御所に入る。　同十四日、義晴・義藤父子、祇園会を見物する。　十月二十八日、三好政長（宗三）、長慶を讒言する。長慶、晴元に政長の処分を求めるが、拒絶される。長慶、遊佐長教と結んで、氏綱を京兆家当主として擁立する。長慶には河内、摂津衆が味方に。　この年、義藤、石見国人益田藤兼に「藤」の偏諱を与える（初めての偏諱か）。
天文十八	一五四九	二月二十八日、義藤、長尾景虎に、毛氈鞍覆・白傘袋を免許する。　三月八日、義晴女子（理源）、宝鏡寺に入寺する。　同月、慈照寺明岳瑞照殺害される。　六月二十四日、三好政長、摂津江口にて氏綱勢に敗れ、討死する（江口合戦）。援軍の六角勢は帰国、晴元、丹波を経て京都に逃れる。　同日六角義賢、父に代わり軍勢を引いて上洛する。　六月二十七日、義晴ら軍事評定を行う。義晴、京都に残り戦うことを望むが、説得により慈照寺を経て坂本に移る。義藤も同道。　十月二十八日、義晴、慈照寺の裏に山城（中尾城）築城を始める。　年末、義晴体調を崩す。
天文十九	一五五〇	二月二十六日、中尾城の普請始あり。その後、義晴・義藤ら坂本より穴太に移る。　四月ころ、義晴、近臣らに義藤への忠勤と補佐を求める。　五月三日、京都より絵師土佐光茂、義晴の肖像を描きにくる。同日、義藤、土御門有春に義晴本復のための伊勢への代官を命じる。　五月四日、義晴、穴太にて薨去（自害とも）。　五月七日、義晴の亡骸を慈照寺に移す。　同日義晴に贈位贈官あり（従一位左大臣）。　五月九日、御台所、剃髪し「慶寿院」を称す。　五月二十一日、慈照寺にて義晴の葬儀が行われる。　同日義晴の遺物が天皇に進上される。　七月二日、義藤、御前沙汰始を行う。　その後、坂本に移座して、中尾城に入るか。　十月四日、東寺などに人足や竹の供給を命じる。　十一月二十一日、義藤、中尾城を自焼し、近江堅田に逃れる。　十一月二十三日、三好勢、中尾城を破却する。　十二月二十七日、三好勢、大津まで進軍する。
天文二十	一五五一	正月晦日、伊勢貞孝ら、義藤を拉致して上洛しようとする。未遂に終わる。　二月十日、義藤、定頼の進言をうけ、近江国朽木谷に移座する。　同十二日、義藤、朽木晴綱に忠節を求める。　同二十四日、三好氏と伊勢貞孝の軍勢が志賀に出陣する。　三月七日、貞孝小者、長慶宿所を放火せんとする。　同十四日、進士賢光、長慶らを襲撃。失敗に終わる（義藤の命か）。翌日、三好勢、貞孝邸を放火する。

（天文二十）	（一五五一）	三月〜義晴一周忌法要のための要脚を求める。　四月、足利義維、本願寺証如に息子の元服料を求めて御内書を遣わす。証如はそれを拒否する。　年末ころより、三好氏と六角氏が、和睦交渉を行う。 この年、聖護院道増、義藤の御内書を持ち、東国を廻り、伊達氏の和平調停に関与する。
天文二十一	一五五二	正月二日、定頼、死去する。　同二十三日、義藤、朽木谷より比良へ御座を移す。　同二十八日、和睦の成立により、義藤帰洛する。晴元より氏綱に京兆家の家督が移る。晴元、出家して出奔する。典厩家の家督も細川晴賢より藤賢に移る。さらに晴元の子聡明丸、長慶への人質となる。また、聡明丸の弟は、六角義賢が保護する。　同二十九日、義藤、公家衆の一部の参礼を認めず。　二月、今出川御所の修造を行う。　二月十六日、長慶、義藤に出仕御礼し、御供衆となる。同時に氏綱も出仕御礼する。　二月二十九日、義藤、参内する。長慶ら扈従する。　三月十一日、氏綱、右京大夫に任官する。同日に細川藤賢が右馬頭に任官する。　二・三月、春日局、山科家と総持院との相論を仲裁する。　三月、晴元、若狭へ移る。　四月二日、義藤、尼子晴久に八カ国の守護に補任する。　六月、長慶、聡明丸を越水城へ移す。　八月、晴元、堅田より丹波に移る。　十月ころより、京都近郊で三好勢と晴元勢との合戦が頻発する。　義藤、このころ東山霊山城の築城を開始する。　十一月二十八日、晴元勢、東山霊山城を包囲する。　十二月一日、長慶、いそぎ上洛して、義藤に対面する。
天文二十二	一五五三	正月二十八日、長慶、上洛する。翌月雑説により帰国する。　閏正月十五日、義藤、高倉永家の権大納言昇進を執奏する。同日、義藤と長慶に和議が成立する。反三好派の直臣らより人質が出される。このころより幕府内が分裂する。　二月十二日、長慶、軍勢を率いて上洛する。　同二十六日、長慶ら、義藤に対する諫言への賛同を御供衆に求める。　三月八日、義藤、東山霊山城へ入る。　三月三十日、義輝、尼子晴久を御相伴衆とする。　四月八日、義藤の叔父久我晴通、慶寿院との意見の相違により出家する。　七月頃より、晴元勢、再び京都近郊に出現する。　七月二十八日、義藤、晴元を赦免し、長慶を「御敵」とする。これをうけ、長慶、河内、和泉、大和、摂津、紀伊などより二万五千を率いて上洛する。　八月一日、東山霊山城が落城する。義藤勢は大敗し、翌日に杉坂へ移座する。次いで丹波の山国、近江の龍花へ移座する。　同六日、三好勢により、将軍直臣の一部が拉致される。さらに長慶は所領の没収を示唆し、直臣にも離反者が現れる。義藤の周辺が「無人」の状態に。　同三十日、義藤、再び朽木谷に移座する。以後、京都の実行支配権を喪失する（狭義の幕府の中絶）。　十月ころ、長慶、足利義維の擁立を図る（結局、擁立せず）。
天文二十三	一五五四	二月十二日、義藤、「義輝」に改名する。　八月十六日、義輝、大友義鎮を肥前国守護に補任する。 この年、伊勢貞孝、足利義稙の三十三回忌仏事を行う。

天文二十四／弘治元	一五五五	十月二十三日、兵乱により「弘治」に改元。この年、奥羽の国人らが上洛する。　この年、義輝の従兄弟関白近衛晴嗣、将軍家の偏諱を捨て「前嗣」に改名する。
弘治二	一五五六	六月二十日、義輝、大友義鎮の義晴仏事料進上を賞す。　十二月、義藤、北条氏康に、足利尊氏二百年忌仏事料の進上を命じる。
弘治三	一五五七	七月、義輝、泰山府君祭を行うか。　九月五日、後奈良天皇崩御。正親町天皇践祚する。　十一月、長慶、日野家の家督問題に介入する。朝廷は対応せず。　この年、義輝の娘（伝山性賢）誕生する（生母不詳）。
弘治四／永禄元	一五五八	二月二十八日「永禄」に改元。　三月十三日、義輝、朽木谷より晴元を伴って下龍花へ移座。　五月三日、義輝、坂本へ移座。　同七日、義輝、正親町天皇へ代替御礼を送る。　同十三日、朝廷、義輝への返事をする。　同二十六日、義輝、朝廷に新年号が使用できない旨を伝える。六月四日、義輝、晴元勢とともに如意ヶ嶽へ入る。　同九日、義輝勢と長慶勢が衝突する。　同十二日、義賢、和睦交渉を進める。　同二十一日、義輝、未だに改元の連絡がないことに「御無興」となる。　九月、和睦交渉が進展する。　十一月二十七日、義輝と長慶の和睦が成立する。義輝、帰洛して相国寺に渡御する（すぐに勝軍山城へ戻る）。　長慶ら太刀を献ずる。晴元、再び失脚する。　十二月三日、義輝、妙覚寺を仮御所とする。　同十四日、義輝、日野家家督につき執奏する。　同二十三日、義輝、近衛稙家娘を御台所とする。　この年、義輝、武田義信を「管領に准じる」待遇とする。
永禄二	一五五九	二月二日、織田信長、上洛する（七日に帰国）。同日、長慶も上洛する。　同十日、日野内光の贈内大臣を執奏する。　三月十日、小笠原長時、幕府に出仕して、義輝に御礼をする。これ以前より武田信虎、義輝に御礼する。　四月、このころ、斎藤義龍も上洛する（雑掌か）。同二十七日に、斎藤義龍の雑掌が義輝へ御礼をする。これ以前、義龍御相伴衆となる。　同月、長尾景虎、越後より坂本に到着する。次いで、上洛して、義輝と対面する。六月、義輝、新御所の造営を始める（武衛御所）。　同月、景虎、各種栄典を得て越後に帰国する。　六月二十六日、義輝、大友義鎮を豊前・筑前国守護に補任する。七月九日、三木良頼の飛騨国司継承を執奏する。　八月、義輝、政所沙汰に介入する。　九月、義輝、伊達晴宗を奥州探題に補任する。　十一月九日、義輝、義鎮を九州探題に補任し、大内氏の家督進退についても承認する。　同二十六日、義輝、即位式警固について、朝廷に申し入れる。翌日、延期を申し入れる。　この年、奉公衆を再編する。
永禄三	一五六〇	正月十八日、義輝、朝廷に即位式延期を申し入れる。　同二十七日、正親町天皇即位式あり。　二月六日、義輝、帰洛後初の参内。六月十九日、義輝、武衛御所に移徙する。　十二月八日、義輝、毛利元就・隆元父子を御相伴衆とする。

永禄四	一五六一	三月十三日、義輝、参内する。　同二十九日、義輝、三好義長邸に御成。　五月六日、長慶と晴元、和睦する。晴元、富田庄を隠居料とする。
永禄五	一五六二	正月、六角勢、京都に打ち入る。　二月、このころ義輝、政所沙汰に介入する。　三月五日、久米田での合戦にて、三好勢大敗し、三好実休討死する。　同六日、義輝、三好氏の警固のもと、八幡へ移座する。　四月十一日、義輝嫡男輝若丸誕生する（生母不詳）。　五月十九・二十日、河内教興寺にて合戦。畠山勢大敗する。　六月二日、義賢勢二万、帰国する。　同二十二日、義輝、帰洛する。貞孝らは義輝に帰参せず牢人衆として義輝と敵対。　義輝、貞孝を「御敵」として、所領を没収する。七月十三日、輝若丸夭折。　この月、義輝、日吉社の礼拝講を行う。そのため、諸国に国役を賦課する。　九月十一日、伊勢貞孝父子、敗死。これ以前に政所頭人職に摂津晴門が就任。
永禄六	一五六三	三月一日、晴元、摂津普門寺にて死去。　四月二十九日、上野信孝死去。六月十四日、最上義守・義光、上洛して義輝に御礼する。八月二十五日、三好義長、芥川山城にて死去。三好の家督は従兄弟の義継が継承。　十二月二十一日、細川氏綱、淀にて死去。　閏十二月十四日、久秀、松永久通に家督を譲る。
永禄七	一五六四	正月二十五日、義輝娘誕生する（母小侍従局）。　二月九日、義輝、日向の伊東義祐を御相伴衆とする。　三月十六日、久秀、改元を申し入れる（甲子革令）。朝廷は対応せず。　五月十九日、慶寿院、小侍従局ら、伊勢へ参宮する。　六月二十三日、三好義継、義輝に代替の御礼。　七月四日、長慶、飯盛城にて死去。　九月十一日、義輝、摂津有馬へ湯治。
永禄八	一五六五	正月、義輝、フロイスと対面する。　四月五日、義輝、細川藤孝邸に御成。　同十七日、義輝娘誕生する（母小侍従局）。　同二十七日、大館晴光死去。　五月一日、三好義継、義輝へ御礼し、偏諱を得る。　同十九日、義輝、慶寿院、周暠ら三好義継らによって襲撃され、殺害される（永禄の変）。　同日、伊勢貞助、御小袖唐櫃を禁裏に預ける。　同二十二日、奉公衆と奉行衆、三好義継に御礼。　同二十四日、小侍従局、三好氏によって殺害される。　六月七日、義輝に贈位贈官宣下（左大臣、従一位）。　同九日、義輝の葬儀が行われる。　七月二十八日、一乗院覚慶、奈良を脱出する。　十月二十六日、松永氏、御小袖唐櫃を朝廷より引き取る。
永禄九	一五六六	二月十九日、覚慶、還俗し「義秋」を名乗る。　四月二十一日、義秋、左馬頭、従五位下に叙任される。　五月十九日、相国寺にて一周忌が行われる。　六月ころ、足利義栄、篠原長房と三好三人衆に擁立され、摂津に入る。　七月十日、近衛稙家薨去。　九月、義秋、若狭を経由し越前朝倉氏を頼る。十二月二十四日、足利義栄、左馬頭、従五位下に叙任される。

永禄十	一五六七	正月十二日、義俊、寂す。
永禄十一	一五六八	二月八日、義栄、摂津富田にて第十四代将軍に就任。　四月十五日、義秋、「義昭」に改名し、元服する。　九月、義昭、織田信長に擁立され上洛戦を開始する。　十月十八日、義昭、京都にて第十五代将軍に就任。　このころ、義栄死去。義維、阿波へ戻る。　十一月、近衛前久、義昭により京都を追放される。
天正三	一五七五	七月十二日、春日局（陽春院）死去。
天正十八	一五九〇	九月、義輝御台所大陽院、死去。

【著者紹介】

木下昌規（きのした・まさき）

1978年生まれ。大正大学大学院文学研究科史学専攻博士後期課程単位取得満期退学。

博士（文学）。専門は日本中世史（室町・戦国期）。

大正大学非常勤講師を経て、現在、大正大学文学部准教授。

主な研究として、戦国期における室町幕府・将軍家の関連論文のほか、『戦国期足利将軍家の権力構造』（岩田書院、2014年）、『足利義晴と畿内動乱』（戎光祥出版、2020年）、『足利義晴』（編著、シリーズ・室町幕府の研究3、戎光祥出版、2017年）、『足利義輝』（編著、シリーズ・室町幕府の研究4、戎光祥出版、2018年）がある。

装丁：川本 要

中世武士選書　第45巻

足利《あしかが》義輝《よしてる》と三好《みよし》一族《いちぞく》　崩壊《ほうかい》間際《まぎわ》の室町《むろまち》幕府《ばくふ》

二〇二一年十二月一日　初版初刷発行

著者　木下昌規
発行者　伊藤光祥
発行所　戎光祥出版株式会社
東京都千代田区麹町一-七
相互半蔵門ビル八階
電話　〇三-五二七五-三三六一(代)
FAX　〇三-五二七五-三三六五
印刷・製本　モリモト印刷株式会社

https://www.ebisukosyo.co.jp
info@ebisukosyo.co.jp

ISBN978-4-86403-403-6